価値創造を実現する
事業変革とガバナンスメカニズム

レジリエンス時代の最適ポートフォリオ戦略

PwC Japanグループ

ダイヤモンド社

はじめに

ＰｗＣでは、日本企業が直面する今この瞬間、そしてこれから続く日本企業の再成長のための期間を「レジリエンス時代」と捉えている。このレジリエンス時代に日本企業に求められる経営の舵取りについて提言しようと思い、私たちのチームは本書の出版を企画した。

皆さんもよくご存じのように、ここ数年、ビジネス環境は激動の最中にある。なかでも４年近くにわたる新型コロナウイルス感染症によるパンデミックが世界経済に与えた影響は非常に大きかった。また、ロシアによるウクライナへの侵攻や中東をはじめとする世界各地の紛争は終息を見せず、地政学的リスクは高まったままだ。さらには、気候変動問題や生成ＡＩに代表されるテクノロジーの進化がビジネスに与えるインパクトも見逃せない。

かつてないほど企業経営における不確実性が高まるなか、生き残りをかけて多くの日本企業が事業ポートフォリオの変革を断行している。たとえば、ＥＶ化が進んでいる自動車産業では、内燃機関の部品メーカーが電動部品メーカーへとトランスフォームしているし、自動車メーカーも徐々に事業ポートフォリオを入れ替えている。その一方で、十分に対応がなされていないこともある。それはガバナンスの変革だ。事業ポートフォリオが変化したのならば、その変化に応じてガバナンスも最適化しなければならないのにもかかわらず、それらは従来通りのまま変わっていない。これでは、企業経営における不確実性を乗り越えて戦っていけない。

それでは、日本企業がこのレジリエンス時代に再成長していくにはどうあるべきか。環境の変化に適切に応じて自らが事業ポートフォリオを変化させつつ、その変化に応じた適切なガバナンスを整備・構築していくことだ。それも、事業目線だけでなく、ファイナンス目線も備えた事業ポートフォリオの変革でなければならない。企業価値向上を求める市場の要請に応じて、事業ポートフォリオを果敢に入れ替えるのである。

ここで、一つ警鐘を鳴らしておきたい。それは、ROICを過信しすぎることだ。事業ポートフォリオ戦略でも、多くの日本企業がROICを活用しているようだが、これは場合によっては企業の成長性を損ねる可能性もあることに注意してほしい。そこで第2章では、事業戦略と財務戦略を融合させた、より適切な事業ポートフォリオ最適化の進め方を解説するだけでなく、実効性のあるROICの活用方法についても紹介している。

だが、ただ単に事業ポートフォリオを入れ替えただけでは、変革は成し遂げられない。その効果を最大限に発揮するには、組織全体に変革の波を浸透させる必要がある。それが、組織を統制するガバナンスの変革である。特に、M&Aで自社とは異なる文化を持つ企業がグループに参画したり、新規事業を展開したりする場合には、それまでの成熟したビジネスに対するものとは異なるガバナンスを適用しなければならないこともある。また、グローバル展開している日本企業、あるいはさらなる成長を求めて海外進出を検討している日本企業は、海外でも通用するガバナンスモデルの導入が必要だ。なぜならば、海外では日本型経営はスタンダードではないからだ。あまり世の中では議論されていないが、ガバナンスは事業ポートフォリオの変化に対応させて見直す必要があるのだ。そこで第3章では、最適ポートフォリオ戦略の実効性を高めるグループガバナンスのあり方と取り組みについて解説する。

一方、事業ポートフォリオの変革を進めていくには、守りのガバナンスも重要となる。冒頭で触れたように、ビジネス環境におけるリスクは多様化し、複雑化している。これは、事業ポートフォリオ変革の最適解が刻々と変わることを意味する。自社に影響を及ぼしかねないリスクがいつ、どのような形で企業を襲うかは不透明だ。経営のレジリエンスを高めるには、不測のリスクにも適切に対応するリスクマネジメントの構築が欠かせない。第4章では、日本企業のリスクマネジメントの課題と課題解決のためにやるべき対策など、グローバルガバナンスの実効性を高める取り組みについて解説する。

また、第5章では事業ポートフォリオ戦略に関連するホットトピックスとして、「サステナビリティ対応」「税務リスク対応」「不正・不祥事への対応（フォレンジック）」「サイバーリスクへの対応」をまとめた。

最後の第6章では、日本を代表するグローバル企業で法務・内部監査部門をリードされる有識者による座談会を掲載した。事業の最前線にいる方々の忌憚《きたん》のない意見は大いに参考になるだろう。


本書では、レジリエンス時代の変化に対応する日本企業にとって必要となるファイナンス理論の研究や実務としてのガバナンス高度化などを通じて構築してきたPwCのさまざまなフレームワークを紹介している。攻めと守りの両面で参考にしてほしい。適切なガバナンスが存在することで、変革は内外からの信頼を勝ち得ることができ、その正解を定着させることができるだろう。

最近、野球やサッカーなどを見ると、スポーツの世界では日本人の力が世界に通用する時代になってきたことがわかる。一方、かつて世界で高い競争力を誇っていた日本企業の多くは、過去の成功体験をベースとした組織や企業文化に縛られ、グローバルでの競争で後れを取っている。

この差はどこにあるのか。それは世界基準のルールで戦える基盤整備ができていないからだ。ガバナンスや人事などの面でグローバル競争に必要不可欠な基盤を整備できていない現状に問題がある。

資本主義の原則にのっとり、グローバルに適切な事業投資を展開すれば、日本企業にもまだまだ多くの成長機会があるはずだ。そのために必要なのが、本書で述べるグローバル基準のポートフォリオ戦略とガバナンスメカニズムである。日本企業には、今こそ変革する勇気を持ち、グローバル競争に向き合い、もう一度、世界の中で輝きを取り戻してほしい。

本書の執筆メンバーは、多くの日本企業が再成長のきっかけをつかみ、日本企業にますます繁栄してもらいたいとの思いから、この企画に取り組んできた。われわれの知見が少しでも貢献できればと願ってやまない。

２０２４年冬

ＰｗＣ Ｊａｐａｎグループ代表　久保田 正崇

目次◉レジリエンス時代の最適ポートフォリオ戦略◉

第2章

企業価値向上を図るポートフォリオ最適化戦略

日々変化するサイバー脅威にどう対応するか
サイバーインテリジェンスに基づいたセキュリティ戦略
脅威を可視化・構造化して対応する
グローバル企業のセキュリティガバナンスのあり方

第6章

法務・内部監査部門責任者ラウンドテーブル

ファシリテーター

茂木諭（ＰｗＣ弁護士法人パートナー　弁護士）
東輝彦（ＰｗＣアドバイザリー合同会社パートナー）
田中洋範（ＰｗＣ　Ｊａｐａｎ有限責任監査法人パートナー）

第1章

レジリエンス時代に必要な事業ポートフォリオ改革

気候変動、地政学的リスク、生成ＡＩに代表される技術革新、未知の感染症、そしてそれらを踏まえた経済ルールや規制の見直し、業際の進化や異業種の参入による競争環境の変化……。

ビジネスにおいて考慮すべき要素はあまりにも多い。今、事業環境の変化はかつてないほど大きく、速くなり、経営の最適解も刻一刻と変わる「レジリエンス時代」が到来した。このレジリエンス時代に日本企業が生き残り、成長していくには、従来型経営の延長では難しい。それにもかかわらず、過去の成功体験をベースにした従来型経営の延長で成長をもくろむ日本企業はいまだ多い。

こう書くと、日本企業はバブル崩壊とその後の「失われた30年」を経て、筋肉質な経営体質を整えてきたと反論する人もいるだろう。確かにそのような日本企業もある。一方で、これまで通りの勝ち筋で頑張れば何とかなると思っている企業も多いのではないだろうか。世界で起きていることに目を向ければわかるように、事業環境の変化を直視せず、変化を避けようとする現状維持の姿勢では、おそらく多くの企業は想定以上に早く衰退し、淘汰《とうた》されることになるだろう。われわれは、この「現状維持バイアス」こそ、この時代の経営で最も危険なものだと考えている。

企業が成長するために必要なのは、外部環境の変化を先取りしたトランスフォーメーションだ。そして、その重要な柱となるのが「事業環境の変化に応じた事業ポートフォリオ戦略の実行」と

「ポートフォリオ全体の変化に応じたグループガバナンスの最適化」である。本章では、なぜ日本企業に事業ポートフォリオ戦略が必要なのか、事業ポートフォリオ戦略を実行していくインフラとしてグループガバナンスが必要となるが、それはどのようなものかについて解説する。

なぜ、日本企業に事業ポートフォリオ戦略が必要なのか

多くの日本企業に共通する課題として、事業環境の変化を直視しない現状維持バイアスがある。後述する世界CEO意識調査の結果にも示されている通り変化に対応しなければならないとCEOが意識する企業は増えてきているが、多くの日本企業の経営は残念ながら現状維持かその延長である。その主な原因は、終身雇用や年功序列の慣習、トップマネジメントや取締役の高年齢化と過去の成功体験への執着、出る杭《くい》を打つ調和型の意思決定などだ。高齢な取締役からすれば、未知の領域などには踏み出さず、あと2~3年大過なく過ごせれば、個人的には一番なのかもし

れない。しかし永続企業として競争に勝ち残り、将来にわたって企業価値を向上させていくためには、変化する消費者の価値観に応じて製品やサービスを進化させ、最新のデジタル技術を駆使して経営を見える化・効率化し、サステナビリティ（持続可能性）を実現していくといった社会の新しい要望に応え続けていかなければならない。

これら諸々の課題を解決し、自社のあるべき姿を実現するには、これまでのような改善努力を重ねるだけでは難しいだろう。トップマネジメントには、中長期的な企業価値向上を意識し、リスクを取ってでも事業ポートフォリオを戦略的に入れ替える決断が求められる。

また、事業ポートフォリオ戦略を本当の意味で実行するには、50〜60代中心の取締役からなる意思決定機関と企業の将来を担う若い世代とを隔てる世代間のコンフリクト（対立）も解消しなければならない。一部の企業では取締役に譲渡制限付株式報酬を付与し長期的経営のインセンティブを強化したり、「パーパス経営」のように企業の社会的存在意義も含めた「長期的企業目標」を定め、そこからバックキャストして今やるべきことを「短期的経営施策」として導き出すことで世代間コンフリクトの解消に取り組んでいるが、いずれも抜本的な解決にはなっていない。取締役会メンバーが、直近2〜3年だけではなく、5〜10年後、あるいは20年後の企業の成長を真剣に考えるためには難易度は高いだろうが、取締役の世代間のダイバーシティ（人材の多様化）

を進めて、将来の会社のあり方が自分事となる30～40代のメンバーを取締役会に参画させたり、30～40代の次世代リーダーとなるメンバーと経営メンバーの対話を重視したりと、それぞれの立場から見た長期的視点での企業経営のあるべき姿について建設的な議論を行うべきである。たとえばドイツには、取締役会の上位組織である監査役会に一定数の従業員が参画するという仕組みがある。これは必ずしも若手従業員を監査役会に参画させるための仕組みではないが、そういった事例も参考に、少しでも世代間のコンフリクトを解消する仕組みの導入も考えるべきだろう。

「取締役の世代間のダイバーシティを進めて」と書いたが、事業環境の変化に応じた事業ポートフォリオ戦略を実行するには、究極的には企業の意思決定機関のダイバーシティの推進が望ましい。ここでいうダイバーシティとは世代間の話だけではなく、また男女比の話だけでもない。年齢、国籍、専門性のバックグラウンドなども含めたダイバーシティである。ダイバーシティが進めば、イノベーションの源泉の一つである「知と知の組み合わせ」の幅が広がる可能性が高まり、変化に対する対応力・感応力の向上も期待できる。さらに国籍のダイバーシティが進めば、グローバル人材ベースで経営を支えることが可能となり、優秀な日本人のリソース不足という課題からも解放される。そのためには、グローバル人材が生き生きと活躍できるように、日本企業の意思決定や人事などの経営基準をグローバルスタンダードに準拠していくことが重要となる。

世界のＣＥＯは事業ポートフォリオの入れ替えをどう捉えているか

最初に、事業環境の変化に関するＣＥＯの危機感と取り組み状況について、世界ＣＥＯ意識調査の結果を基に概観する。次に、事業ポートフォリオの入れ替えを直観的に理解するために、実際に事業ポートフォリオの入れ替えを実行した国内外の先進企業を紹介する。

グローバル企業のＣＥＯたちの危機感と取り組み状況

ＰｗＣでは毎年、世界ＣＥＯ意識調査を実施している。直近の第27回世界ＣＥＯ意識調査は２０２３年10月2日から11月10日にかけて実施し、世界１０５カ国・地域の４７０２人のＣＥＯ（日本企業からは１７９人）から回答を得た。[注1]

注１：PwC's 27th Annual Global CEO Survey "Thriving in an age of continuous reinvention",（https://www.pwc.com/gx/en/ceo-survey/2024/download/27th-ceo-survey.pdf）「第 27 回世界 CEO 意識調査（日本分析版）」（https://www.pwc.com/jp/ja/knowledge/thoughtleadership/ceo-survey.html）

世界ＣＥＯ意識調査によると、足元の経済見通しは改善傾向にあるにもかかわらず、「現状維持では、10年後に自社の存続が危うい」と認識しているＣＥＯは世界全体で45％（前回調査は39％）、日本で64％（同72％）となった（図表1－1参照）。また、97％のＣＥＯは「過去5年間に価値の創造・提供・獲得の方法への変革に取り組んだ」、76％のＣＥＯは「過去5年間にビジネスモデルに大きく影響を及ぼす試みを実施した」と回答。さらに、約3分の2のＣＥＯが「毎年20％以下のリソースを再配分」し、約30％が「毎年10％以下の再配分」を実施しているという結果になった。

これは、多くのＣＥＯが価値創造の取り組み方を変えなければならず、今のビジネスを活

図表1-1｜世界CEO意識調査の結果（一例）

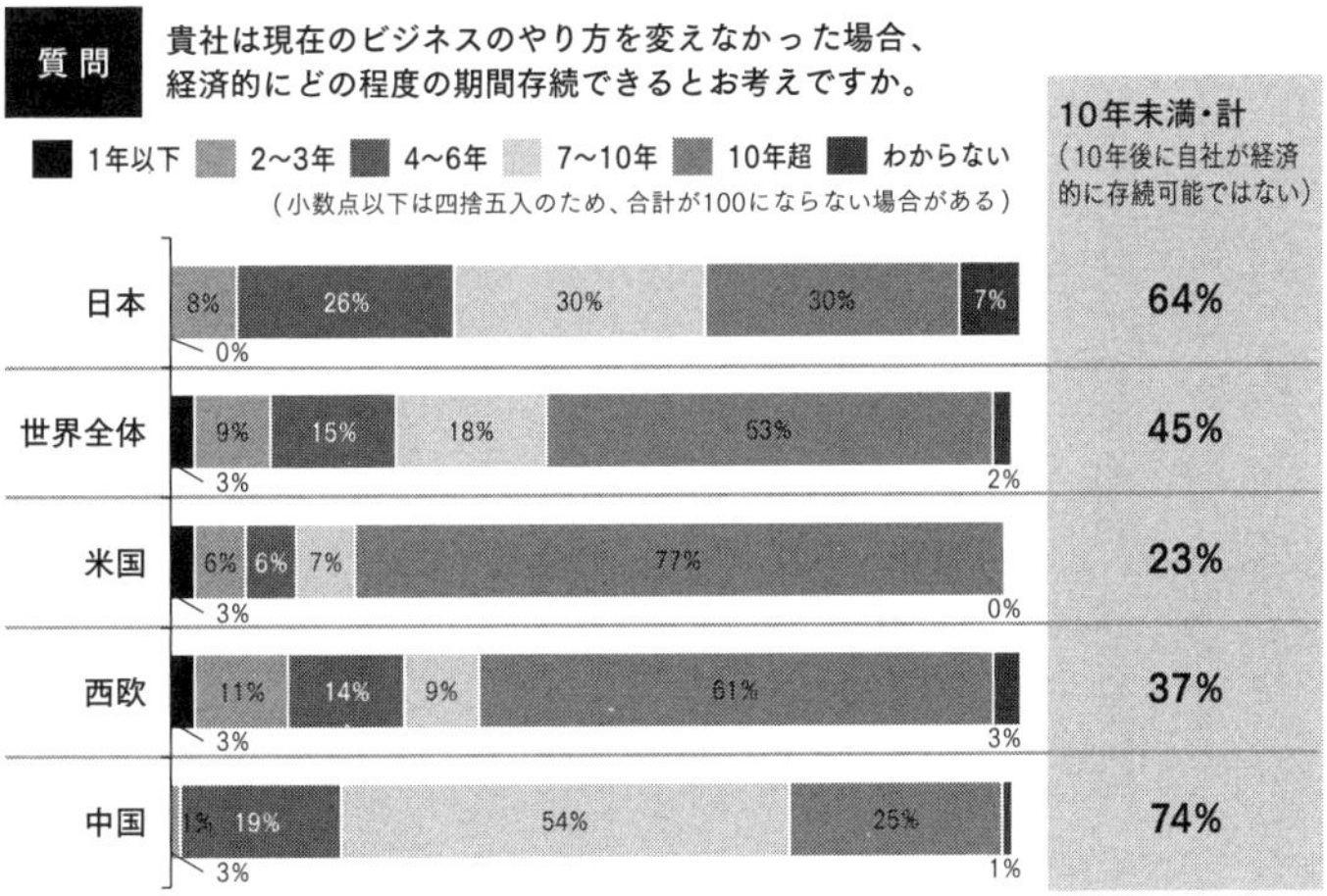

（出所）PwC「第27回世界CEO意識調査（日本分析版）」

かしながらもリソースを再配分しなければならない、と考えていることを示している。

メガトレンドの一つである気候変動に対しては、約3分の1のCEOが「気候変動により今後3年間で価値の創造・提供・獲得の方法が変わる」と予想し、41％が「気候に配慮した投資に対して他の投資よりも低いハードルレートを設定する」と回答。自己変革については、約3分の2のCEOが「エネルギー効率改善の取り組み」を進めており、そのうちの10％は取り組みが完了したと報告している。また、約半数のCEOは「気候に優しい製品やサービスの革新に取り組んでいる」と回答している。これは、気候変動対策を促進するためにハードルレートを低くしてインセンティブを与えるなど、エネルギー効率改善に取り組む必要があると考えているということだ。

テクノロジー領域のメガトレンドであるAIに対しては、約半数のCEOが「生成AIで利害関係者との信頼を築く能力が強化される」、約60％が「製品またはサービスの品質が向上する」と予想しており、短期的なビジネスへのプラスの影響を期待しているという結果になった。一方で、約70％が「生成AIによって競争が激化、ビジネスモデルの変化が促進されて従業員に新しいスキルが求められる」、約25％が「生成AIにより2024年に従業員数が少なくとも5％削減される」と予想している。さらには、半数以上が「サイバーセキュリティリスクによって、社内で誤った情報が拡散される可能性がある」と回答している。

これらの世界CEO意識調査の結果から、「これまでの勝ち筋が通用しなくなるかもしれない」「気候変動対応の必要性が高まっている」「AIによる企業活動や労働のあり方に変化が見られる」ことが読み取れる。

事業環境の変化に応じて事業ポートフォリオを入れ替えた先進企業

世界CEO意識調査の結果から、事業環境が変化するなかで、企業が競争力と成長性を維持・向上していくために、自社事業のあり方を定義し直す自己変革に取り組んでいる姿が見えてきた。

ケース1−1：石炭の採掘・販売事業

ここ20年ほど、原料炭事業はエネルギーに強い総合商社などにとって利益の稼ぎ頭だった。しかし、サステナビリティへの関心が高まり、気候変動対策として国や企業がカーボンニュートラルを宣言するようになったことで風向きががらりと変わった。特に日本の大手上場企業は、原料炭事業に対するレピュテーションリスクや投資家・金融機関からの批判から、儲かるからといって、今まで通りに石炭の採掘・販売事業を拡大・成長させるわけにはいかなくなった。将来的にも、石炭関連事業は炭素税などの課税によって、収益性が悪化する可能性もある。実際、三井物産や三菱商事、住友商事は原料炭事業の権益を売却している。各社が気候変動対応を起点として、事業ポートフォリオの入れ替えを加速していることは明らかだろう。

三井物産：1962年から原料炭事業に参画していたが、事業ポートフォリオ再構築の一環で売却を決定。2022年8月、豪州の炭鉱事業者スタンモアSMC社の持ち分20%を合弁相手に売却すると発表。

三菱商事：2023年10月、豪州で保有する二つの炭鉱の権益を同国の石炭専業事業者へ売却すると発表。金属資源ポートフォリオの優良化と下方耐性の強化に向けたレビューを継続的に行った結果、売却判断に至ったと説明している。

住友商事：2021年8月、豪州の炭鉱事業の権益を売却。一般炭鉱山の開発で2030年に持ち分生産量ゼロを目指す方針を打ち出している。

ケース1-2：自動車部品事業

カーボンニュートラル推進施策の柱の一つとして、電気自動車のシェアが徐々に増えている。裏を返せば、内燃機関（ICE）で走る自動車のシェアが少しずつ減っているということだ。世の中の自動車ニーズが電気自動車にシフトすれば、それに必要となる電池やモーターの需要が高まり、電池やモーターを作る会社は事業規模が大きくなる。つまり、成長ポテンシャルが極めて大きいということだ。一方、エンジンやトランスミッションなどを作ってきた内燃機関系部品メーカーは、これまで通りの仕事をただ続けているだけではいずれ仕事がなくなり、衰退してしまうかもしれない。ポストコロナで内燃機関系部品の需要が回復し、利益が出るようになっているかもしれないが、安心して変革の歩みを止めてはいけない。こうした動きに、ホンダやデンソーはICE系の事業売却を進めている。10年先、20年先の未来の技術やニーズの変化を捉えて、トランスフォーメーションに取り組んでいるのである。

ホンダ子会社：2023年7月、燃料タンク等を製造する連結子会社の八千代工業を、インドの大手自動車部品サプライヤーグループであるサンバルダナ・マザーサン・グループに売却すると発表。同グループはEV／FCVへの移行を進める戦略を掲げており、ホンダは、八千代工業は自社グループよりもマザーサン・グループ傘下で持続的な成長を目指すべきだとの考えから、株式の売却を決断した。

デンソー：2023年7月、内燃機関向けセラミック製品のうち、ガソリンエンジンを点火するスパークプラグと排気センサー事業を日本特殊陶業へ売却・譲渡することに向けた協議を行うと発表した。デンソーの林新之助社長は、6月の日本経済新聞のインタビュー[注2]でCASE対応（電動化含む）に向けて積極的にM&Aを活用していくことを表明。また、同年11月の経営方針説明会では、2030年度に電動化領域で1兆7000億円の売上高を目指すと発表している。電気自動車向け事業など成長領域で投資を拡大し、事業ポートフォリオの変革を図っている。

ケース1-3：事業を再定義した海外企業

グローバルに視点を移すと、サステナビリティ分野で新たな成長領域の開拓を目指した事業ポートフォリオ変革の事例が存在する。デンマークの発電事業者オーステッド社（旧ドン・エナジー社）は、かつてデンマークの国営石油・ガス企業だったが、現在は洋上風力発電をはじめと

注2：「デンソー社長、CASE対応へM&A積極化『需要先取り』」2023年6月29日、日本経済新聞（https://www.nikkei.com/article/DGXZQOFD293210Z20C23A6000000/）

する再生可能エネルギー事業に専念している。

他にも、石炭採掘からライフサイエンス分野まで手掛ける総合化学企業へと転換したオランダDSM社、総合電機からヘルスケア分野やサーキュラーエコノミー分野での先進企業となったオランダのフィリップス社など、長期的成長が可能な新領域の開拓を推し進めた企業が存在する。祖業を含め、既存事業の将来の見通しや未来が明確に描けない場合には、このような大幅な変革を通じた自己の再定義が有力な選択肢となる。

オーステッド：再生可能エネルギー企業への変革を目指して、化石燃料からの撤退と洋上風力発電事業への新規参入を決断。このように大規模な事業ポートフォリオ変革を早期に進めたことによって同社は、脱炭素化の流れのなかで事業成長を実現し、グリーンエネルギー領域で世界をリードしている。

DSM：官営の炭鉱会社としてスタートし、化学事業に進出、民営化後はバイオケミカルカンパニーとなり、最終的にはニュートリションカンパニーへと変貌。イノベーションと持続可能性を企業理念と戦略の中心に据え、社会によいインパクトを与えられるかどうかを指標に事業買収・売却を繰り返し、事業ポートフォリオを最適化している。

フィリップス：総合電機会社として出発しながらも、自社事業が与える環境負荷を減らすために売り切りモデルから脱却して、ａａＳ（as a Service）化へとビジネスモデルを転換。ヘルスケア・医療機器に経営資源を集中させつつ、環境負荷をかけずに健康な生活を送るためのイノベーションをリードする企業への変革を目指している

地政学リスクが事業ポートフォリオに与える影響

最後に、事業環境の変化に応じた事業ポートフォリオ戦略を地政学の観点から見ていこう。近年、日本企業に大きな影響を与えた地政学的リスクといえば、ロシアのウクライナ侵攻だ。侵攻によって、ロシアは世界の多くの国・地域から制裁を受けているが、その結果、ロシアに製造・販売拠点を持っていた欧米企業や日本企業の多くが売上や利益を失い、ロシアでの事業活動から

の撤退・縮小を余儀なくされた。日経データベースでロシア撤退・縮小（製造業）の会社を調べると、自動車、タイヤ、電機、製薬など35社の社名が挙がる。[注3] ロシアは１９９８年の財政危機で経済的に窮地に陥ったが、その後20年で目覚ましい発展を遂げた。市場として魅力ある国だったからだ。だが、突如として、ロシアは日本企業の経済圏からは切り離されることになってしまった。

ロシアの例が示すように、日本企業は今後、進出した国・地域が戦争や紛争の当事者になる可能性を十分に検討していく必要がある。そのうえで、カントリーリスクが高い国・地域に過度に依存しないよう、事業ポートフォリオを分散させなければならない。また、サプライチェーンにカントリーリスクの高い国・地域が含まれている場合、有事には部品が足りずに完成品が作れなくなる可能性が高くなる。そのような事態に陥らないように、ＢＣＰ（事業継続計画）を策定しておくことも大切だ。

注3：「ロシア撤退・縮小（製造業）の会社（35社登録）」NIKKEI COMPASS、2024年8月6日時点（https://www.nikkei.com/compass/search/Y2F0ZWdvcnk9Y29tcGFueSZ0aGVtZT01OTI1Mw）

事業ポートフォリオの入れ替えを理解する三つの考え方

ここで、事業ポートフォリオの入れ替えに必須となる三つの考え方を説明する。

①事業ライフサイクルとトランスフォーメーション
②戦略的ポートフォリオ・トランスフォーメーション
③事業ポートフォリオの基本的な考え方

事業ライフサイクルとトランスフォーメーション

商品・製品にプロダクトライフサイクルがあるように、どのような事業にもライフサイクルがある。標準的なサイクルは、導入期、成長期、成熟期、衰退期という流れである。このサイクルを踏まえて、長期的な視点で自社の事業ポートフォリオを構築する。たとえば、現在の主力事業が成熟期にあるとしたら、そこで得た収益を用いて新たな事業の種まきをし、将来の主力事業を育てておかなければ、企業の存続が危ぶまれる事態になるだろう。また、衰退期を迎えた事業や年月を経て自社の本業とのシナジーがなくなってしまったノンコア事業の売却・撤退を進めることも重要になる。そして、こうした判断をするには、自社の各事業がどのステージにあるかを確認したうえで、自社の将来の事業ポートフォリオをどのようなものとすべきか、長期的視点で検討す

図表1-2｜事業ライフサイクルと事業の入れ替え

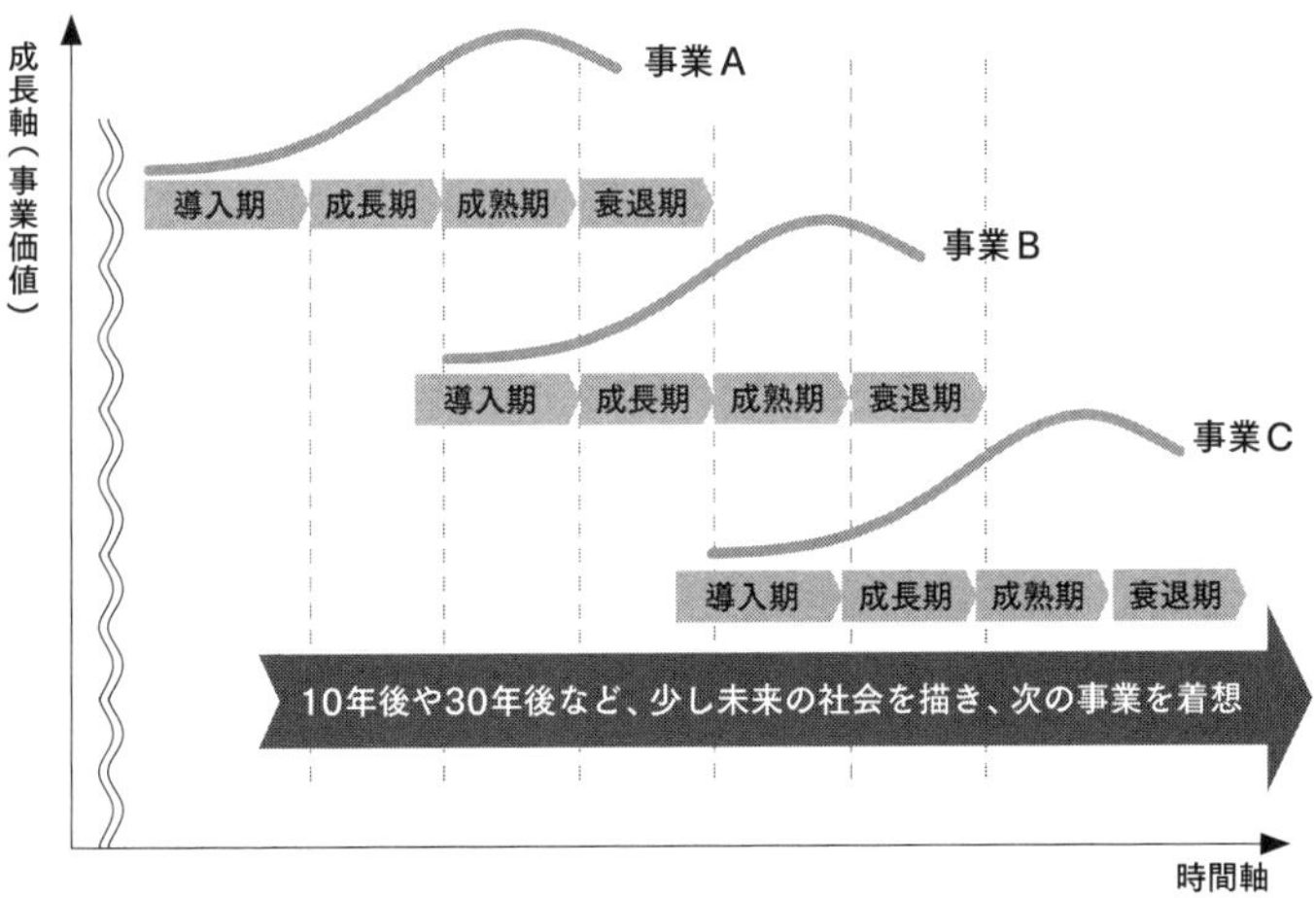

（出所）PwC作成

る必要がある（図表1－2参照）。

事業ポートフォリオの入れ替えでライフサイクルの考え方が必要とされるのは、各ステージによって必要となるリソースやケイパビリティ（企業全体の組織力）、ガバナンスが異なるからだ。したがって、将来的に企業価値創造を実現していくには、自社の事業がどのようなステージにあるのかを客観的に見極める必要がある。

特に、ステージの異なる事業を多く抱えているコングロマリットの場合、その見極めは容易ではない。ただ、日立製作所のようにコア・ノンコア事業を定義して、事業ポートフォリオ改革に取り組んだ企業もある。同社は世界金融危機後の経営危機を経て、「日立のＩＴ」「ＯＴ（Operational Technology）」「プロダクト」を活用して顧客と共に社会課題を解決する社会イノベーション事業」をコア事業として定義し、当該事業領域でのグローバルリーダーを目指して10年以上にわたる事業ポートフォリオ改革を実施した。同時に、米グローバルロジック社等の買収によって新規アセットを獲得するとともに、空調事業や火力発電システム事業、画像診断関連事業などのノンコア事業の上場子会社を売却している。

日立製作所のようなコングロマリットでなくても、外部環境の変化を契機に事業ポートフォリオ改革に取り組む企業は存在する。日本の製造業を支える中小企業もそうだ。彼らの多くは大手製造企業の下請けとして部品等を製造する単一事業であるため、その事業が衰退期に差し掛かれば、生き残るためにトランスフォーメーションが必須となる。たとえば、内燃機関を動力とする自動車産業が成熟期から衰退期を迎えるとしたら、従来型の自動車部品製造企業は新たな成長事業を取り込まなければならないだろう。

自動車部品大手のアイシンは、祖業のミシンや長年手掛けてきたベッド事業から撤退し、モーターやそれに適したユニットなど自動車の電動化に関わる部品事業に集中している。また、前述のデンソーは、「モビリティ社会のＴｉｅｒ１」として半導体、ソフトウェア、電動化、ＡＤＡＳ（先進運転支援システム）をコア事業と定める一方で、内燃機関系事業の事業譲渡を進めている。さらに、「どんなに時代が変化しても、人が生活するうえで食は不可欠なもの」（同社ウェブサイト）[注4]として、スマート農業という新たな成長事業にも取り組む。

ただし、事業ライフサイクルには例外もある。たとえば、半導体製造業は技術革新や事業環境の変化を受け、成熟期や衰退期を経て新たな成長期を迎えている。半導体事業の開発・設備投資には巨額の資金が必要なうえ、技術の進歩・ニーズの変化も速い。韓国勢のコスト競争力に押され、２０１２年に半導体メモリ大手のエルピーダメモリが破綻し[注5]、日本の半導体事業は衰退していた。しかしながら、今、半導体製造業界では自動運転やＡＩなどの進化に伴って高性能な半導

注４：デンソー「モノづくりの技術で実現する、農業の新しい働き方」（https://www.denso.com/jp/ja/driven-base/project/agriculture/?utm_source=google&utm_medium=search&utm_campaign=drivenbase&gad_source=1）

注５：「『エルピーダの教訓　破綻から10年』連載企画まとめ読み」2022年３月６日、日本経済新聞（https://www.nikkei.com/article/DGXZQOUC043T20U2A300C2000000/）

体のニーズが高まっている。それを受け、日本では国家政策として官民共同で事業の立て直しに動いている。国家政策としてのトランスフォーメーションを推進するのは、個々の民間企業ではリスクを負いきれないからだ。経済産業省は、デジタル産業支援をまとめた政策指針である半導体・デジタル産業戦略において、半導体・デジタル産業を「国家事業」と位置付け[注6]、国レベルでの取り組みに前向きな姿勢を示している。

戦略的ポートフォリオ・トランスフォーメーション

トランスフォーメーションを進めるには、前提として、自社の財務的・人的な面も含めたリソースやケイパビリティ、カルチャーを十分に検討する必要がある。そして、短期的な事業環境の変化とメガトレンドの両方を見ながら、今後、自社が目指すべきコアビジネス・成長領域を定義する。それがトランスフォーメーションの実現に向けた取り組みの第一歩となる。

インオーガニック（従来の事業とは非連続的）なトランスフォーメーションを実現する方法の一つに、M&Aがある。M&Aによって事業ポートフォリオの構成要素を買収したり、売却したりすることが容易となるからだ。

注6：「半導体・デジタル産業戦略とは　政府、拠点整備に２兆円」2023年５月19日、日本経済新聞（https://www.nikkei.com/article/DGXZQOUA186NQ0Y3A510C2000000/）

また、M&Aによる買収は事業ポートフォリオの追加だけでなく、自社ケイパビリティの補強という面でも効果がある。成長戦略を実現するにあたって自社の人的リソースやケイパビリティが十分ではない場合に、M&Aにより他社の人的リソースやケイパビリティを取得し、自社グループに統合していくというわけである。このような人材・ケイパビリティの獲得を目的としたM&Aを「アクハイアリング」という。たとえば、自動車OEM（完成車メーカー）が自動運転技術の開発のためにソフトウェアエンジニアを大量かつ早急に必要とするとき、自社の人材を一から教育していたのでは他社との競争に置いていかれてしまう。そのような場合、従来の業容が自動車とは関係なくても、ソフトウェアエンジニアリングができそうであれば、エンジニアを有するIT企業を買収し、自動運転技術開発を担ってもらうという方法も選択肢として考えられる。

このように、M&Aにはいくつものメリットがあるが、成功させるにはM&A戦略の構想段階から綿密な準備が必要となる。しかも、買収できたからといって、それで終わりではない。M&Aで本当に価値創造を実現するには、PMI（Post Merger Integration）が重要となる。PMIとは、買収後に自社と対象会社のケイパビリティやアセットを融合して顧客基盤を拡大したり、品質向上などを実現して売上増につなげたり、製造拠点・物流やバックオフィス等の重複などを合理化してコストダウンを実現する活動およびその基礎づくりのことを指す。実は、PMIは買収してから対策を立てていたのでは遅いのだ。

買収初日からPMIを実行するためには、対象会社に対するデューデリジェンスのフェーズから動き出す必要がある。優先事項を抽出し、行動計画を策定しておくのだ。特に重要となるのが、対象会社の役職員をグループの一員として招き入れるという意味での「新たな人事制度の導入」と「意思決定の権限に関するガバナンス規定の導入」である。対象会社が新しい株主のもとで、どのような規律付けで意思決定を行うことになるのか、買収初日から明確なルールによる新しいガバナンスに切り替えることで、過去に引きずられずに全社的なPMIの取り組みを推進することができるだろう。これらは、後述するグループガバナンスの最適化の取り組みの一部でもある。

コラム

M&A巧者の条件

M&Aを成功させるためには、魅力的な事業を買収できるM&A巧者とならなければならない。M&Aは入札になることが多いが、入札に参加する競合他社に勝つには、競合他社よりも良い条件（高い価格等）を提示すればいい。ただし、勝ち負けにこだわると、自社が実現できる付加価値よりも高い条件（価格）を提示することになり、買収が成功したとしても、結局は損失につながってしまう。これを「勝者の呪い」という。M&A巧者となるには、この「勝者の呪い」を避けるための分析力と交渉力、冷静な判断力が求められる。

それでは、M&A巧者になるにはどうしたらいいのだろうか。まず、買収によってどのような価値創造（Value Creation）を目指すのかという戦略を立てる。次に、実行計画を策定し、実現可能性について検証する。買収の最終的な価格交渉に入るのはその後だ。ただし、買収の価格交渉では、買収対象事業のスタンドアローン価値（シナジー価値等のプレミアムを含めない単体価値）に対して、自社が対象会社を買収した場合に付加的に創造できる価値を超えた価格を決して提示してはいけない。

事業ポートフォリオの基本的な考え方

●事業ポートフォリオとは何か

詳しくは第2章で説明するが、ここで事業ポートフォリオの基本的な概念について説明しておこう。一般的に、ファイナンスにおける最適ポートフォリオとは「投資家が選択可能な投資機会集合のなかで投資家の効用を最大にするポートフォリオ」のことをいう。要は、個々の投資機会の価値変動のボラティリティを踏まえて、全体としてリスクの最小化、期待収益率の最大化を目指すポートフォリオの組み合わせのことだ。

ＰｗＣ Ｊａｐａｎグループ（以下ＰｗＣ Ｊａｐａｎ）では、日本企業もファイナンス目線を唱えた事業ポートフォリオの分析・評価をすべきだと考えている。近年では、経営の中核に事業ポートフォリオの最適化を据える企業も増えてきたが、現場で行われている事業ポートフォリオマネジメントは、ファイナンス理論を理解しないまま各事業のＲＯＩＣ分析などによって分類するケースも多いように感じる。もちろん、ＲＯＩＣ分析が悪いというわけではないが、万能ではないこと、使い方を間違えると経営判断を間違える可能性があることを理解して使わなければならない。特に、Ｒ＆Ｄや製造設備、システムなど大きな投資が必要で、かつ投資回収期間が長い事業をどう評価するかという場合には細心の注意を必要とする。なぜなら、短期的にＲＯＩＣを良く見せようとするならば、中長期的なリターンしか生まないような投資を抑えるのが手っ取り早いからだ。しかし、必要な投資をカットするということは、将来の成長の芽を摘むことに他ならない。事業ポートフォリオマネジメントでは、事業面とファイナンス面を融合した分析・判断をすること、それにはＲＯＩＣに加えて事業の成長性、資本コストや最適資本構成、リスク分析やリスク対策なども考慮することが重要であり、単純にＲＯＩＣ分析の結果のみで事業を評価することにならないように注意する必要がある。

最近では、ＥＳＧ指標を切り口にした事業ポートフォリオという考え方も出てきた。たとえば、デンソーは事業の収益性や成長性に加え、自社のサステナビリティ理念の実現に資するかどうかで事業を評価し、新モビリティ領域やエネルギー活用領域等への投資を拡大するなど、事業ポートフォリオのマネジメント方法を時代とともに変化させている。前述した総合商社の石炭の採掘・販売事業からの撤退・投資縮小などもそうだ。

ただし、実際の事業は株式のように瞬時にポートフォリオを入れ替えることはできない。結局、企業が事業ポートフォリオを考える際に重要なのは、自社の経営におけるコア領域・成長領域の見極めと長期的なトランスフォーメーションに向けた全社戦略とロードマップである。ボラティリティのリスク分析やＲＯＩＣ、ＥＳＧ指標等も重要な判断材料ではあるが、事業ポートフォリオ戦略を検討する際のサポート材料と考えるべきである。

●ポートフォリオ戦略を成功に導くための四つの「M」

ファイナンス理論では、「投資家は株式の組み合わせによりコングロマリットの事業ポートフォリオを複製することができ、この複製ポートフォリオはホームメードカクテルと呼ばれる」[注7]。これは、コングロマリットの事業ポートフォリオは、事業間のシナジーというプラス面もあるが、投資家からは事業ポートフォリオが十分に最適化できていないと思われるというマイナスの面もある、ということである。原因の一つに、投資家と企業間の情報の非対称性がある。投資家に企業の情報開示が不十分だと思われていることで、「企業には非効率的・非生産的な事業が隠れている可能性がある」「事業ポートフォリオが十分に最適化できていないのではないか」という判断につながってしまうわけだ。

投資家にとってはホームメードカクテルのほうが情報の非対称が少なく、ポートフォリオとして望ましい。それに対して、コングロマリットの場合は情報開示やIR説明を行っても、投資家から見ると、事業間に隠れている無駄や収益性の悪い事業があるかもしれないというリスクは払拭されない。そのため、株価は事業価値に対してディスカウントが入りやすくなってしまう。このディスカウントを最小化するには、コングロマリットは事業のライフサイクルに応じた入れ替えやコアビジネスへの選択と集中を図るなど、事業ポートフォリオを最適にトランスフォームし

注7：大村敬一『ファイナンス論——入門から応用まで』有斐閣、2010年

続け、それを継続的に透明性を持って投資家に説明していかなければならない。

今から約20年前、これを実行したコングロマリットがある。三菱商事だ。同社は事業ポートフォリオの最適化を経営戦略として実施し、トランスフォーメーションを実現した。従来のグループや本部の垣根を完全に排除し、190のビジネスユニットを編成して同列に評価するという荒療治だったが、この取り組みは日本における「資本コストを意識した」事業ポートフォリオ最適化の手本といっていい。この取り組みこそ、現在における三菱商事の強固な礎となっている。

2005年1月、三菱商事の小島順彦社長（当時）は経済同友会第5回企業経営委員会で、ポートフォリオ戦略を成功に導くために、中期経営計画「MC2003」では次の四つの「M」を導入し、ポートフォリオマネジメント戦略における選択と集中を実行したと説明している（第5回企業経営委員会、巻末参考資料①「事例検討の議事録要旨」[注8]より引用）。

注8：第5回企業経営委員会、巻末参考資料①「事例検討の議事録要旨」2005年1月20日（https://www.doyukai.or.jp/policyproposals/2005/pdf/050511_02.pdf）

＊ポートフォリオマネジメント戦略を成功に導くために四つの「M」を導入

①**経営管理制度**（Management System）：従来400あった部課を統廃合して、190のビジネスユニットへ（BU制の導入）。社長は全BUのマネジャーと直接対話ができるようになり、縦のコミュニケーションが円滑に

②**経営指標**（Measurement）：全BUを同列に評価すべくMCVA（「事業収益」－「資本コスト」）という指標を導入。各BUの業務内容をコーポレートサイドが直接把握できるようになった

③**評価報酬体系**（Motivation）：BU単位で業績を評価

④**企業風土の変革**（Mindset）：「M」を有機的に活用して、企業風土を変革し、価値創造の推進を目指す

＊ポートフォリオマネジメント戦略における選択と集中

各BUを、MCVAで毎年評価し、次の三つのミッションのうち、どれか一つを与えることにした。

①「**拡張型**」：新たな機能を付加することで、「収益の継続や向上」を狙う
②「**成長型**」：集中的に資源を投下して、「新たな商圏構築」を狙う
③「**再構築型**」：「縮小」「撤退」「再編」によって、「抜本的な事業の再構築」を図る

ＥＸＩＴルール（３年連続で当期利益が赤字などで撤退）に照らして判断。なお、「再構築型」ミッションを与えられたＢＵは、期限までに事業撤退できたら評価される。

これによって、選択と集中を加速度

図表1-3｜三菱商事の事業再編例

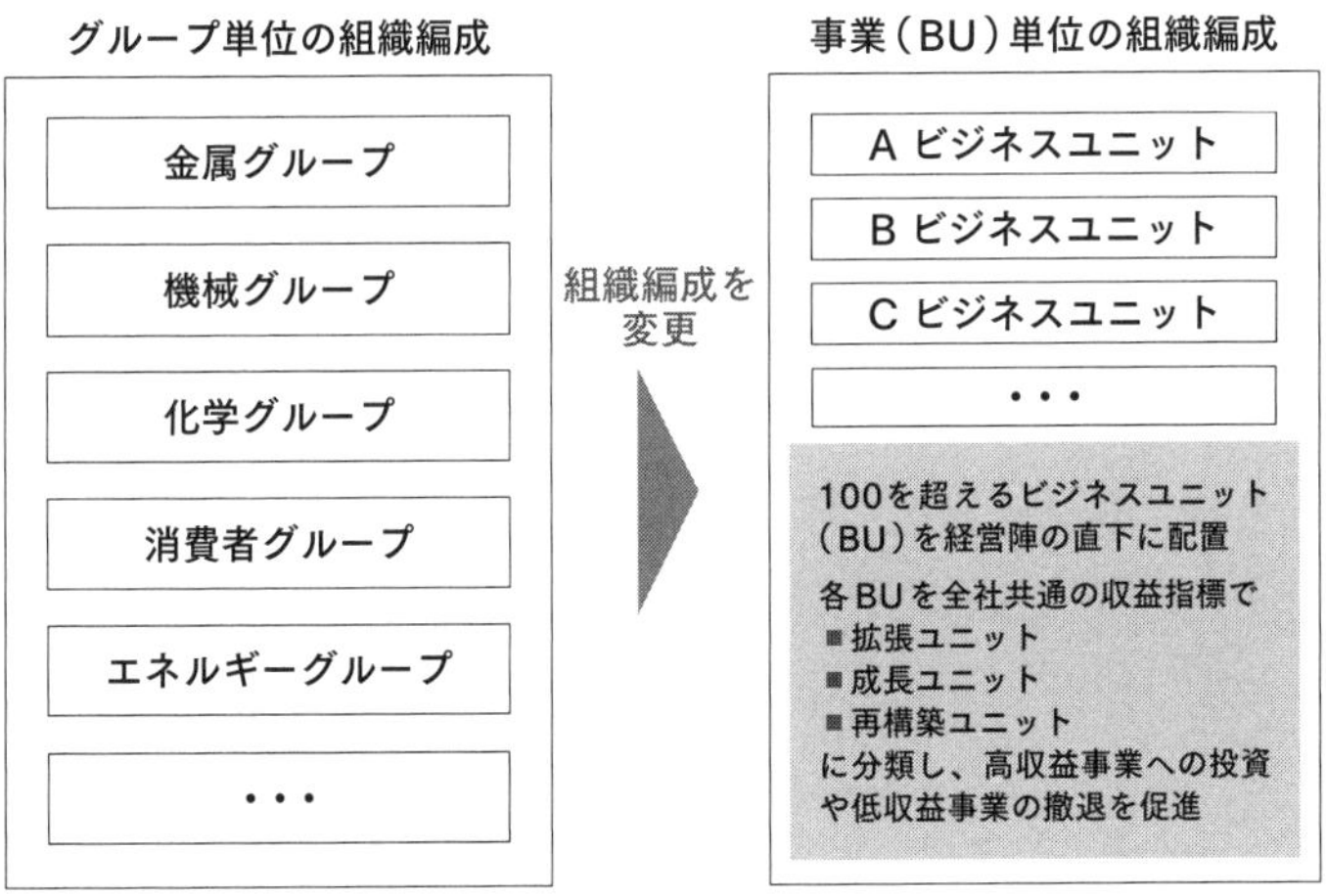

（出所）第5回企業経営委員会、巻末参考資料①「事例検討の議事録要旨」を基にPwC作成

的に実現することができた。たとえば、1999〜2002年度には、4100億円の新規投資をする一方で、124社の事業から撤退して2900億円の資産圧縮を実施した。また、2003〜2005年度には、約1900億円の資産圧縮を予定している。

これらの成果として、三菱商事は当期純利益の増加、ROEの向上、バランスシートの改善を達成している。また、価値創造に対する意識が全社に浸透した結果、1999年3月期に31・2億円だった当期純利益は2004年3月期には1117・6億円と約3・8倍になり、ROEも3・2%から10・9%へと7・7ポイントも向上した。MCVAに基づく事業ポートフォリオ入れ替えによる資産圧縮だけでなく、有利子負債の削減にも取り組み、ネット有利子負債倍率は4・0倍から2・9倍へと低下している。[注9]

●コングロマリットディスカウントへの対応

総合商社のように非常に多くの種類の事業を営むコングロマリットでは、事業ポートフォリオの不断の入れ替え、事業ポートフォリオ間のシナジー効果の実現に継続的に取り組むことが重要となる。一方で、既述の通り、株価の評価にはコングロマリットディスカウントが織り込まれることが多々ある。

注9：三菱商事 過去の中期経営計画 1998-2004、（https://www.mitsubishicorp.com/jp/ja/ir/library/ar/pdf/areport/2010/04.pdf）

コングロマリットにおける事業ポートフォリオの戦略的な見直しに際し、最大の障壁となるのがリソースの制約である。なぜなら、日本企業にはもはや自社の限りあるリソースをノンコアビジネスに投下している余裕はないからだ。制約がある以上、リソースはコアビジネスや成長領域に優先的に投下し、価値創造の最大化を図らなければならない。だが、それぞれの事業の担当者にはその事業に情熱や思い入れがある。よほど赤字続きで追い詰められない限りは、何とか工夫しながら事業を継続しようと考えるだろう。それでも、事業ポートフォリオのマネジメント側は、事業環境を冷徹に分析して自社のコアビジネスあるいは成長領域は何かを冷静に見極め、ノンコアビジネスは価値が高いうちにカーブアウト・売却するという判断をしなければならない。

自社の情報システム子会社をNTTデータに売却したドイツのBMW社がその好例である。2008年8月、BMW社はBMWグループ98％出資の情報システム子会社サークエント社の発行済み株式の72・9％をNTTデータの欧州子会社へ譲渡した。取引後、NTTデータは72・9％、BMWグループは25・1％、サークエント社は2％の株式を保有している。BMW社はコア事業へ経営資源を集中させるとともに、ノンコア事業であるITサービス事業がさらなる成長を果たすためにはNTTデータがベストオーナーとの判断のもとで売却を実施した。サークエント社がNTTデータグループの一員としてIT領域でさらなる成長を果たすことで、BMW社も高品質で国際競争力のあるＩＴサービスを享受できるようになると見込んでのことだ。コア・ノンコア双方の企業価値向上を狙った事例と言えるだろう。

ＢＭＷ社の事例が示すように、ノンコア事業は、その事業をコア事業・成長領域とするベストオーナーに売却することができれば、さらなる成長につながる可能性が十分にある。日本企業は雇用に対する責任感から事業売却を躊躇《ちゅうちょ》する傾向があるが、売却の条件や内容によっては、従業員にとっても将来がより明るくなる可能性もあることを忘れてはならない。

●CVC活用で事業ポートフォリオの最適化を図る

先に述べたように、企業にはリソースの制約がある。このレジリエンス時代において、将来的な消費者の価値観の変化や技術革新、競合先の急成長など、さまざまな可能性すべてに対応することはできない。しかしながら、自社のメインシナリオに関係する要素だけに注力し、残りの可能性をすべて捨てるのは賭けになってしまう。

そのようななかで活用可能性があるのがコーポレートベンチャーキャピタル（ＣＶＣ）だ。自社または複数の企業と組成し、将来性のある取り組みを行うベンチャーに投資してポートフォリオを組成しておくのだ。そうすれば、自社でメインシナリオと思う技術に取り組む一方、ＣＶＣ

を通じて、将来的に芽が出るかもしれない代替技術にも投資することができる。将来動向を見誤った場合でも、代替技術にアクセスする権利が残るのである。企業のリソース制約を考えるなかで、あらゆる変化にある程度対応するためには、ＣＶＣの活用も事業ポートフォリオ最適化の一つの手段といえるだろう。

ＫＤＤＩは、国内ベンチャーキャピタルと連携してＫＤＤＩオープンイノベーションファンドを立ち上げ、ＫＤＤＩグループのさまざまなアセット提供や幅広い領域での事業連携を通じて新たな事業を共創している（２０２４年1月時点で１４０社へ投資）。投資領域は非常に広く、通信に限らず、バイオなどさまざまな分野で新規事業の創出に取り組んでいる。また、自社だけでなく、「KDDI ∞ Labo（ムゲンラボ）」を通じて日本社会全体でのオープンイノベーション推進に取り組んでいる。事業共創プラットフォームであるムゲンラボには、パートナー連合と呼ばれる約１００社の大企業群とスタートアップが参画している。

ポートフォリオ全体のグループガバナンスの最適化

レジリエンス時代にあっては、事業ポートフォリオの最適化に取り組みながら、同時に企業グループの隅々までグループ経営戦略を行き届かせ、戦略を実行していかなければならない。そのために必要となるのが、グループ全体を統制するガバナンスだ。

グループガバナンスでは、「攻め」と「守り」の両輪をバランスよく機能させることが重要だ。この両輪のバランスが取れなければ、グループ経営戦略を浸透させ、グループ経営を正しく導くことができない。

事業環境の変化に応じた事業ポートフォリオの入れ替え、事業ポートフォリオを統制するメカニズム、新規事業のリスクをマネージするケイパビリティなど、本書ではこれらのすべてをガバナンスの機能と捉えている。そして、そのドライバーとなるのが、攻めのガバナンスでは「インセンティブ設計」、守りのガバナンスでは適正な「牽制《けんせい》」である。具体的には、適切な組織設計や規定の整備、人事制度や報酬設計、リスクマネジメント体制、社内コミュニケーションなどが該当するが、本章では概要を説明するにとどめる。詳しくは「第3章　ポートフォリオ戦略の成否を握るガバナンスの『連動』と『緩急』」と「第4章　レジリエンス時代のリスクマネジメント」で説明する。

事業ポートフォリオが変わると、グループガバナンスはどう変化するか

事業ポートフォリオを入れ替えると、グループを構成する事業の構成が変わる。それに伴い、組織も変化する。そうなれば、求められるグループガバナンスも変わってくる。たとえば、ある製造業グループの事業ポートフォリオに新たに金融事業が加わったとしよう。金融事業には許認可や高度なガバナンスのメカニズムが求められることから、グループガバナンスの一部の制度を金融事業で求められるレベルにまで厳格化しなければならない。

一方で、グループに新しくベンチャー企業が加わったらどうだろうか。ベンチャーの成長にはある程度の自由度とスピードが求められることから、必要以上にきめ細かいガバナンス規定を適

用すると、ベンチャーに期待するイノベーションを生み出す力は弱まってしまう可能性がある。そのため、ベンチャーの規模やステージに合わせて、柔軟なガバナンスを適用すべきである（図表1－4参照）。このように、グループの事業ポートフォリオ間で事業の性格が異なる場合は、特に注意が必要となる。

他の例も見てみよう。エネルギー事業を営むあるグループは、発電事業や設備保守事業など、安定供給が求められるインフラ関連事業を展開している。インフラ関連事業では、絶対に起こしてはならないインシデントのリスクを完全に払拭《ふっしょく》できるリスク管理・ガバナンス体制を確立し、安心・安全を維持しなければならない。一方で、同じグループには市

図表1-4｜事業ポートフォリオによって求められるガバナンスが変わる

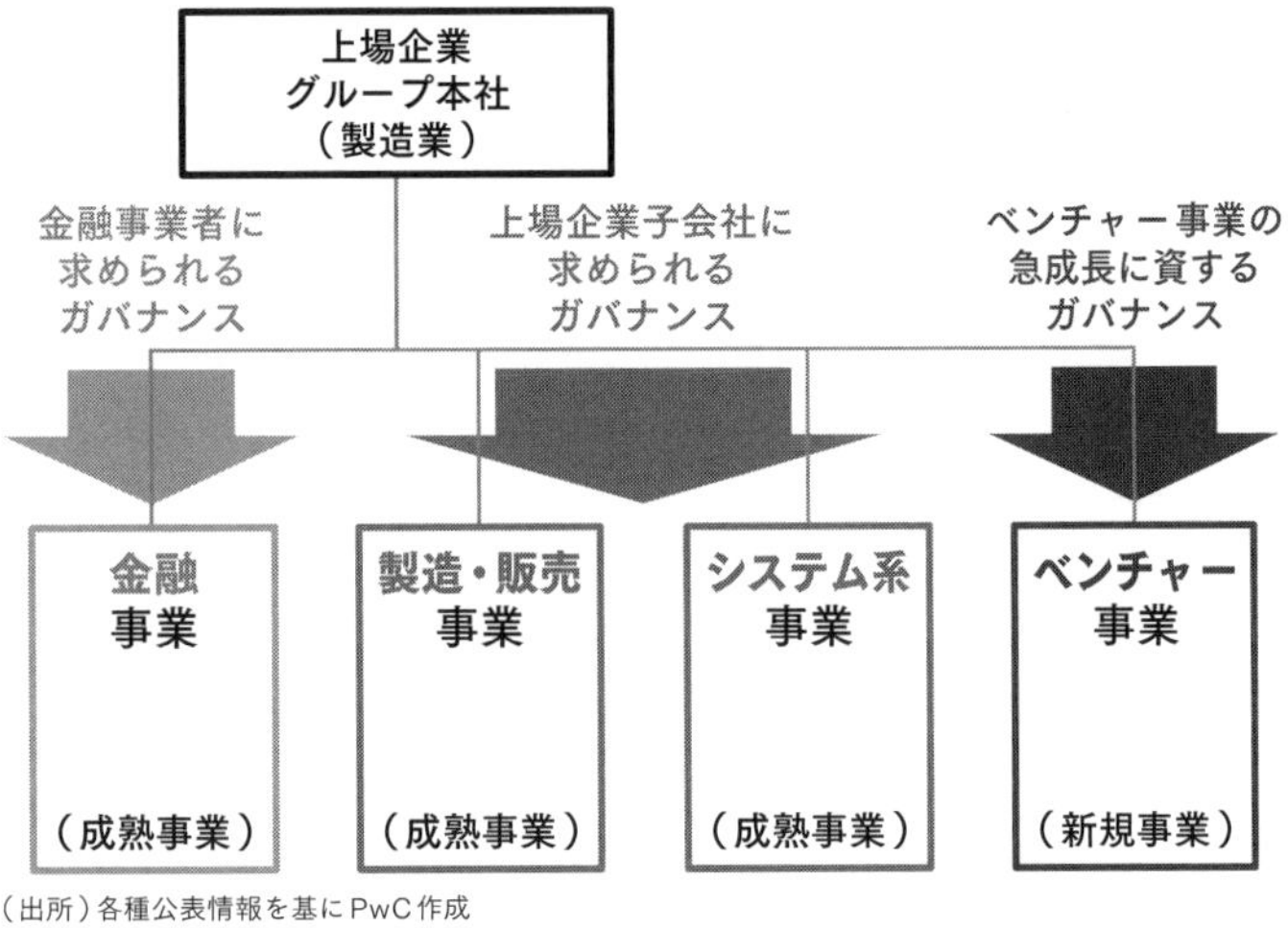

（出所）各種公表情報を基にPwC作成

場競争にさらされている小売事業や新規技術などへの投資を行う新規投資事業もある。小売事業や新規投資事業では、リスクを取って事業機会を捕捉することが必要となる。そのため、インフラ関連事業とは異なるガバナンスを適用すべきとなる（図表1－5参照）。

さらにいえば、新規投資事業を通じてグループに海外企業が加わった場合も、従来とは異なるグループガバナンスが必要となる。グループ戦略や権限規定等を外国語で共有するだけでなく、グループ企業に適用される人事制度や報酬を海外でも通用するレベルに適宜修正する必要があるからだ。このように、グループガバナンスではそれぞれの事業特性を確認したうえで、全体の均衡を保ちながら、

図表1-5｜あるエネルギー企業のグループガバナンスのあり方

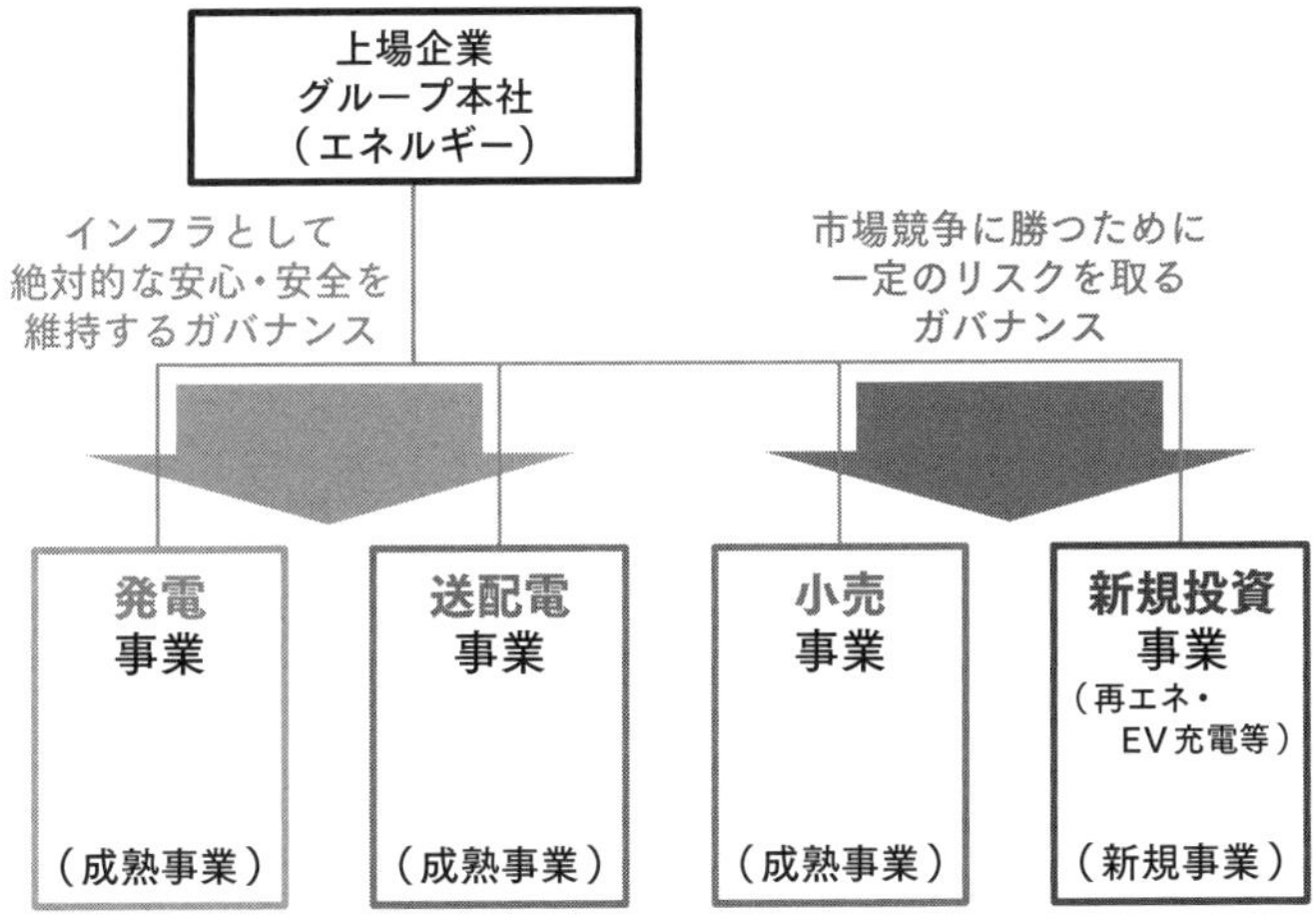

（出所）各種公表情報を基にPwC作成

その事業特性に合わせたガバナンスを適用していかなければならない。

日本企業の海外事業統治の課題

前項で、グループに海外企業が加わった場合について少し触れた。日本では少子高齢化・人口減少が進み、消費市場としての魅力が低下している。そのため、日本企業が今後も成長していくには、グローバル市場での投資や事業活動が重要となる。そうなったときに問題となるのがガバナンスである。果たして、日本企業は本当の意味でグローバルなグループガバナンスができているのだろうか。

現状を見てみよう。従来、日本企業が海外事業を展開しようとする場合、日本人を派遣して日本本社のコピーのような統治を行うか、地元の人材を起用して現地流の経営をするかのどちらかであった。だが、これらの手法はガバナンスの点からいくつもの課題がある。

まず、日本本社のコピーのような統治は、ガバナンス上、重要なポストは日本人でなければならないという考えから行われてきた。この場合、海外事業を経営できる日本人社員の人材リソースの制約がボトルネックとなる。また、海外事業の自由度やスピード感が失われ、事業競争力が落ちる可能性もある。

地元の人材を起用した現地流の経営は、うまくいっているときは良いやり方に思える。しかし、長い年月とともに事業がブラックボックス化したり、限られた古参社員の能力に依存せざるを得なくなったりするキーマンリスクが課題となる。特に、優秀な個人に過度に依存すると、不正や後継者の問題が起こりやすい。これらは、M&Aで海外に進出したケースにおいて特に生じやすい。

これらの課題に対応するには、グループガバナンスの規定や人事制度をグローバルに通用するものに修正していく必要がある。理想的には、各海外拠点の経営はごく少数の日本人と各地域の優秀な人材とが融合したチームで行うべきだろう。これにより、海外事業経営ができる日本人社員のリソース不足をある程度緩和できる。キーマンリスクでは、近年、海外子会社での不正や損失などについて、本社取締役の善管注意義務違反が問われる可能性が高まっている。そのため、海外事業の経営実態に関する透明性の維持を含む経営モニタリングが重要となってきている。また、評価や報酬をそれぞれの地域の基準や慣習に応じたものにし、市場価格を踏まえた条件設定を行うことも重要になる。

経営基盤として求められる強固なグループガバナンスの維持・構築

前述したように、本書ではグループガバナンスは攻めと守りの両輪でバランスを取るべきだと考えている。「インセンティブ設計」と適正な「牽制」を軸とするガバナンスである。具体的には、次の五つの構成項目に強弱をつけつつ、各項目が相互に連動して一体として機能するように設計・運用させることが重要となる（図表1－6参照）。

（A）**グループとしての運営ルール**：グループ方針と現地法に沿った適切な機関設計と権限規定の策定

（B）**事業計画とKPI**：事業計画とKPIの適切な策定・設定と、各責任者に対する予算・KPI達成へのコミット要求

（C）**レポーティングとモニタリング体制**：事業計画・KPIの達成状況を透明化するための計数モニタリング体制の確立

（D）**グループ会社経営陣の任免・評価・報酬**：報酬設計やサクセッションプランの作成など経

営陣のマネジメント

（E）グループリスクマネジメントと内部監査：実効的なリスク管理・内部統制の導入と内部監査による定期確認

●インセンティブ設計におけるデジタルダッシュボードの効果

一般的に企業経営では、経営陣がポートフォリオにおける各事業の役割を決め、担当する執行役員がその事業を実行する。その際、経営トップと各事業の執行役員等の間で目指すべき経営方針や業績評価の目標値（KPI）が設定され、評価と報酬はその達成度に応じて決定される。このとき、評価と報酬にメリハリをつけ、インセンティブを設計する。こ

図表1-6｜グループガバナンスの5つの軸

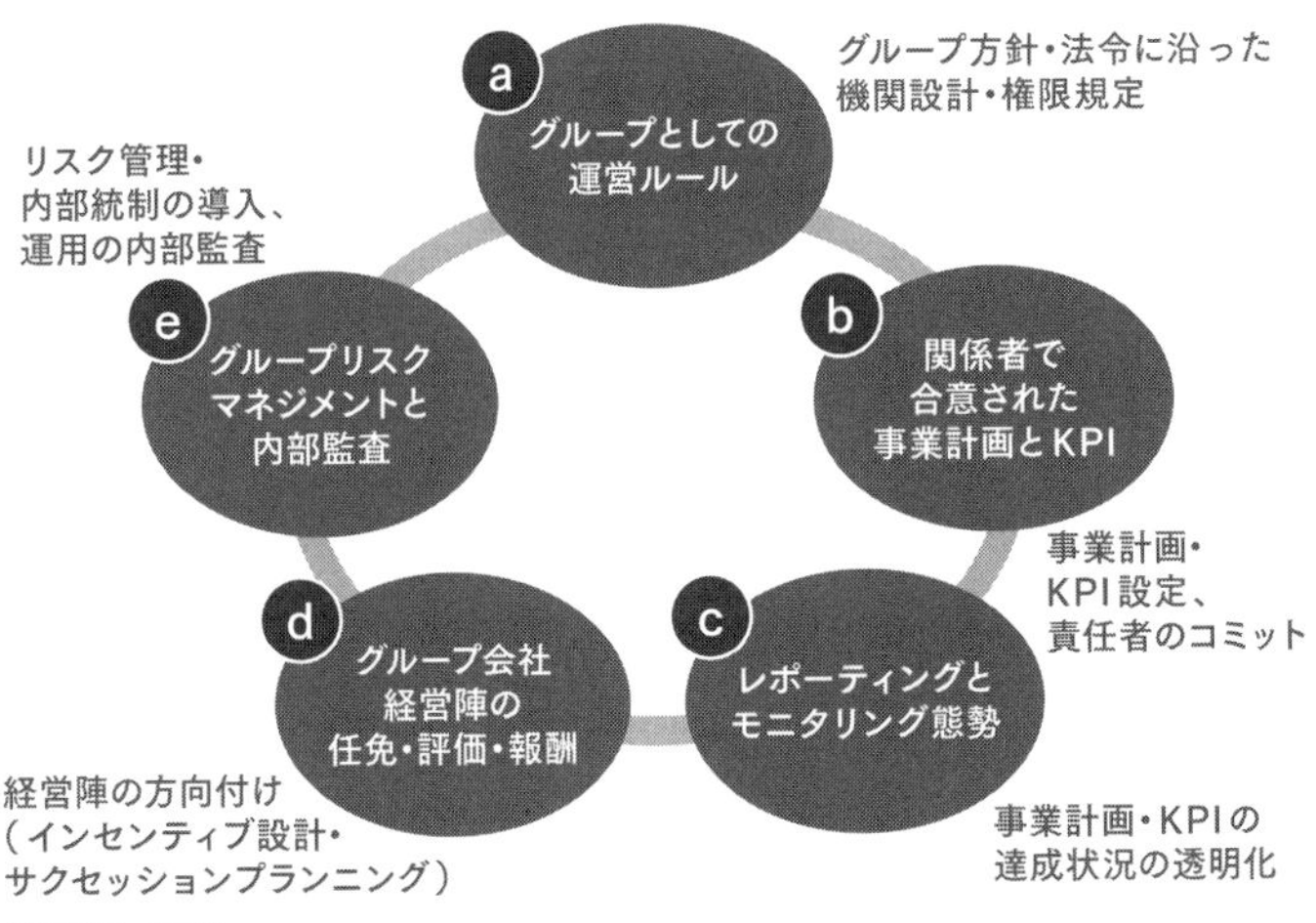

（出所）PwC作成

のインセンティブ設計こそ、攻めのガバナンスの軸である。インセンティブによってグループ全体に戦略を浸透させ、各事業が期待されている役割を果たすというメカニズムを機能させることができる。

ところで、インセンティブ設計を効果的なものにするツールの一つに、デジタルダッシュボードがある。近年では、データドリブン経営への移行を目指すために、デジタルダッシュボードを導入している日本企業もある。事業計画やＫＰＩの進捗《しんちょく》状況のレポーティングやモニタリングを効率化・高度化し、業績や稼働率等の事業データの取得・可視化を自動化することで、タイムリーな状況把握と早期の打ち手の検討につなげるというわけだ。

従来、経営会議をするとなったら、データ集計資料を作成したり、中間管理職がその資料を確認することに多くの時間を要していた。重要なのは資料ではなく議論であるにもかかわらず、資料作成に時間を費やし、十分に議論する時間を取れないケースも散見された。

しかし、デジタルダッシュボードを導入すれば、こうした課題を解決できる。経営層から現場まで、客観的かつ新鮮なデータを定期的に取得できるためだ。それらのデータから課題を把握し、迅速に対策の検討・意思決定を行うことが可能になる。また、データが長期的に蓄積されていくので、事業環境・市場傾向の急激な変化の発見にもつながる。ＫＰＩ（売上高、経常利益等）を定点観測していけば、計画からの乖離《かいり》や不正の兆候となる異常値等を早期に発見することもできる。たとえ地球の裏側にある子会社であっても、必要な項目の各種経営データが正しくインプットされていれば、日本の親会社が事業遂行状況や問題発生などを遅滞なく把握することができるのである。

さらに、グループ会社を含む経営陣の任免、評価、報酬についての透明性を高めることにも役立つ。経営陣の各ＫＰＩに関するパフォーマンスの改善やケイパビリティの熟達度などについてのフィードバックやディスカッションに用いることで、コミットメントを引き出すこともできるだろう。このように、デジタルダッシュボードはグループガバナン

図表1-7 ダッシュボードのイメージ①

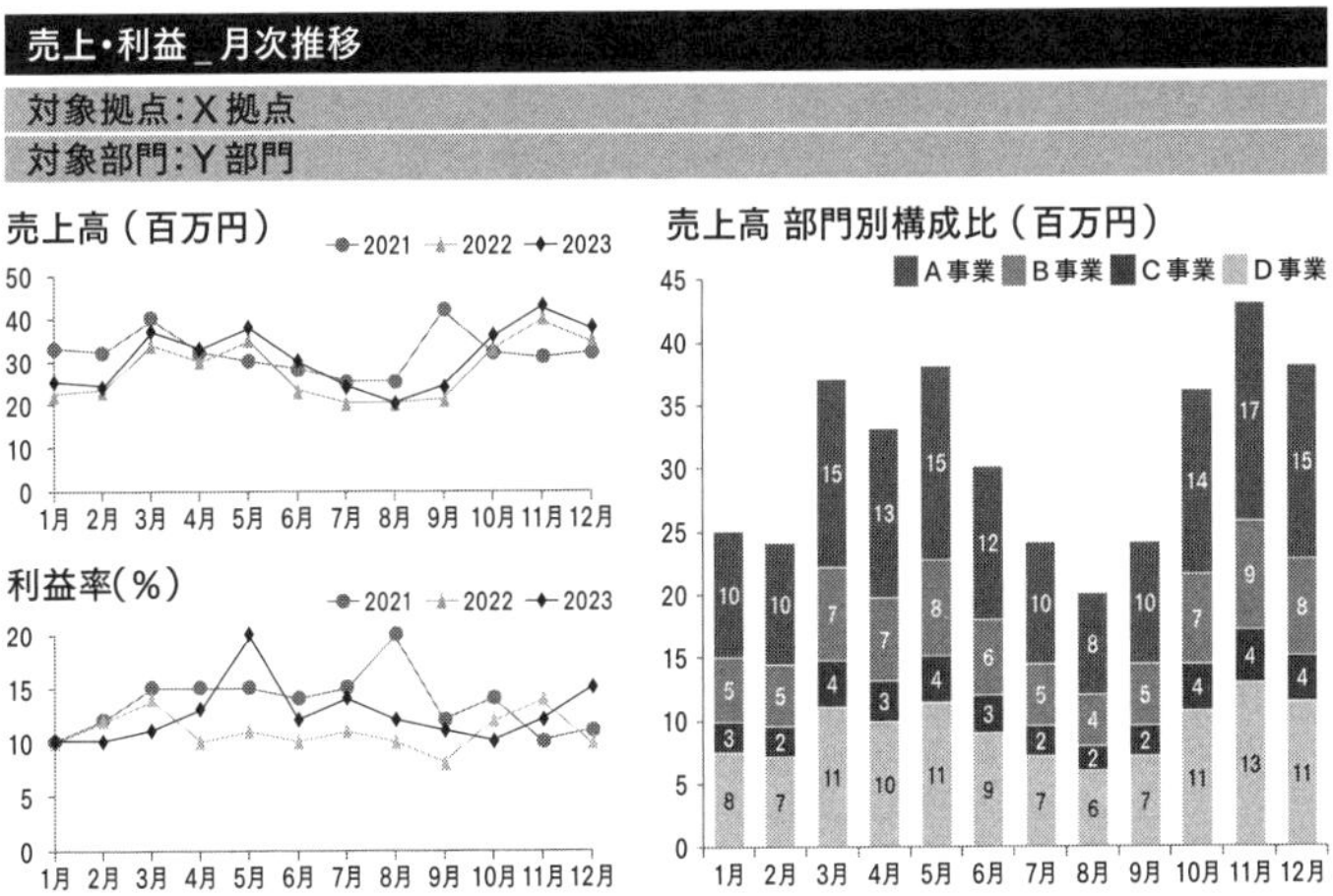

（出所）PwC作成

スの実効性、インセンティブ設計の効果向上につながるものである。

●自律的最適経営と牽制

環境の変化に迅速に反応するには、各事業が自律的に最適経営を行うことが理想である。そのためには、適切な権限移譲、事業ごとの経営方針やKPIが本社の方針と一致するものであることが重要になる。一部事業が間違った方向に進むと、本社の経営陣が気づかぬうちにグループ全体の経営が脅かされるようなリスクが顕在化したり、執行役員や子会社役員、従業員の不正などにつながる可能性があるからだ。そのため、守りのガバナンスとして、適正な「牽制」が必要になる。

牽制の基本は、3ラインディフェンスを整備することにある。事業の当事者となる組織を第1線、第1線に対して直接的な確認・審査や牽制機能を発揮する組織を第2線、そして全社的視点に立って個々の事業の監査等を行う第3線という形に整理する。これによって、リスクに対する過度に楽観的・悲観的な判断や見落としが生じないようにするのである。具体的には、事業部や経理による四半期決算ごとの予実対比による異常値の発見、内部統制の整備、内部監査や会計監査の高度化などのリスクマネジメントのメカニズムを、事業の規模や重要性に応じた優先順位をつけて整備していくことになる。

　このように、企業等が業務遂行上のリスクを組織全体の視点から統合的、包括的、戦略的に把握・評価し、企業価値等の最大化を図る統合リスク管理のことを「エンタープライズ・リスク・マネジメント（Enterprise Risk Management：ERM）」と呼ぶ。レジリエンス時代において、適切に健全な事業ポートフォリオ改革を進めるには、このERMのレベルを高く保つことが非常に重要となる。

●企業のリスクマネジメントメカニズム

　それでは、今、どのようなERMメカニズムが求められるのだろうか。端的にいえば、事業環境の変化に応じて、新たなリスクにも

図表1-8｜ダッシュボードのイメージ②

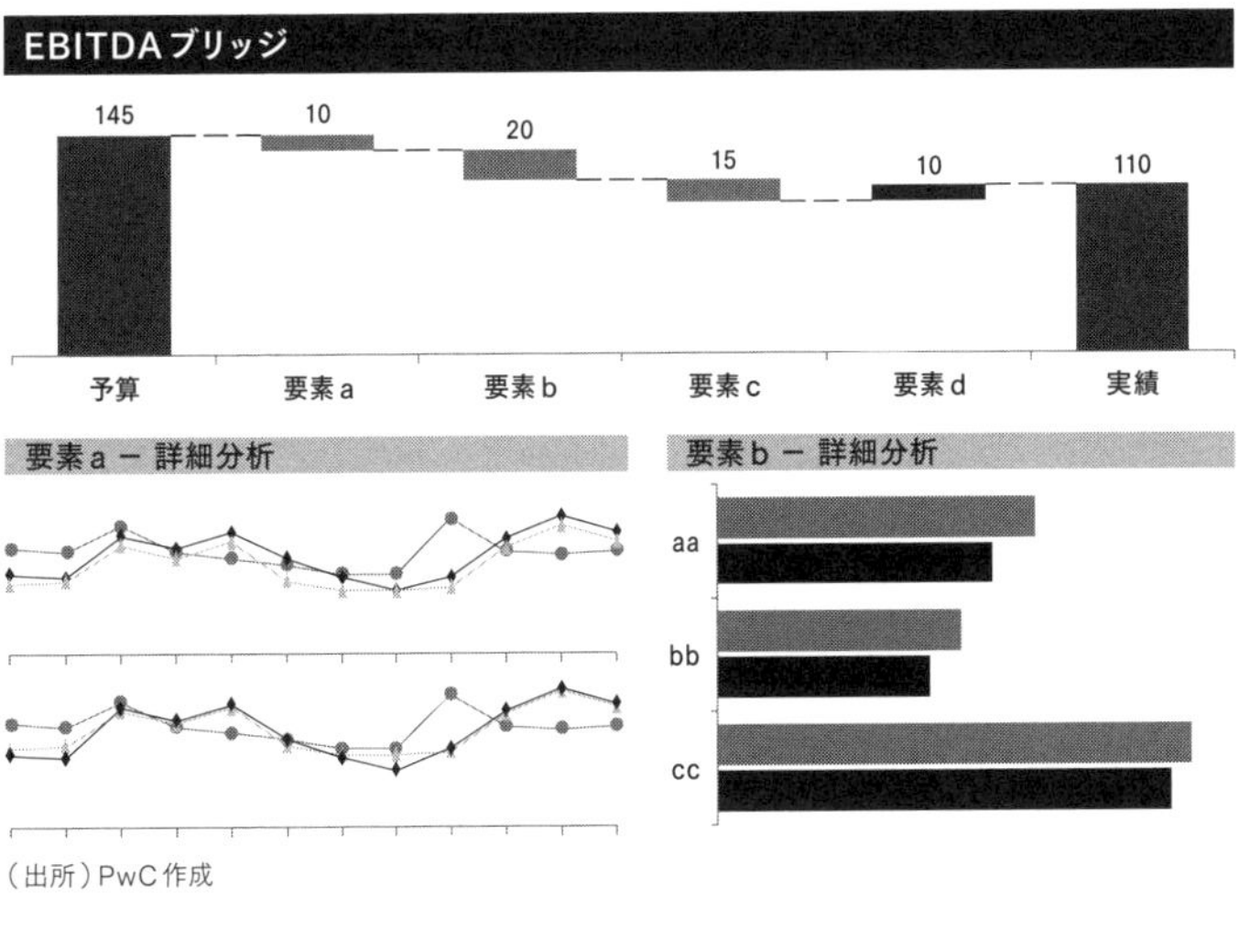

（出所）PwC作成

遅滞なく対応できるようにするメカニズムである。ここでいう新たなリスクとは、グローバルな視点でいえば地政学、感染症、為替、原材料費の高騰、サイバー攻撃やテロなど、企業レベルでは取引先の成約リスク、信用リスク（代金回収・債権保全等）、カントリーリスク、地政学リスク、在庫等の他社への寄託リスク、為替リスク、不正リスク、子会社やサプライチェーンの人権リスク、サイバーアタック、システム障害のリスク、災害リスクなどがある。昨今、企業が対応すべきリスクの幅は年々広がり、複雑性も増している。それらのリスクに対して発生頻度や発生時の事業活動、財務へのインパクトを整理し、優先順位の高いものから具体的なリスク対応策（3ラインディフェンスの整備）を取るのがリスクマネジメントである。なお、リスク対応においては、幅広い知見と経営に対する客観的な視点を持つ独立社外役員が重要な鍵となる。独立社外役員は市場ニーズや顧客価値観、環境意識等の変化に関して、自社の経営や事業責任者に気づきを与えるような問いかけやインプットをするからである。

一方で、企業が成長していくにはリスクを取ることも必要である。「ノーリスク、ノーリターン」や「リスクを取らないリスク」という考え方があるように、過度に悲観的な分析により、取るべきリスクを取らないという判断をすることは企業価値にとってはマイナスになる。新しい製品やサービスを開発したり、新しい事業領域やビジネスモデルに挑戦するには、どんなリスクなら取れるのか、どうすればリスクをマネージできるのかといった組織のリスクマネジメントケイパビリティの強化が必要になる。しかし、そもそもリスクマネジメントケイパビリティが備わっていなければ、自社がリスクを取れるかどうかも、リスクをどうマネージするかの分析・判断もできない。つまり、リスクマネジメントはガバナンスにおける「守り」の機能だけでなく、「攻め」の実行力を高めるという機能も果たすのである。

企業を取り巻くリスクは上述のように多種多様で、経営陣にとっては非常に重要な課題である。本書では、特に近年のリスクマネジメントのトピックスとして「サステナビリティ対応」「税務リスク対応」「不正・不祥事への対応（フォレンジック）」「サイバーリスクへの対応」を挙げたい。気候変動や人権などサステナビリティに関して、どのようにどこまで取り組むべきか。グローバル展開が進むにつれ、海外グループ企業との取引等における移転価格税務リスクの管理も重要になってきている。これまでレピュテーションの高かった大企業が突然、不正や不祥事に見舞われたときにどう対応すべきか。刻々と高度化するサイバーリスクに対して企業はどう対応すべきか。レジリエンス経営という意味では、これらは非常に重要なポイントである。詳しくは第5章で詳述する。

また、企業の具体的な取り組みの実態をより身近に感じていただけるように、日本を代表する企業の法務や内部監査の専門家をお招きし、各社のポートフォリオ戦略やガバナンス整備に関する取り組みについてうかがい、第6章にまとめた。法務・内部監査部門には企業のリスクを見張る番人としての役割もあるが、一方で、変動の激しい社会において、チャレンジのためにマネジメントの背中を押す役目も期待されている。第5章までに記述した理論やベストプラクティスに関する考え方と並行して、実際の現場ではどこまでやるべきか、また現実にはどのような難しさがあるかという点などを示しており、読者の方々にはご自身の会社の状況と照らし合わせながら、ポートフォリオ戦略やガバナンス整備の現実的なロードマップについて具体的なイメージを持っていただければ幸いである。

まとめ

レジリエンス時代には、経営陣がグループ全体の戦略の舵《かじ》を取り、事業ポートフォリオの最適化に果敢に取り組むことが求められる。M&A等も含めてポートフォリオを入れ替えた後には、人事・組織面を成長に向けて改革していかなければならない。その成否を握るのは、事業ポートフォリオとガバナンスメカニズムを連動させたレジリエンス経営基盤である。カルチャーや各事業のライフステージも踏まえつつ、個別に適切なガバナンスを設定し、事業の透明性を保ち続けることが重要になる。これらが統合的に機能することで、攻めの経営を追求しながら、適正な守りを実現することができるだろう。

第2章

企業価値向上を図るポートフォリオ最適化戦略

日本の上場企業の4割ほどがPBR1倍割れになっているという「異常事態」にあるが、これを打破するには何が必要か。そもそも、なぜ日本企業のPBRの低迷が続くのか。欧米企業との違いは何か。市場からの改善要請が年々強まるなか、優先順位を決めて企業価値向上に資する施策を打ち出せなければ、淘汰《とうた》の波にさらされかねない。鍵になるのは、市場の要請に応じた果敢な事業ポートフォリオの入れ替えだ。だが、ただ事業ポートフォリオを入れ替えても、企業価値を高めることにつながるとは限らない。事業ポートフォリオの最適化には、事業目線（バランスシートの左側）だけでなく、ファイナンス目線（バランスシートの右側）を備えなければならない。バランスシートの両側、つまり全社・事業戦略と財務戦略の両輪が密接に連動していることが重要なのである。

それでは、どのようにして事業ポートフォリオの最適化を図り、実行していけばいいのだろうか。本章では、事業ポートフォリオ最適化の必要性と昨今のROIC（投下資本利益率）偏重《へんちょう》の危険性について言及した後に、どのようにしてファイナンス目線も備えた事業ポートフォリオ改革を進めていくべきか、そのアプローチの手順を詳しく解説する。

企業価値を高める事業ポートフォリオ最適化のアプローチ

最初に、本書における事業ポートフォリオの定義を明確にしておこう。「事業ポートフォリオ」というと、バランスシート（BS）の左側、すなわち事業面（資金使途）に目がいきがちになったり、ROICを使ってアセットアロケーションを行うというようなことを思い浮かべたりするかもしれない。だが、実際にはもう少し広い話になる。現実の世界では、資金調達方法や資本コストの制約を踏まえなければならず、財務戦略と併せてダイナミックに検討する必要があるからだ。

そこで、本書では事業ポートフォリオをファイナンス目線も併せ持ったうえで、①どのように資金を集め、②集めたリソース（資本、時間、人など）をどのような事業・取引にどれだけ割り当て、③付随するリスクをどのようにマネージし、④目指す絵姿やリスクおよび資本コストとの

図表2-1｜企業価値向上のためのPwCフレームワーク

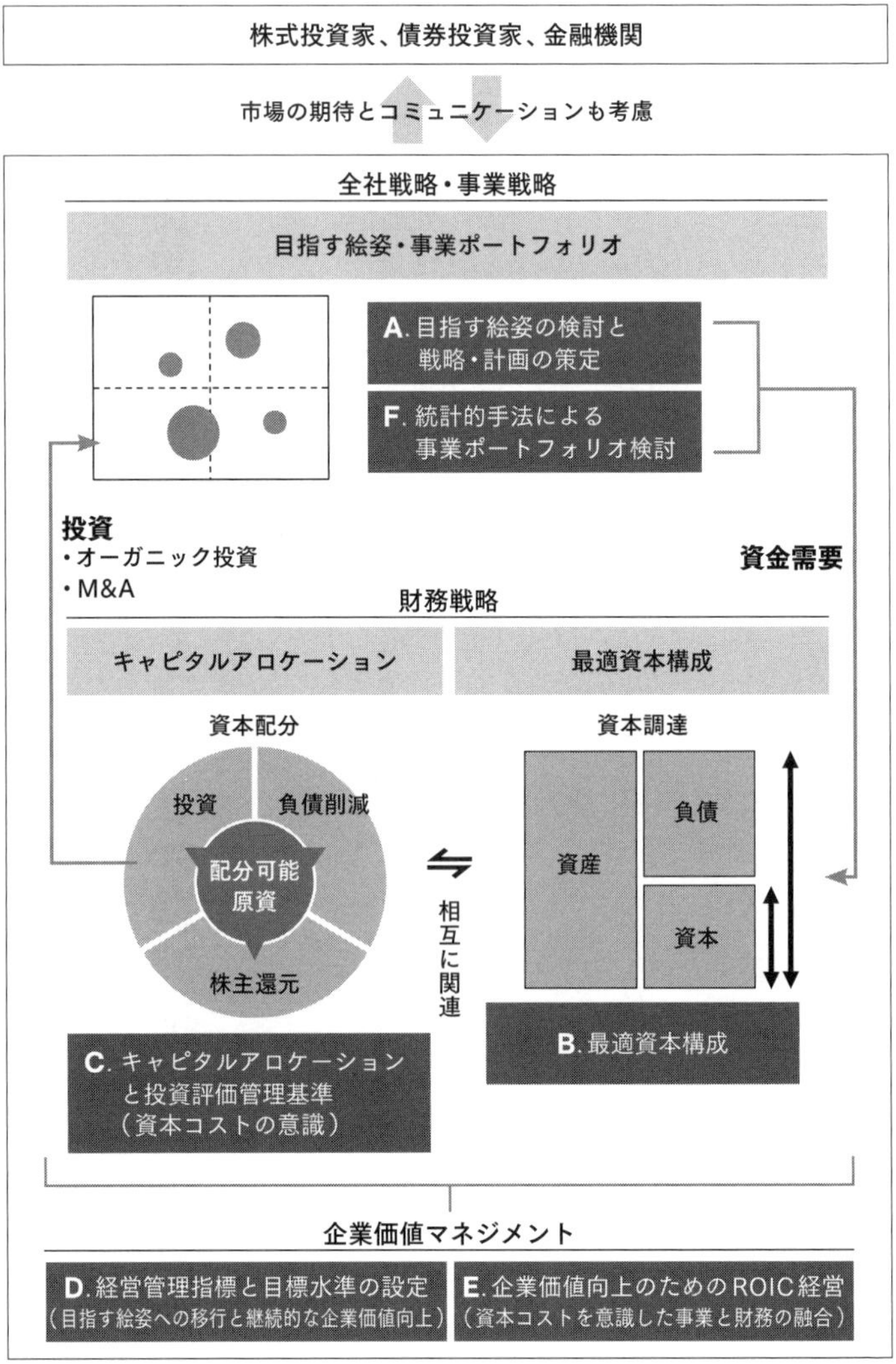

（出所）PwC作成

兼ね合いのなかでどれだけ稼いでいくか、という複合的・統合的な検討課題と定義する。すなわち、事業面だけではなく、ファイナンスやリスクマネジメントなどが統合的に関わるものとして事業ポートフォリオを議論する。

この①～④を実現するアプローチを図表2－1に示す。図表2－1に記載されている各要素は、従来から各部門で個別に検討されてきた内容である。会社ごとに組織体制は異なるが、たとえば事業面は経営企画部と各事業部、最適資本構成や配当・負債削減は財務部、投資管理はリスク管理部というように、それぞれ異なる部署またはチームで独立したトピックとして検討されてきた。だが、各部署がそれぞれ検討していたのでは部分最適にはなっても、全社最適とはいえない。全社最適を達成するには、これらを統合的に経営戦略として整理する必要がある。企業が置かれている環境も、目指す絵姿もそれぞれ異なるが、一般的に最適化は①～④の優先順位と検討ステップ、タイムラインを設定したうえで進めるべきである。

なぜ、ファイナンス目線を備えた事業ポートフォリオ最適化が必要なのか

なぜ、事業ポートフォリオを検討するにあたってファイナンス目線が必要になるのだろうか。背景には、欧米企業に比べ、日本企業のPBR（株価純資産倍率）とROE（自己資本利益率）が低いという課題がある。詳しくは後述するが、PBRとROEは企業価値にも深く関連する指標である。その企業価値はファイナンスの概念であることから、ファイナンス目線が必要になるというわけである。

日本企業のPBRの相対的な低さについて、PwCでは日本企業の収益性（ここでは売上高利益率を指す）の低さにあると分析している。それだけでなく、財務レバレッジも比較的低い（図表2－2）。投資家からはよく「日本企業は内部留保を溜《た》め込みすぎている」と批判されるが、そのような批判とも整合しているといえよう（たとえば、他の条件を一定とすると、株主への合理

図表2-2｜日米欧のROEおよび各要因（中央値）の経年比較

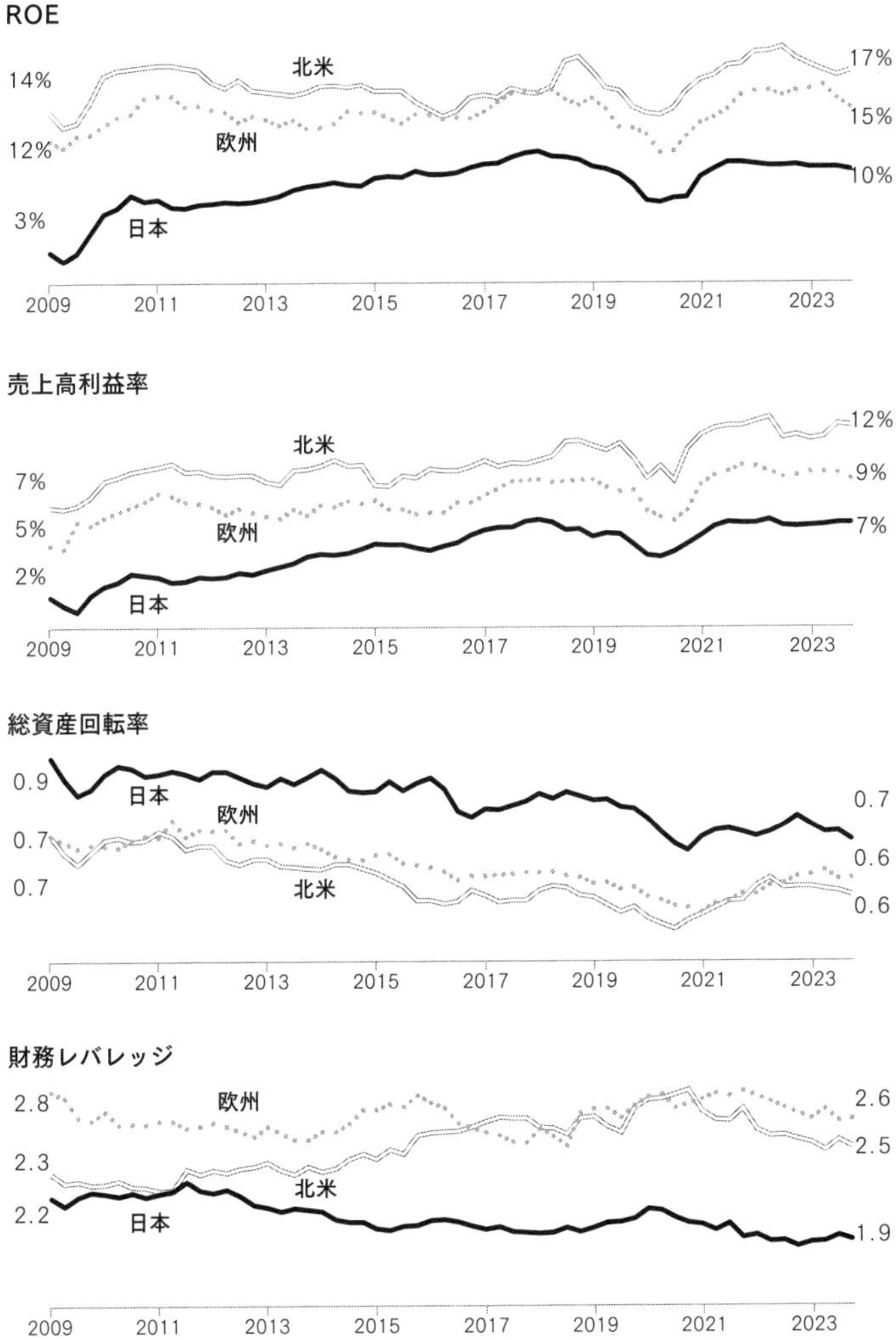

（出所）S&P Capital IQを基にPwCで分析

的な配当を行うと時価総額が小さくなるため財務レバレッジも向上する）。

東京証券取引所によると、ＴＯＰＩＸ５００の企業でＰＢＲが１倍未満となっている企業は、２０２３年４月11日時点で43％。それに対して、米国企業はわずか５％、欧州企業でも24％にとどまる。ＲＯＥについても同様で、ＴＯＰＩＸ５００の企業では40％が８％未満だ（図表２－３）。日本企業の多くがＰＢＲ１倍割れとなっており、その背景にＲＯＥの低さがある。なお、「持続的な企業価値向上に関する懇談会」は、２０２３事業年度末（３月決算企業であれば２０２４年３月末）の日米欧のＰＢＲ分布を分析しており、直近の日本企業の株高傾向により改善が見ら

図表2-3｜日米欧のPBR（株価純資産倍率）およびROE（自己資本利益率）

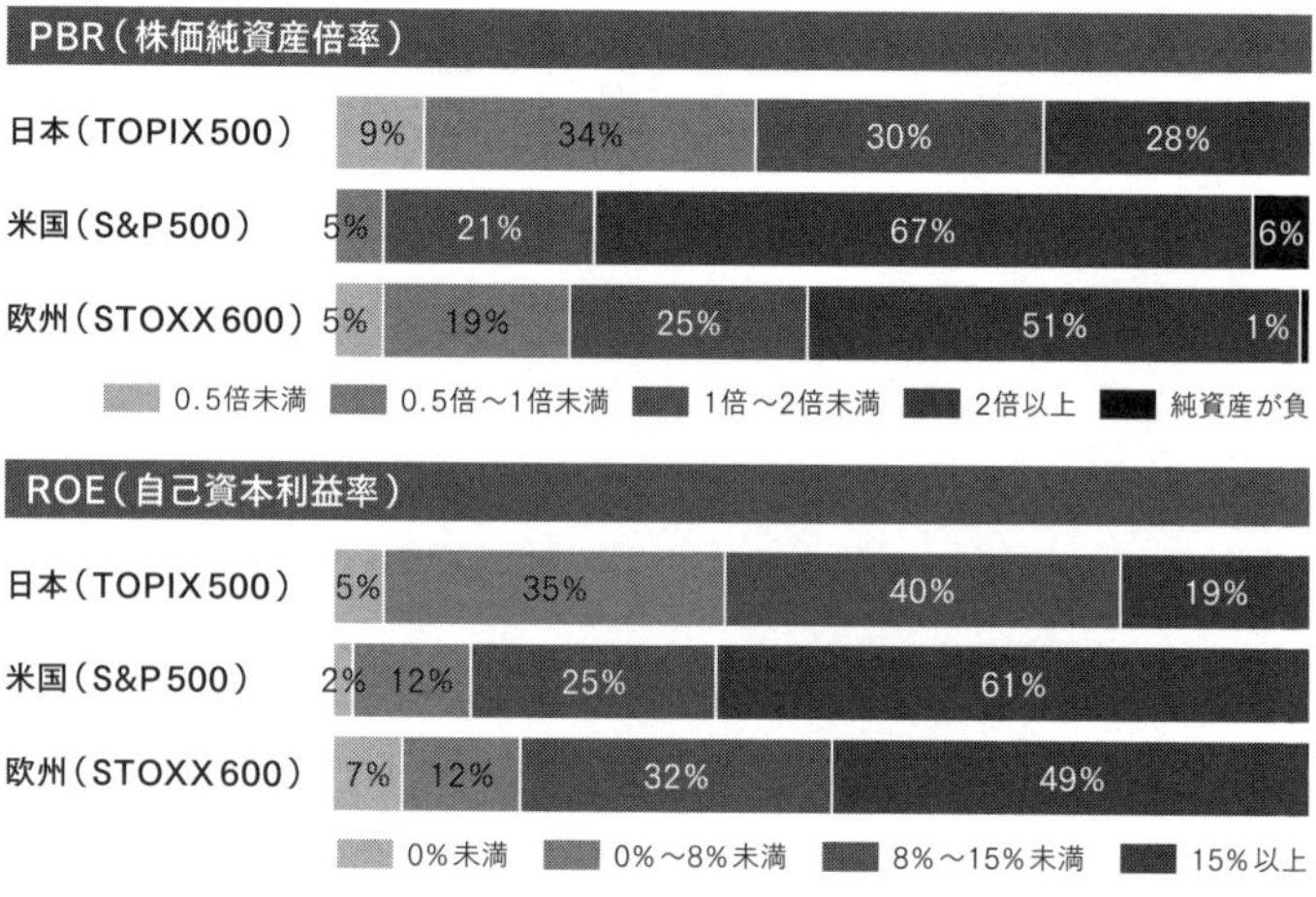

（出所）「資本コストや株価を意識した経営の実現に向けた対応等について」（株式会社東京証券取引所、2023年4月11日）を基にPwC作成

れるものの、TOPIX500企業の36%が依然としてPBR1倍未満となっており、日米欧の相対比較において大きな変化はないといえる。

現在では、ROEは8%以上でなければならないという論調が多く見られる。これは2014年8月に公表された「持続的成長への競争力とインセンティブ～企業と投資家の望ましい関係構築～」プロジェクトの最終報告書（いわゆる「伊藤レポート」）の「最低限8%を上回るROE」という提言に端を発する。だが、これはわかりやすさを優先した表現であり、本質的には株主資本コストを上回るROEを稼得することが重要である。当然ながら、企業によって求められるROEの水準は異なる。実際、上記プロジェクトの座長を務めた一橋大学の伊藤邦雄教授も「最低限8%という提言は、本来であれば、各企業の資本コストを上回るROEを上げるという表現を取るべきである。なぜなら各企業の資本コストの水準は異なるからだ」と述べている。[注1]

一方で、財務レバレッジをかければROEが向上して8%を超えることができるという論調に対して警鐘を鳴らしたい。似たような話としては、最適資本構成を検討する際に、ROE目標を達成できるように純資産の金額を検討するべきとする主張もある。しかし、これらの考え方は取らないほうがよいであろう。なぜなら、一般的に財務レバレッジをかけると株主資本コストも上昇することから、ROEが8%を超えても株主資本コストがそれ以上に上昇するということは十

注1：伊藤邦雄『企業価値経営』日本経済新聞出版、2021年

分に起こり得るからである。だからこそ、適正な財務レバレッジが重要となるのである。

　このような情勢を踏まえ、持続的な成長と中長期的な企業価値の向上のためには、事業面のみではなく、ファイナンス面についても理解したうえで、事業ポートフォリオの最適化を検討する必要があると考えられる。

　なお、ＰＢＲという指標は、時価総額と簿価純資産の比率である。これは、簿価純資産の測定時点を含む会計処理によって増減する側面も有しているという複雑な指標でもある。そのため、一時点のＰＢＲに過度な信頼を寄せることは危険であり、ＰＢＲについて議論する本質は、投下資本に対する企業価値の向上にある点は付言しておきたい。

　こうしたファイナンス目線を備えた企業価値向上のための議論は、欧米企業では一般的に行われている。欧米企業では、ＣＦＯはＣＥＯ（最高経営責任者）、ＣＯＯ（最高執行責任者）とともに経営の意思決定を行う「Ｃスイート」と呼ばれており、経理や資金調達機能に加えて、企業価値向上とその施策、事業ポートフォリオの組み替えなど、ファイナンス目線を持って企業価値を最大化する役割を有している。一方で、経済産業省のコーポレート・ガバナンス・システム研究会によると、欧米と比較して日本では、グローバルと戦略系のスキルに加えて、ファイナンスや投資等のコーポレートファイナンス系のスキルと法規制、リスク、ガバナンス等のリスク・管

図表2-4｜取締役のスキル保有状況（日米英比較）

スキル		日本平均 TOPIX100	米国平均 S&P100	英国平均 FTSE100
グローバル	**Global**	**30.9%**	**71.3%**	**69.7%**
ビジネス	Management	37.7%	57.9%	35.6%
	Strategy	**38.9%**	**72.0%**	**70.8%**
	Operation	60.6%	75.8%	70.8%
	Marketing	46.3%	41.0%	44.7%
	Purchase	5.3%	2.1%	2.6%
広報	Communication	6.7%	1.7%	2.9%
人事	HR/Talent	9.6%	11.4%	4.9%
サステナビリティ	ESG/CSR	5.3%	9.4%	6.0%
	HSE	10.5%	18.6%	17.7%
	Public	11.4%	14.0%	13.8%
コーポレートファイナンス	**Finance**	**22.2%**	**67.0%**	**59.5%**
	Investment	**22.1%**	**63.7%**	**59.0%**
	Accounting	19.8%	31.3%	27.2%
	Finance Sector	11.9%	21.6%	27.6%
リスク・管理全般	Administration	14.8%	2.2%	1.6%
	Regulatory	**0.0%**	**41.1%**	**21.8%**
	Risk	**16.8%**	**57.0%**	**59.5%**
	Governance	**15.8%**	**69.7%**	**57.8%**
	Ethics/Law	15.0%	9.8%	3.0%
技術	IT	5.5%	13.1%	3.2%
	Technology	11.2%	33.0%	20.8%
	R&D	9.1%	23.6%	7.5%
	IP	1.6%	0.5%	0.4%
	Academia	10.3%	9.0%	4.7%
監査	Audit	38.2%	42.1%	52.5%

（出所）経済産業省、コーポレート・ガバナンス・システム研究会「第4回事務局資料」（2022年4月）を基にPwC作成

理全般のスキルが取締役において不足しているとされている。このことは日本において、リスク・管理全般を含んだ意味でのファイナンス目線（CFO目線）を備えた企業価値向上のための議論が十分になされていない可能性を示唆している。企業価値向上が叫ばれる現在の日本において、非常に重要な論点といえる（図表2－4）。

事業ポートフォリオを考えるうえでのROICの活用方法

昨今、「ROIC経営」という用語が注目されている。企業価値向上を目指すうえで、投資家が求めるリターンを意識したうえでROICを経営指標として採用することに間違いはない。ROICは事業ポートフォリオの戦略立案・管理を経営企画や財務・経理の立場から評価・検討する際に有効だからだ。しかし用語が独り歩きしており、あたかもROICが万能であり、唯一の評価指標のように取り扱われている風潮には危機感を抱いている。ROICはあくまで1年間の事業パフォーマンスに応じて計算される経営指標である。そのため、やみくもに（特に短期的な）ＲＯＩＣだけを追求するような施策は実行するべきではない。たとえば、研究開発や成長投資をまったく行わなかった場合、ＲＯＩＣはどうなるか。翌年は上がる可能性があるものの、中長期的には下がり、企業価値の毀損《きそん》につながるだろう。

実際のところ、ＲＯＩＣが経営判断に活用されず、社内の管理指標としても機能しなくなることがある。その要因には、「ＲＯＩＣが示唆する各事業の評価や事業ポートフォリオ変革の方向性が全社経営戦略のストーリーとフィットせず、経営層の支持を得られない」「事業部が日々のアクティビティのなかで意識するＫＰＩとの乖離が大きい」「組織体制とＲＯＩＣの粒度が合っていない」「算定に労力がかかりすぎて活用方法を議論する時間がない、もしくは算定自体が目的化してしまう」などが挙げられる。

ＲＯＩＣを活用しながら事業ポートフォリオの検討に実効性を持たせるためには、自社が目指す姿やファイナンス目線（企業価値目線）も考慮したうえで、事業特性や事業ごとのステージも適切に考慮することが肝要だ。

事業特性としては、たとえばアドバイザリー業界のようにバランスシートに計上されるような投下資本をほとんど必要としない業界も存在する。実際、アドバイザリー業界の投下資本の大半は人的資本であり、1人当たりの貢献利益を最大化した結果としてROICが加重平均資本コストを超える。こうした場合、結果としてのROICやROICスプレッド（ROICと加重平均資本コストの差額）の重要性は否定しないものの、すべてがROICでいいということには疑問が残る。ROICを意識して債権の回収を早めることは重要ではあるものの、バランスシートに計上されていない人的資本に比べれば重要性は乏しい。そのため、世間一般にいわれているROIC経営は有効に機能しない可能性が高いと考えられる。このように、ROICの導入には事業の特性に合わせた活用方法を十分に検討するべきだろう。

事業ライフサイクルのステージや事業特性によっては、ROICは機能しない

まず図表2-5に示した一般的な事業ライフサイクルのステージごとの概要・目的と、各ステージの目的に沿った管理指標の例を確認してほしい。ROICは、資本効率の最大化を企図する指標であり、得てして短期的な目線になりやすい。そのため、事業が「導入・創業期」や「成長期」段階にある場合は業績評価指標として十分に機能せず、「成熟期」や「衰退期」にある企業でよ

り適切に機能する傾向にある。なお、事業特性上、サービス業のように固定資産への投資が競争力の源泉にならない場合や、IT業界などのように金額的に限定的である場合も、業績評価指標にはなりづらいだろう。

もう一つ注意点がある。それは、ROICを社内の事業ごとの業績評価に使用する場合だ。こうした場合、分母に事業資産および負債の純額を用いることが多いが、分母が極端に小さくなったり、マイナスになったりすると、ROICの算定が不可能になることがある。このような場合には、経済的付加価値(EVA：Economic Value Added）のような代替指標適用の検討も必要であろう。

これらの理由から、現在、収益の柱として

図表2-5｜事業ライフサイクルのステージの概要・目的と適切な管理指標例

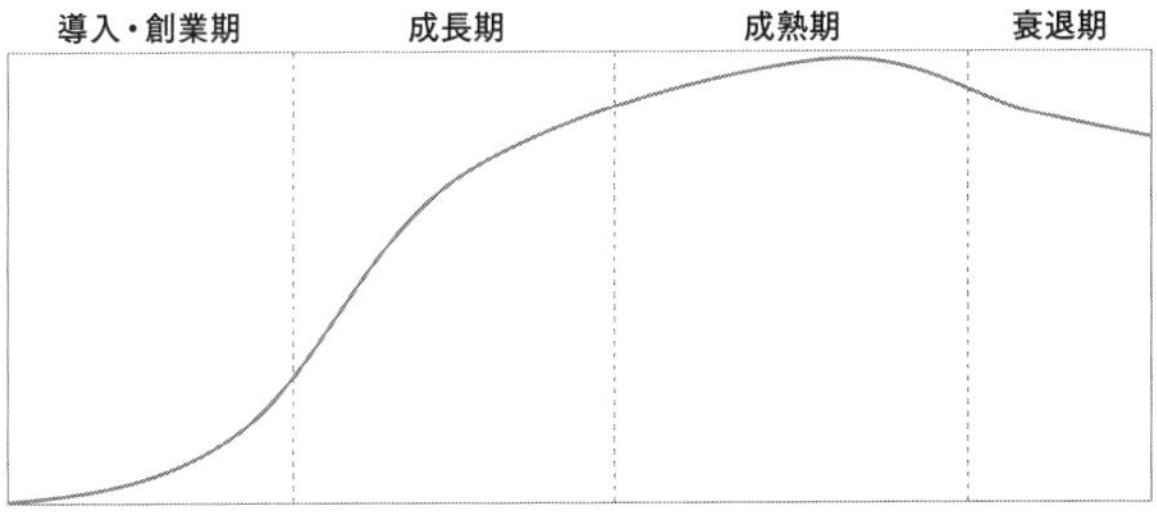

	導入・創業期	成長期	成熟期	衰退期
ステージの概要・目的	事業創造・市場開拓	ビジネスモデル安定化・競争力の確保・市場シェアの拡大・収益性の拡大	資本・資産効率の最大化・市場ポジションの確立・投資回収	資本・資産効率向上・投資回収・残存者利益の獲得
適切な管理指標（例）	売上高・顧客数・案件数・特許数等およびその成長率	営業／経常利益成長率 営業／経常利益率 市場シェア	ROIC・CFROI・EVA ROA・ROE キャッシュフロー	同左

（出所）PwC作成

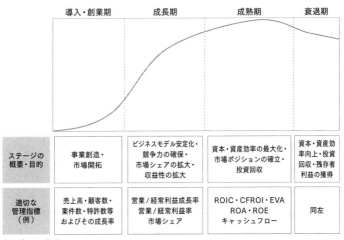

成熟期に位置する事業を保有し、新たな事業の柱を創出するために新規事業開発に取り組む企業や、アセットヘビーな事業とアセットライトな事業を自社ポートフォリオ内に保有する企業では、ＲＯＩＣ経営を導入する際に工夫が必要となる。また、もし企業全体としてステージの前半にいるならば、ステークホルダーからの資本効率性の要請は一般的に低い点も考慮に値するであろう。

ＲＯＩＣをどのように全社経営指標として機能させるか

これまで述べてきたように、ＲＯＩＣを事業ライフサイクルのステージや事業特性の異なる多様な事業の業績評価・ポートフォリオ管理にどのようにつなげていくかが、ＲＯＩＣの活用に実効性を持たせるうえでの課題だ。

近年、本業で市場ポジションを確立している日本企業の多くが、競争力の維持向上と持続的成長のために新規事業開発を志向している。それも、過去に多く見られたような多角化を目的として一定程度成熟した事業領域にマーケットインするといった形ではない。脱炭素関連投資やデータ利活用など、ビジネスモデルが確立していない新たな市場の創造に取り組む企業が増加しているのである。

前述したように、「導入・創業期」や「成長期」段階にある事業にＲＯＩＣはそぐわない。そのため、社内では「全社経営指標としてのＲＯＩＣが納得感のあるメッセージを生み出しにくい」「事業ポートフォリオ管理や事業ごとの業績評価として社内に浸透しない」「実効性が伴わない」といった声が多く聞かれる。一方で、投資家との対話では投下資本に対する収益率の議論は必須となる。日本企業のなかには、経営指標を複線化することで意思決定が複雑化したり、納得感が薄れることを懸念して、指標の一本化を志向する企業も多い。しかし、ＲＯＩＣ偏重は持続的な成長を妨げ、縮小均衡に陥りかねない。この点には特に注意を要する。

それでは、どのような対応が考えられるだろうか。事業ライフサイクルの問題に焦点を当てると、ＲＯＩＣによる業績評価・ポートフォリオ管理に欠如しているのは時間軸の概念であることがわかる。新商品開発サイクルがある程度固定化されている事業やシクリカルな（循環的に景気が変動するような）事業であれば、当該期間の平均ＲＯＩＣを評価対象とすることも考えられるだろう。だが、参照可能な既存事業が世の中に存在しない新規領域では、投資意思決定の段階から将来的な全社ＲＯＩＣへのインパクトを想定し、ＲＯＩＣ管理に時間軸の概念を組み込む必要がある。新商品開発のような中長期的な目線を持って投資意思決定のインパクトを評価するためには、投資の前提条件に応じて、毎年のＲＯＩＣへのインパクトを分析できる財務モデルを構築して検討することも有効だろう。

一方、サービス業などのアセットライトな事業は事業のバリュードライバーを把握し、オペレーショナルエクセレンスを計測するＫＰＩを特定したうえでＲＯＩＣにつながるパスを整理する必要がある。経営資源配分の検討や、業績評価の一環として社内の他事業と比較する場合には、複数の指標の組み合わせや目標の達成度、経年での改善度等を確認していく仕組みが求められる。

コラム

ＲＯＩＣ偏重に陥った業績不振の製造業で生じる弊害

ＲＯＩＣ・短期利益偏重に対して最も注意しなければいけない事例として、業績不振の製造業が挙げられる。なぜなら、業績不振に陥ると、金額の大きい研究開発投資が削られることがよくあるからだ。研究開発投資といっても、会計上、資産化されずに費用で処理されるものは、投資を抑制すれば、その分だけその期の利益が増える。極度の業績不振に対峙《たいじ》する経営者にとって、経営破綻を回避するためのコスト削減・合理化は確かに最優先事項の一つだ。そのため、成果に対する不確実性やすぐには成果が出ない研究開発費は格好の削減対象と考えられやすいのである。

しかし、製造業で必要な研究開発投資を行わなければ製品開発力が衰え、数年後の製品の競争力が失われるのは目に見えている。これは、つまり会社の成長の芽を摘んでいるということになる。さらに事態を悪くするのは、予算が削られているにもかかわらず、研究開発の目標はそのまま維持されることだろう。その場合、研究開発の現場に無理を強いることになるため、結果的に検査不正や品質問題を起こしてしまう可能性も出てくる。逆にいえば、製造業において研究開発費をどう考えるかということは、製造業としてどう成長しようと考えているのかという成長戦略の裏返しである。したがって、それを削るということは、現在の費用を削ると同時に、将来キャッシュフローも削ってしまうことになることを肝に銘じなければならない。業績不振の程度にもよるが、融資継続のための金融機関からの要請という状況においても、研究開発投資を削って、一時的な短期的利益を確保することが何を意味するのか、経営者は今一度慎重に考えてほしい。

そもそも研究開発費とは、新製品や新技術を開発したときや改良を行ったときに使用する勘定科目のことである。具体的には研究開発に要した人件費、原材料費、設備費などが該当するが、業績の良しあしにかかわらず、その十分性はどうだったのだろうか。過去25

年ほどを振り返ってみると、自動車業界などの製造業で品質や検査等での不正の数々が明るみに出て社会問題となった。そのたびに経営者はメディアに頭を下げ、再発防止の徹底を誓うわけであるが、業績の良い企業ほど、現場では無理な開発目標であっても異議を唱えることが難しく、そのしわ寄せを受けた現場が不正を働き隠蔽《いんぺい》をしてきたという事例をよく見かける。

これはつまり、経営者が十分な研究開発のリソース（人、予算、時間等）を配分してこなかったことの証左といえよう。繰り返しになるが、製造業の経営の健全性を測る際には短期的な利益指標だけを見るのではなく、当該企業の研究開発費など製品や技術の維持・進化に必要な投資、さらにはその研究開発の成果となる製品開発・市場投入スケジュールのパイプラインなどを確認することが重要である。

コラム

ＲＯＩＣ偏重が信用リスクや最適資本構成に与える影響

ある事業のＲＯＩＣが非常に高くても、当該事業の実質リスクの規模、たとえば最大想定損失が企業の体力で負担しきれないものである場合は問題である。災害リスクや地政学リスク、品質リスクなど、経営者は思いもよらないリスクの顕在化によって事業が丸ごとストップしてしまう事態も想定しなければならない。バランスシートの左側でROIC等の利益効率性の高い資産を積み上げたくても、バランスシートの右側でどう資金を調達するのか、あるいは調達した融資のコベナンツ（特約）等の条件に抵触しないのかといった制約条件をクリアしなければ、好き勝手に資産を積み上げることはできない。たとえば、融資の貸し手である金融機関に対する信用格付を落とすようなリスクがあれば、そのような資産についてリスク回避やリスク額の抑制の観点でどうマネージするのかという対応も必要になる。ある大手企業は、一事業の実質リスクの上限規模を連結純資産の10％水準に保つという社内ルールを課している。一事業の実質リスクマネーを総額管理することで、当該事業に関する新規案件をやりたい場合、何かをやめないと新しい案件は承認しないというわけだ。そうすることで、何かしら不測の事態が起きたとしても、複数の事業で同時にリスクが顕在化しなければ、財務的観点において自社の経営が傾くことはない。

最適資本構成との関係もよく見ておく必要がある。バランスシートの左側に利益効率性の高い比較的優良な資産をどれだけ積み増すかという話と、そのための資金調達において株主資本と借入をどう調達するかという話も連動させなければいけない。株主資本を十分に調達できる企業であれば、自己資本比率等の財務健全性を毀損せずに借入を増やすことでバランスシートを大きくすることができるだろう。しかし、株主資本に対して借入でレバレッジをかけすぎると、当該企業の信用リスクが高まり、資本コストが増加する。優良な資産を積み上げ、収益性を高める行為を企業価値向上につなげるためには、企業として信用格付等を踏まえたデッドキャパシティを意識し、信用リスクを毀損しない程度にバランスシートの拡大を抑制するというコントロールも必要となる。

事例として、ここ数年、自動車会社や総合商社は、販売金融事業のように資金を必要とする事業に投資を行うに際して戦略的意義の検討やＩＲの方法などを他の事業とは個別に取り扱い、投資家や金融機関に対して収益性のみならず、リスクマネジメントや財務戦略などの面からも十分に説明責任を果たそうという動きが見られる。

ファイナンス目線も備えた事業ポートフォリオ最適化の進め方

前述したように、ファイナンス目線を備えた事業ポートフォリオ戦略とは、適切な手法で調達した資金をどのように配分するかという計画のことである。再度、図表2－1を確認してほしい。上側の「全社戦略・事業戦略」と下側の「財務戦略」が企業価値向上のための両輪となっており、最下部には、事業と財務の融合を促進し、継続的に企業価値を向上していくための「企業価値マネジメント」という三つのコンポーネントに大きく分かれている。

「全社戦略・事業戦略」は、目指す絵姿の検討から始まり、それを実現していくための戦略や具体的な計画を検討する。事業ポートフォリオ管理と聞くと、真っ先に思い浮かべられる領域である。これに対して、ファイナンス目線も持って経営戦略を高度化していくことが本章のテーマである。統計的な手法を用いて、リスク・リターンの関係から最適な事業ポートフォリオの検討を行うこともそのひとつである。

より本質的にはバランスシートマネジメントとキャピタルアロケーションというファイナンスの両輪を事業と関連させながら回していくことが重要である。「バランスシートマネジメント」とは、有利子負債と自己資本をどういう比率にすれば目指す事業運営が可能になるとともに加重平均資本コストを下げることができるか、という資金の調達源の検討や、適切な投下資本の大きさとリスク・リターンのバランスがとれるようにバランスシートを管理することである。「キャピタルアロケーション（「キャッシュアロケーション」ともいう）」とは、調達してきた資金とバランスシートの左側で生み出した資金を何に配分していくか、という資金の使用用途のことである。配分先には広い意味での投資、負債の返済、株主還元があるが、特に事業ポートフォリオ管理と密接に関わってくるのは投資である。どういう事業領域にどれくらい配分するか、それは更新の投資なのか、あるいはM＆Aなどのインオーガニックな成長に充てるのか、といったことを検討しなければならない。

「全社戦略・事業戦略」と「財務戦略」の融合による目指す絵姿の実現は「企業価値マネジメント」によって取りまとめられる。継続的な企業価値向上のために世の中に対してどういう経営目標を打ち出していくか、社内的にどんな経営管理指標を用いていくかを定める。「ＲＯＩＣ経営」

図表2-1｜企業価値向上のためのPwCフレームワーク

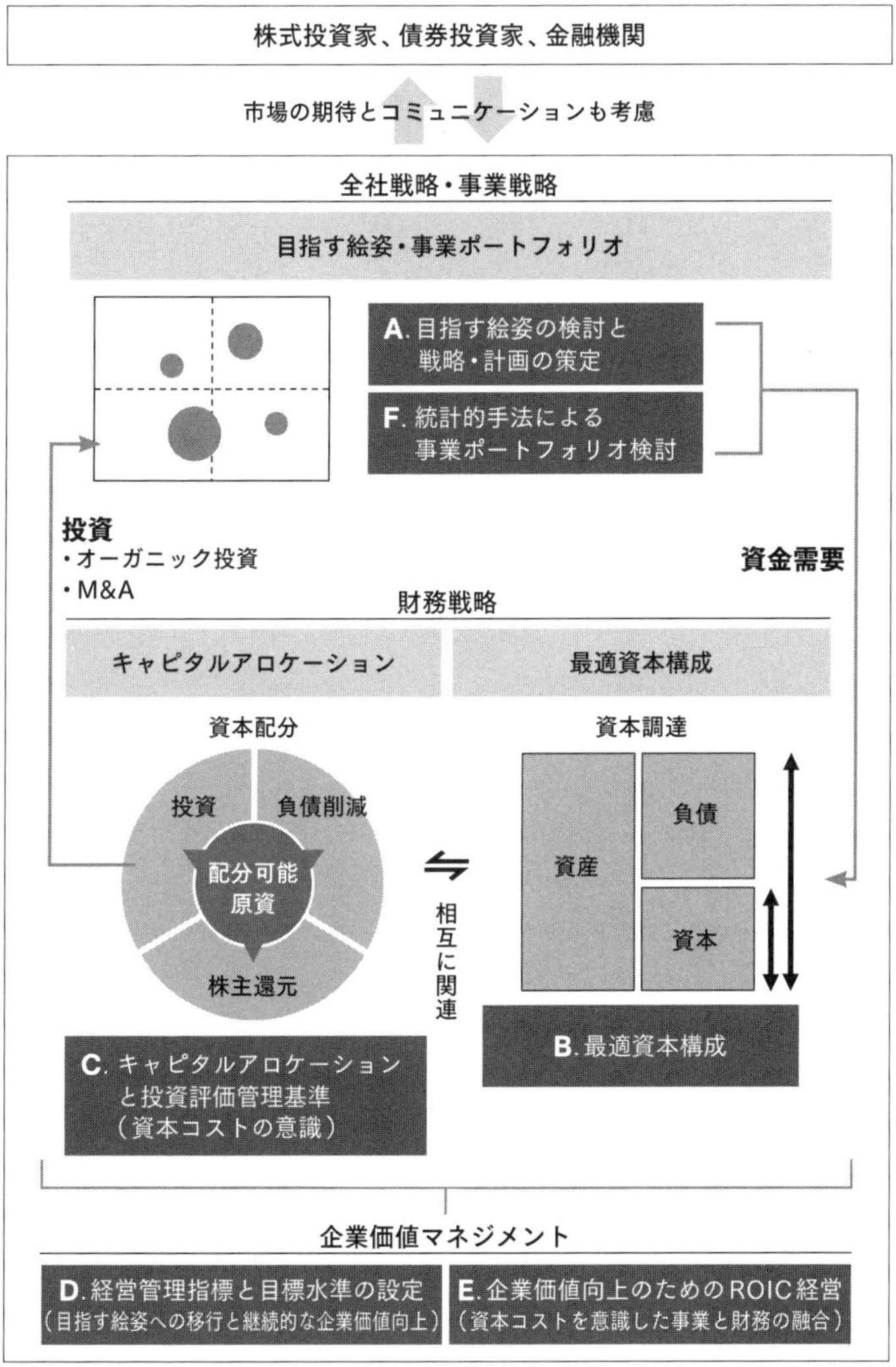

（出所）PwC作成

という言葉があることもあり、ＲＯＩＣは特別な存在である印象も与えるが、突き詰めれば経営管理指標の一つにすぎない。非常に単純化すると、ＲＯＩＣを事業ポートフォリオ管理や事業の資本効率性改善に活用しようというのがＲＯＩＣ経営であり、ＲＯＩＣは事業と財務を結び付ける事業価値に直結した指標であるため重要ではあるが、経営管理指標の一つであるがゆえに、その限界も認識した上で、その他の経営管理指標と適切に組み合わせながら企業価値向上のために正しく活用していくことが重要である。

この三つのコンポーネントの要素を細分化し、図表２－１の（Ａ）～（Ｆ）に示した。これらの項目は互いに密に関連しているため、事業ポートフォリオ戦略策定に際しては各項目に留意しながら総合的に検討する必要がある。以下では、（Ａ）～（Ｆ）の流れに沿って解説する。

（Ａ）目指す絵姿を踏まえた全社・事業戦略と事業計画の整理

事業ポートフォリオの最適化は、目指す絵姿を描くことから始まる（図表２－１の（Ａ））。企業のミッション・ビジョンを実現していくための、企業の存在意義に関する議論の基盤となるからだ。したがって、自社が中長期的にどういう姿でありたいのか、目指す絵姿をきちんと検討したうえで全社・事業戦略や事業計画を整理する。

目指す絵姿を検討するにあたっては、そのときの社会情勢も考慮する。たとえば、昨今では非財務の要素、特にサステナビリティに関する取り組みを重視する企業が増えてきており、そうした取り組みを踏まえてマテリアリティの特定を行っている。自社の限りある資源を効果的に活用し、事業活動の持続可能性を高めていくためだ。また、それらのマテリアリティを社内での理解の浸透や開示等を通じたステークホルダーへの説明・対話に活用するケースも多い。

目指す絵姿を描いたらそれに向かって推進していくわけだが、絵に描いた餅で終わらせないためにはそれぞれ目標（ＫＰＩ）と目的を設定し、ＰＤＣＡサイクルを回しながら実現に向かって努力するしかない。中期経営計画や事業計画は、目指す絵姿の実現達成に向けた具体的な取り組み方針を示したものであり、その進捗を測る手段としての位置付けも意識して取り組むとよいであろう。

日本企業の多くは、中期経営計画を3～5年で策定する。そして、事業計画の多くは中期経営計画と整合するように整理される。それに対して、マテリアリティへの取り組みはより長期的なものであることが多い。たとえば、日本政府が２０５０年のカーボンニュートラル、２０３０年度の温室効果ガス46％削減（２０１３年度比）を目指すことを表明したことを受けて、特に温室効果ガス削減に感度の高い業界は2030年からさらに長い時間軸を見据えた計画を策定しようとしている印象がある。

重要なのは、目指す絵姿や事業戦略が具体的な根拠を伴って事業計画として数値に落とし込まれているということだ。単に「売上高○○兆円」や「GHG2013年度比○○%削減」という目標を掲げるだけでは、現状の事業計画を遂行することで目標を達成できるのかどうかを判断することはできない。時系列で考え、どのタイミングでどのような投資をどのくらいの規模で実行し、どの程度のリターンを見込むのかという議論を数値に基づいて行うことで、目標達成の現実味は出てくる。

また、それによって必要な投資額も明確になる。営業活動から稼ぐキャッシュフローで十分なのか、それとも資産の入れ替えや追加の資金調達が必要なのか。その検討を行うための基礎となる。そして、このような事業計画の検討は1回きりで終わるようなものではない。何度も検討サイクルを回してアップデートできるようなシミュレーションツールを、目的に合わせて構築する必要がある。

ケース2－1：ありたい姿、マテリアリティ、価値創造プロセス、中期経営計画の策定

二つの大手企業が経営統合した。統合後、同社が最初に手掛けたのは経営理念やビジョンを含む「経営の基本方針」と、10年後のありたい姿を含む「経営の中長期的方向性」の策定だった。そして、それらを踏まえて、持続的に成長するうえで優先的に取り組むべきテーマとなるマテリアリティを特定。同時に、人的、知的、製造、自然、社会関係資本の五つの非財務資本を独自に定義し、これらの事業活動を通じていかに価値を創出し財務資本を拡大させていくか、価値創造プロセスを明確化した。さらに、10年後のありたい姿を実現するため、従来からの財務目標だけでなく非財務目標を設定し、具体的な事業戦略・財務戦略を示す3年ごとの中期経営計画を策定した。

通常、上位概念である経営理念やビジョンは基本的に揺るぎないものであるため、頻繁に更新することはない。一方、具体性を持った実行計画である中期経営計画は数年おきに（会社によっては毎年）策定する。そうであるにもかかわらず、日本企業には「経営理念やビジョンが十分に明確化されていない」「社内に浸透していない」「中期経営計画が必ずしも経営理念やビジョンと整合性の取れたものとなっていない」などの問題が見受けられる。また、マテリアリティの特定や価値創造プロセスの明確化についても受動的な対応にとどまり、経営理念やビジョン、中期経

営計画と十分な連携が取られていないケースもある。

それに対して、本事例は経営統合を機に、目指す絵姿からマテリアリティの特定、価値創造プロセスの明確化、その実現達成に向けた具体的な取り組み方針までを整合性・一貫性を保ちながら、比較的短期間で策定している。

事業統合で課題となる社内浸透・意識向上についても、目指す絵姿の策定やマテリアリティの特定にあたっては、大規模な従業員アンケートや社員へのインタビューの実施、キャッチコピーの公募など、社員巻き込み型のプロジェクトを実行している。このように、上位概念から実行計画まで整合性・一貫性が取れたからこそ、社内に迅速に浸透し、社員の意識向上が見られたのだといえるだろう。

コラム

経営の分析フレームワークとCVCの活用

近年、事業戦略にCVC（コーポレート・ベンチャー・キャピタル）を活用する企業が増えてきている。CVCとは、事業会社が組成し、自己資金で主に未上場の新興企業に出資や支援を行うファンドのことである。先に述べた通り、事業ポートフォリオが重要なのは、一般企業ではリソースが限られているからだ。そこでCVCを活用することにより、目的の領域に自社で新規参入するよりも、リソースの制約を緩和することができる。さらに、うまくいけば本業とのシナジーを生むこともできる。一方で、CVC活用には戦略面・オペレーション面を含めてノウハウが必要であり、投資対象となる新興企業がうまく立ち行かなくなるようなリスクは相対的に高い。

CVCの目的・役割は大きく三つに分けることができる。一つ目は、ベンチャー支援を積極的に行い、財務リターン（キャピタルゲイン）を狙う純投資型だ。たとえば、電気機器業界で従来持っていた技術スカウティングのリソースを発展させ、外部のLP（リミテッドパートナー）投資家も入れてVCビジネスを行うといったようなケースである。純投資型としたが、スタートアップ企業を支援することから得られるキャピタルゲインに加えて、新規事業創出という戦略面でのリターンが期待できる場合もある。

二つ目は、M&Aを含む事業ドメインの拡大やポートフォリオ転換を狙う事業拡大・転換型。たとえば、自動車業界で電気自動車をメインシナリオに置きながらも、CVCを通じて他のテクノロジーにも関与し、電気自動車が外れた場合には他のシナリオへ方向転換するケースなどが挙げられる。企業が単独ないしは複数で出資するが、マイノリティ出資である場合が多い。

三つ目は、既存事業との協業を狙うシナジー創出型である。事業拡大・転換型が出資検討時には協業を前提としておらず幅広く投資対象を検討しているのに対し、シナジー創出型では出資検討時から協業することが前提となっている。そのため、出資検討時から事業部門を巻き込む必要がある。たとえば、ある総合商社は、協業を最終目的として営業部からのコミット確約を最重視してCVCを組成した。このケースでは投資実行時から営業部が入り、協業成果をKPIとしている。また、M&Aによる事業やケイパビリティ獲得を狙った事例もある。

ここでは、事業拡大・転換型のCVC事例として、国内大手電気機器メーカーの事例を紹介する。同社は独自技術による事業展開から脱却して新たな新規事業展開を行うために、CVC（以下、「A社」）を設立した。A社を活用して、自社のリソースを補うとともに、事業ドメインを拡大・転換するのが目的である。そのため、A社の投資条件は、本社にないケイパビリティを獲得することで既存事業を拡大できるか、新たな顧客基盤を獲得することで新たな領域を創出できるかの2点だ。さらにA社は、具体的な投資対象となるスタートアップ企業を「成長ポテンシャル」「本社事業とのシナジー」「既存・新規事業との協業」の三つの観点から分類。投資実行にあたっては、事前に目的に照らして適切か否かを検討している。

CVCの運営は、投資意思決定のスピードや目的に照らした最適なメンバー構成が重要となる。そこで、A社は本社からのガバナンスを効かせる一方で、限られた関与者で構成される投資委員会を設け、1回の議論で投資意思決定できる体制を構築した。

このようなスピード感を持って意思決定できる体制を構築した結果、A社は実際に年間1000社単位で検討を行い、厳選された企業と実際に面談し、面談した企業のなかからさらに絞り込んで投資を実行している。まさに限られたリソース内で、自社の定めた目的に照らし、ポートフォリオの最適化をしっかりと推進している企業と考えられる。

(B) 最適資本構成の検討

事業計画を策定したら、次はその事業を実行するための資金を調達する。資金調達手法は多種多様だが、ファイナンス目線（BSの右側）でいえば、大きくは負債による資金調達（デットファイナンス）、あるいは株主資本による資金調達（エクイティファイナンス）となる。負債による資金調達とは、銀行融資や社債の発行など有利子負債による調達手法のこと。株主資本による資金調達とは、公募増資や第三者割当増資など資本に組み入れる手法のことだ。

それでは、数多ある資金調達方法からどれを選択すればいいのだろうか。負債の割合が大きければ、節税メリットはもちろん、株主にとっては少ない株主資本で高いリターンを獲得することができるので、資金効率がよくなる。その反面、信用格付が低下したり、緊急時の追加調達が難しくなるために倒産リスクが高まる。また、株主が要求するリターンが高くなるといったデメリットも生じる。株主資本の割合が大きい場合は基本的にその逆だが、株主資本の割合を高く維持しようとすると、成長投資のための資金源が限られてしまうことは大きいデメリットといえよう。

この負債と株主資本のバランスを取り、企業価値の最大化を目指すのが最適資本構成である。事業計画の遂行に必要な資金を負債と資本でどのくらいの比率にすると調達コストを低くできるか、その最適な組み合わせを見つけ出すのである。

最適な組み合わせは、「負債調達余力水準」「加重平均資本コスト」「リスクマネジメント」の観点から、信用格付戦略、加重平均資本コストを最小にする数理モデル、リスクアセット（一定の確率で毀損する可能性がある資産）の金額、同業他社のベンチマーク分析などの項目を検討していくことで推計することができる。主に、信用格付戦略は負債調達余力と加重平均資本コスト、数理モデルは加重平均資本コスト、リスクアセットはリスクマネジメント、ベンチマーク分析は大きくは三つの要素すべてを検討する際に考慮する。当然だが、最適資本構成の検討の結果、目標格付を維持できなかったり、目標とするＫＰＩを達成できなくなったりすることもある。その場合は、財務の観点から事業戦略を見直さなければならない。

なお、「最適資本構成」という言葉から、最適な負債と資本の比率に一定の答えがあるかのような印象を持つかもしれない。確かに数理モデルを用いると、加重平均資本コストが最小となるような負債と資本の比率を推計することは可能だ。ただし、そのような数理モデルは前提条件に対する感応度が高く、たとえば負債コストが増減すると、最適な負債と資本の比率も変動する。

一般的に、企業の日々のオペレーションのなかで負債と資本の比率は変動するものであり、常に一定の比率に保つことは現実的ではない。さらにＰｗＣの経験に基づくと、加重平均資本コストの観点から、負債と資本の比率が一定の範囲内であれば、加重平均資本コストは大きく変動しないという特徴もある（この点は株主資本コストの分析に負債水準の増減を考慮しない誤った分析が散見されるので注意が必要）。よって、実務的には、最適な負債と資本の比率をポイントで推定するのではなく、目標とするレンジを設定することが現実的である。

● 負債調達余力と信用格付

負債調達余力とは、必要とするときに追加で負債による調達ができる金額のことをいう。成長機会、有事対応、加重平均資本コスト、信用格付、将来の事業や財務プロファイルの変化などの定性面・定量面を考慮して、どの程度まで負債による資金調達が可能かを推計しておくことは、最適資本構成を検討する際に重要となる。特に、信用格付戦略の議論を通じて、どの格付機関からどの水準の格付を取得すべきか、そのために必要な条件は何かということを理解しておかなければならない。

信用格付とは、企業の信用力に対する見解を、格付会社が符号で示すものである。円滑な資金調達環境を確保するために、企業は一定水準以上の格付維持を意識しなければならない。日本市場で金融庁に信用格付業者として登録している格付会社には、日系ではR&IとJCR、外資系ではムーディーズ、S&P、フィッチがある。各社は、基本的にはAAA格（ムーディーズはAaa格)を最上位とする同一のスケールを用いている。投資適格はBBBマイナス格(ムーディーズはBaa3格）までで、BBプラス格（ムーディーズはBa1格）以下が投資不適格もしくは投機的となる。

ただし、日系格付会社と外資系格付会社とでは、格付対象となるユニバースが日本中心かグローバルかの違いがある。同一の企業に対して付与される格付を比較すると、日系格付会社の格付は外資系格付会社の格付と比べて高い格付水準になるケースが多い。また、日系格付会社は自己資本比率やD／Eレシオといったバランスシート上のレバレッジを重視するのに対し、外資系格付会社は有利子負債対EBITDA倍率などのキャッシュフロー対比でのレバレッジをより重視する傾向がある。

このように、日系格付会社と外資系格付会社とでは、信用力評価において重視するポイントや考え方に差異がある。金融市場や投資家もこれらの日系・外資系の格付の差異を認識したうえで信用格付を投資判断に利用していることを、企業は意識するべきだろう。

一般的に、海外社債市場では、グローバル社債投資家からの投資を招くために、外資系格付会社からの格付取得が必須となる。一方、国内社債市場では、国内社債投資家が着目する日系格付会社からの格付が付与されていれば円滑な社債発行が十分に可能であり、外資系格付会社からの格付取得は必須とはされない。米国などの海外社債市場では、ハイイールド債（ジャンク債：投資不適格となるBBプラス格以下の格付が付与された債券）の発行もよく行われているが、合理的な発行条件での円滑な社債発行には外資系格付会社でのＢＢＢレンジ（投資適格）以上の維持が目安となる。一方、日本ではハイイールド債市場が育成されておらず、日系格付会社での投資不適格に距離が近いＢＢＢレンジに対する国内社債投資の投資ニーズは比較的少ない。したがって、国内社債市場で円滑に資金調達環境を維持するには、日系格付会社でのＡマイナス格以上の維持が望ましい。

これらを踏まえ、自社の目指すべき格付戦略を策定する。基本的には、国内で資金調達するならば日系格付会社の格付を重視し、現在グローバル展開している、あるいは今後海外展開を予定しているのであれば外資系格付会社の格付も重視する。

コラム　グループ傘下企業の格付戦略（事業ポートフォリオの再編検討）

グループ企業の傘下にある会社は、グループ企業のブランド力によって実力以上の資金調達力を持っていたり、低い負債コストで資金調達していることがある。実力通りの資金調達力を評価しようとしても、一般的にはグループ傘下の会社には格付がついていないため、客観的に評価することは難しい。このような場合には、単独で見た場合の疑似信用格付および資金調達余力を評価して、事業ポートフォリオ戦略を検討することもある。

ここでは、事業会社グループのA社が上場している連結子会社B社を傘下に持つ親子上場のケースで考えてみよう。前提として、B社単体の業績・財務状況はよくない。だが、緊急時にはグループの子会社としてA社からのサポートを享受できると、金融機関や株式市場からは見られている。そのためB社の株価は一定水準で維持されており、金融機関もB社に対して好条件での融資を行っている。結果として、B社は業績や財務状況がよくないことへの危機感が薄く、過去にA社主導でさまざまな構造改革が試みられたものの、それらの成果を明確には上げられていなかった。

このような状況のなか、A社はB社が自社グループ下であることの影響を排除し、スタンドアローンベースでの株価と信用力の評価(疑似格付の付与)を実施した。スタンドアローンとなった場合の潜在的な株価へのインパクト、有利子負債調達実施の可能性、その場合の追加調達コストなどの調査・分析をベースに、完全子会社化か現状維持、あるいは売却を視野に入れたB社の今後のあり方についての検討を行ったのである。

●加重平均資本コスト

加重平均資本コストの観点から、ベンチマーク分析や数理モデル等を用いて加重平均資本コストを最小化するような資本構成を推定する。そのためには、まず必要な現預金の水準を検討しなければならない。なぜなら、株式投資家にとってエージェンシーコストの観点から手元現預金は少ないほうが望ましく、現預金の過大な留保や過剰資本はアクティビストの標的になりやすいからだ。そのため、加重平均資本コストの分析の前提となる事業計画、特に総資産額の決定において、必要な現預金の水準を意識したうえで、余剰現預金は有利子負債の返済または配当により、資金提供者へ還元する前提で分析がなされることも一般的である。

そこで、まずは自社の既存事業のオペレーショナルリスクと短期的な投資機会等を踏まえ、必要な現預金の水準を設定する。その際、事業計画を基にした資本構成や現預金の水準が、理論上の最適資本構成やベンチマーク企業の資本構成と大きく乖離するものではないかについて検証する。

ＰｗＣの経験に基づくと、最適資本構成よりも低い水準の負債しか活用していない企業は、Ｄ／Ｅレシオの水準に比べて高い株主資本コストを要求される（適切なレバレッジをかけたうえでのリターンを要求される）可能性がある。そこで、ＰｗＣは資本構成の観点からどのような特徴があるのか、日本、北米、欧州の時価総額上位300社（2023年11月末時点、金融は除く）を抽出して資本構成に関する分析を行った。

まず、D／Eレシオ以前の特徴として挙げられるのが企業サイズの違いだ。日本で時価総額300位の企業の時価総額は4260億円だが、北米は3兆8690億円、欧州は1兆5560億円。日本企業の4260億円という規模は、グローバル基準ではラージキャップ（大型株）ではなく、ミッドキャップ（中型株）の下限付近に分類される。その結果、サイズプレミアムが求められることで、株主資本コストが高めになる可能性があることに留意する必要がある。

それでは、負債と資本の比率はどうなっているのだろうか。図表2-6は、日米欧の金融を除く全業種のグロスD／Eレシオの中央値を経年で比較したものである。2013年頃まで日本企業のレバレッジは欧米企業よりも高かったが、2014年を境にほぼ同じ水準になっている。しかし、有利子負債と余剰現預金との純額である純有利子負債を用いたネットD／Eレシオで比較すると、様相は大きく変わる。2013年以降、日本企業の水準は0％付近となり、近年15％前後で推移している欧米企業よりも大幅に低くなっているのである（図表2-7参照）。これは、負債総額に大きな違いはないものの、日本企業は欧米企業よりも現預金を多く保有していることを

図表2-6｜日米欧のグロスD/Eレシオ(中央値)の経年比較

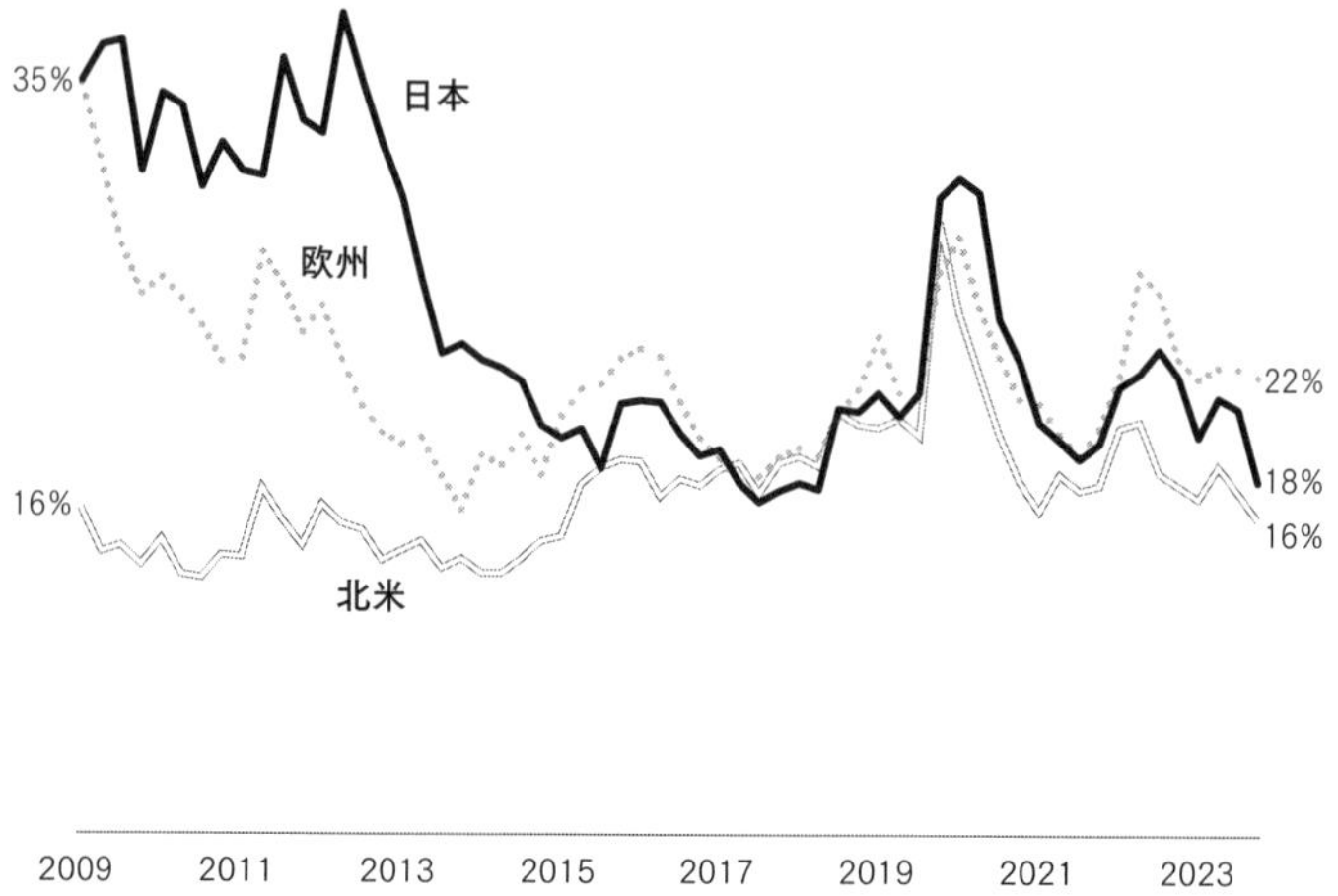

（出所）S&P Capital IQを基にPwCで分析

図表2-7｜日米欧のネットD/Eレシオ(中央値)の経年比較

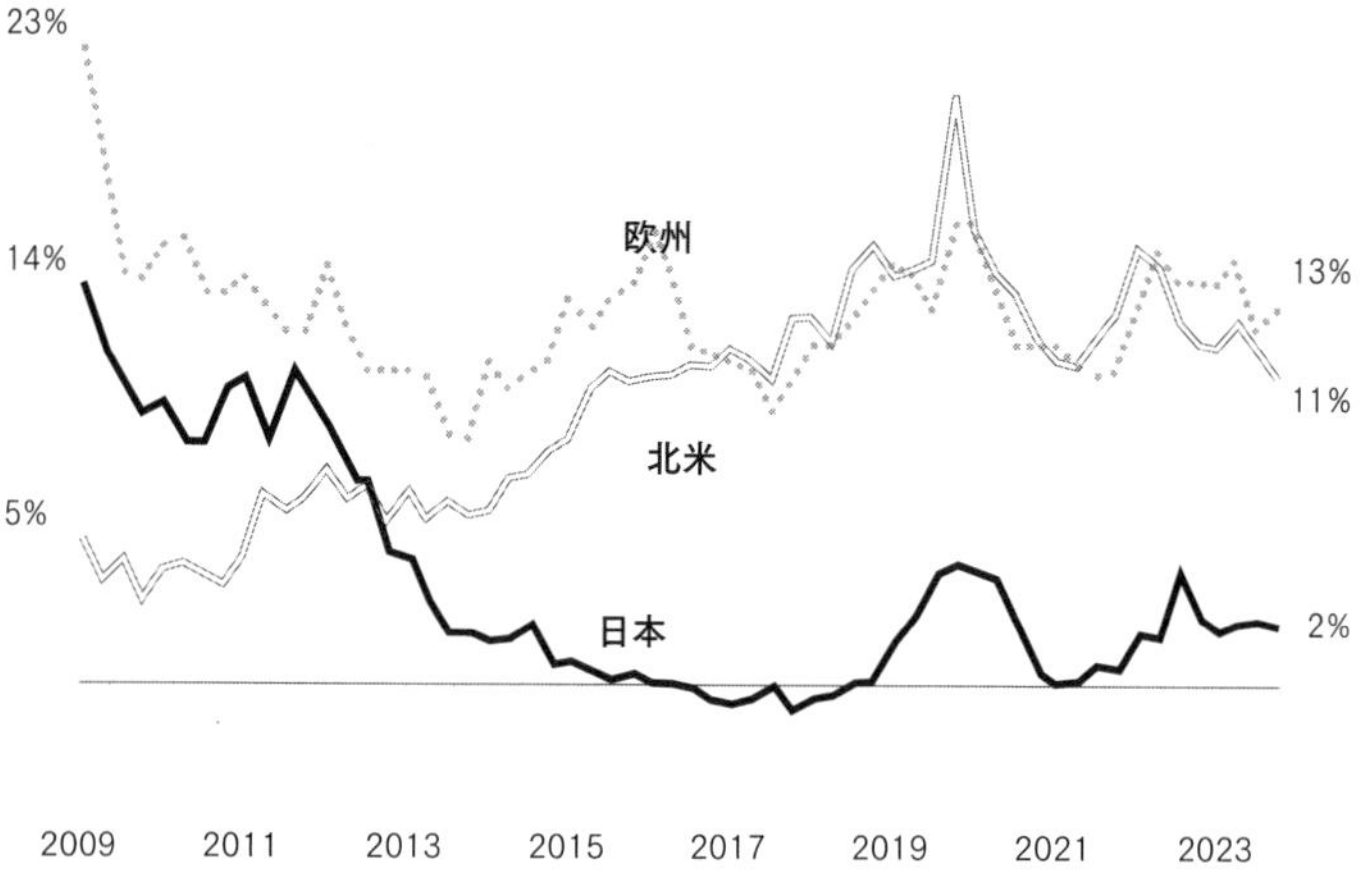

（出所）S&P Capital IQを基にPwCで分析

示唆している。

なお、D／EレシオのEに該当する資本は時価での比較である。仮に資本の簿価が同じでも、日本企業はPBRが相対的に低いことを加味すると、D／Eの分母である資本が時価ベースでは小さくなる。それでもなお、ネットD／Eレシオが小さいということであることから、見た目以上に日本企業は現預金や内部留保が過剰になっている可能性があるといえるだろう。

上記は日本企業全体の分析だが、業界別に見ると、また別の特徴が浮かび上がる。ここでは、特に顕著な特徴が見られた一般消費財業界、ヘルスケア業界、ユーティリティ業界について簡単に触れる。

●①一般消費財業界

グロスD／Eレシオは日本企業が最も高い水準となっているが、欧米企業との差はそれほど大きくはない（図表2－8参照）。一方、ネットD／Eレシオは、日本企業は0％付近で推移しており、欧米企業よりも低水準となっている（図表2－9参照）。これは、欧米企業よりも現預金保有高が大きいことを示している。

● ②ヘルスケア業界

日本企業ではグロスD／Eレシオもネット D／Eレシオも非常に低い水準となっており、欧米企業との差が大きい（図表2－10、図表2－11参照）。日本企業には有利子負債がほとんどなく、現預金を多めに保有していることに特徴がある。また、現預金が多いことから、ネットD／Eレシオはマイナスの水準になっている。

● ③ユーティリティ業界

ユーティリティ業界も面白い特徴を示した。ネットD／Eレシオで見ると、日本企業は欧米企業よりも非常に高い水準で推移している（図表2－12参照）。しかし、資本を時価ではなく簿価で見ると様相が変わり、日米欧でそれほど差がなくなる（図表2－13参照）。これは、日本企業のPBRが低いことが原因だ。日本企業は欧米企業と比較して、相対的に時価が簿価よりも小さい。そのため、時価を用いたときには分母のEが小さくなり、ネットD／Eレシオは大きくなる。しかし、簿価を用いたときには分母のEが大きくなるため、ネットD／Eレシオは小さくなり、欧米と同レベルの水準となるのである。

図表2-8｜一般消費財業界における日米欧のグロスD/Eレシオ(中央値)の経年比較

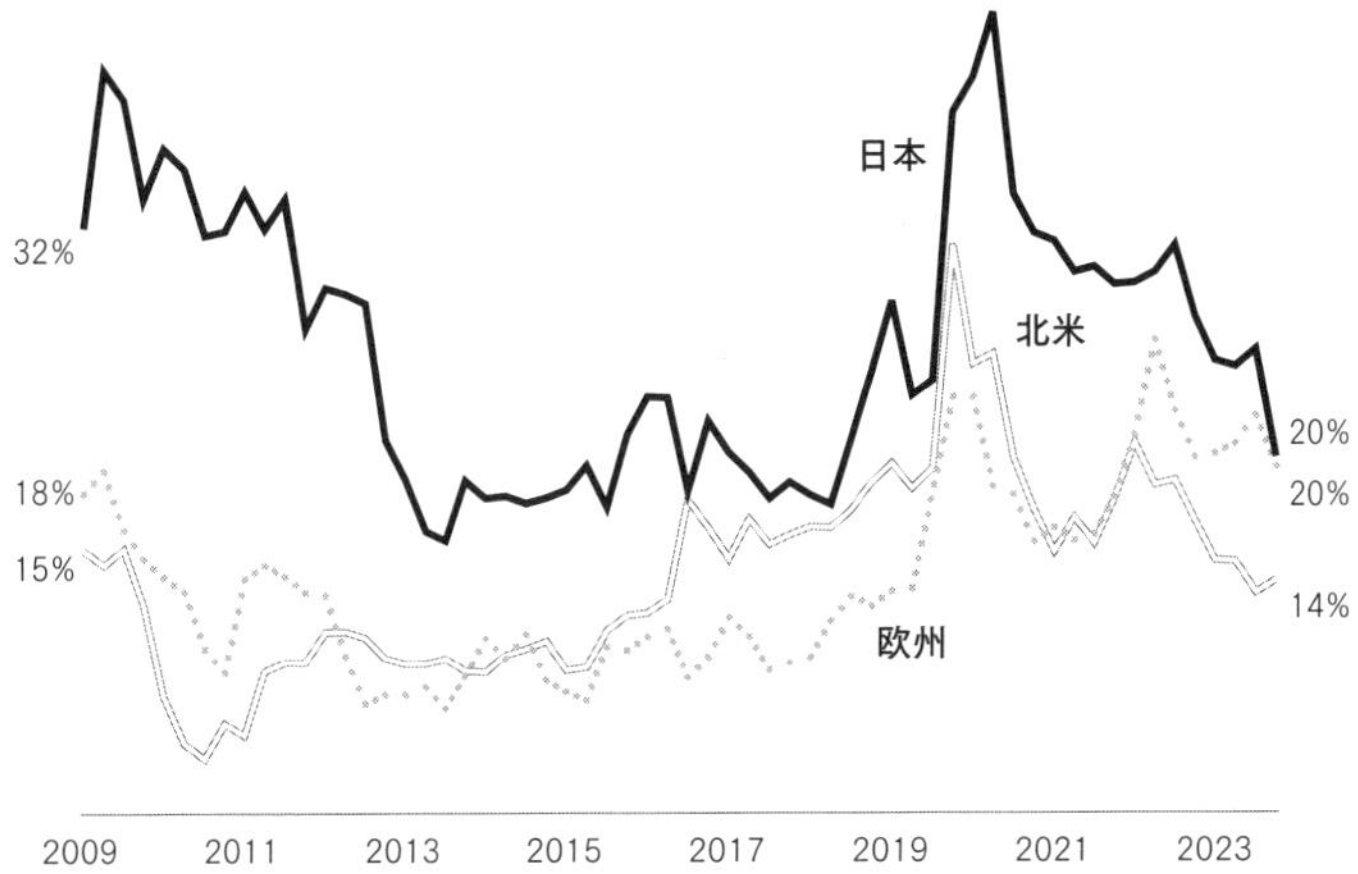

（出所）S&P Capital IQを基にPwCで分析

図表2-9｜一般消費財業界における日米欧のネットD/Eレシオ(中央値)の経年比較

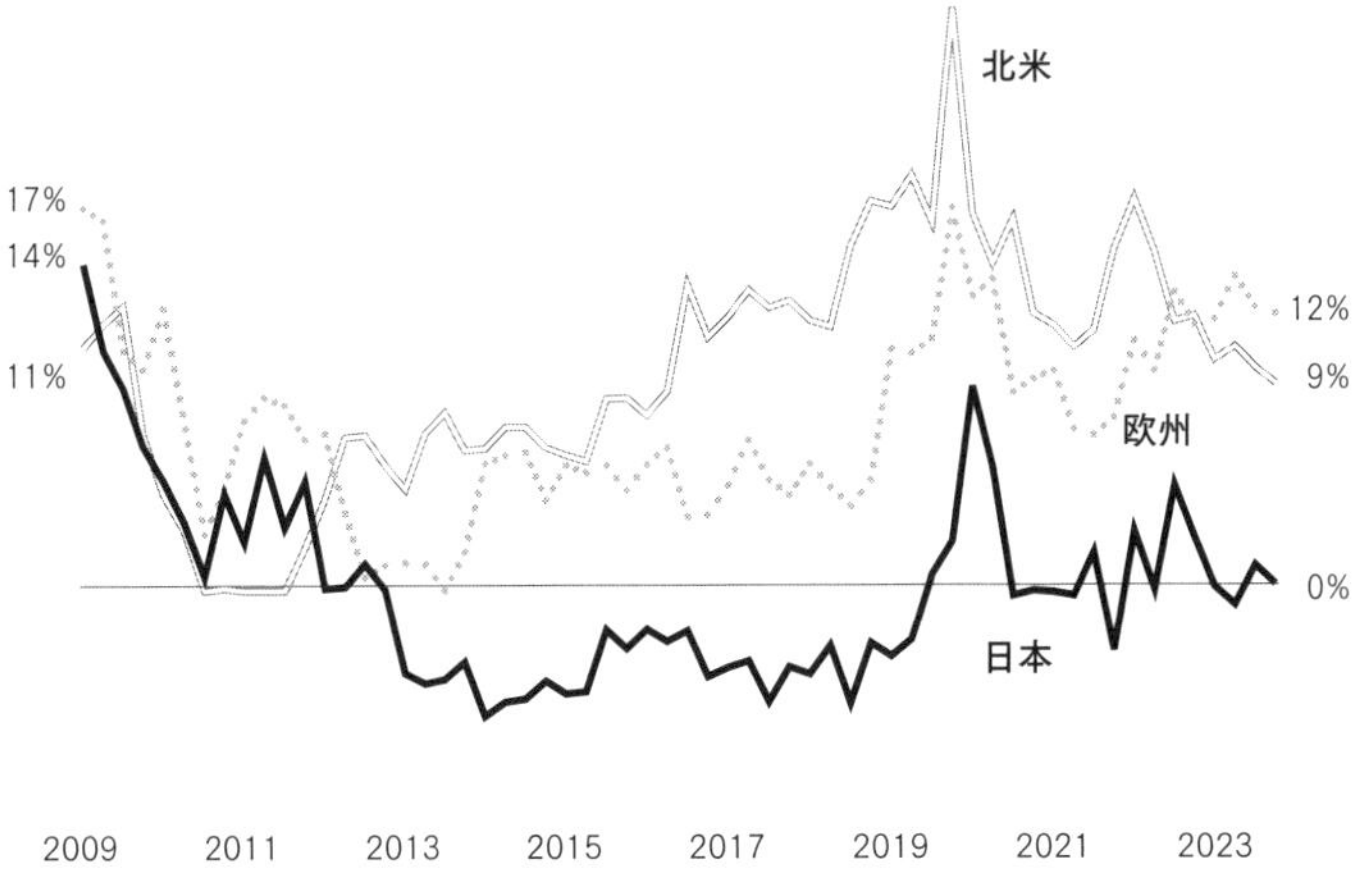

（出所）S&P Capital IQを基にPwCで分析

図表2-10 | ヘルスケア業界における日米欧のグロスD/Eレシオ(中央値)の経年比較

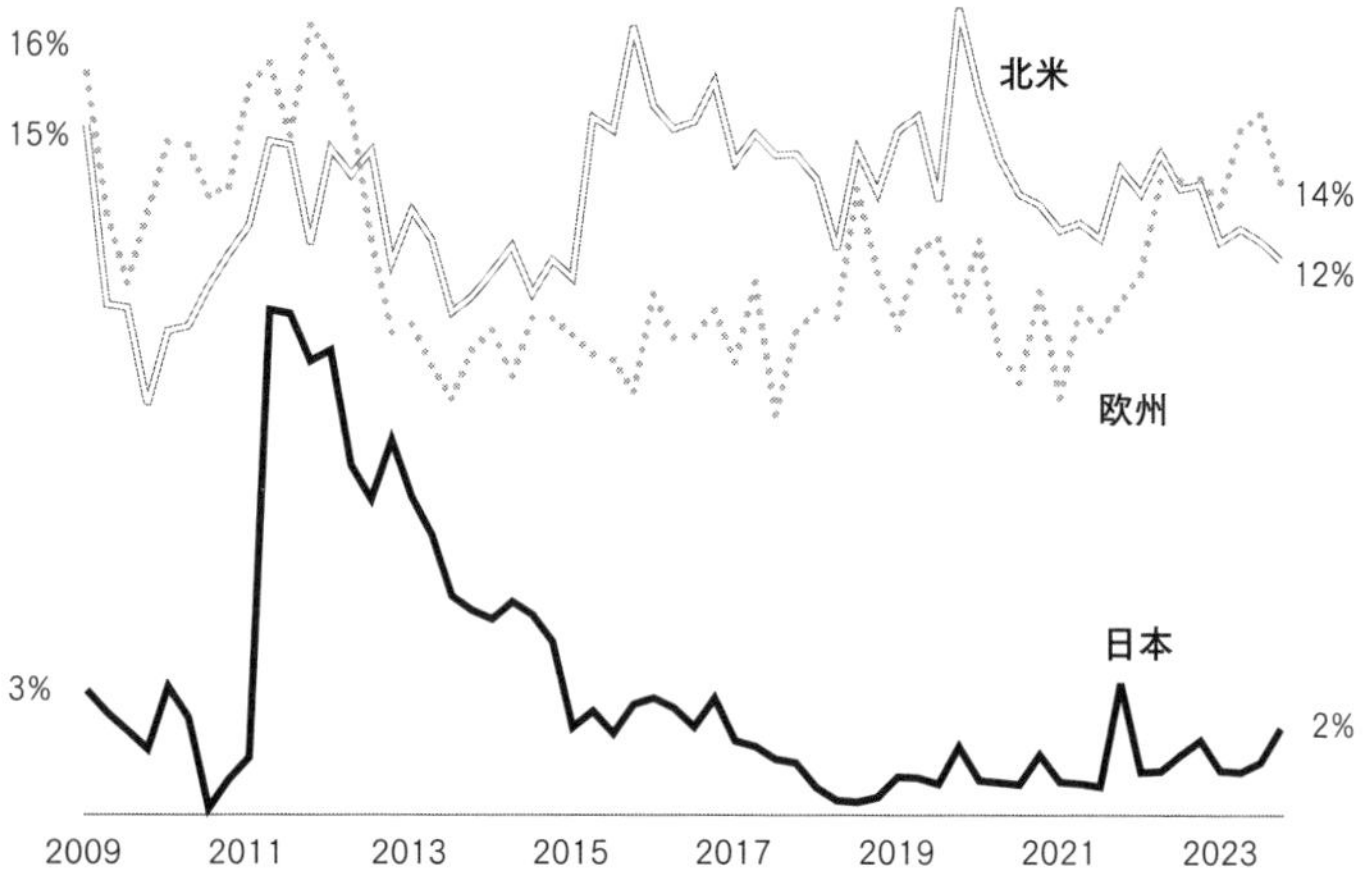

(出所) S&P Capital IQを基にPwCで分析

図表2-11 | ヘルスケア業界における日米欧のネットD/Eレシオ(中央値)の経年比較

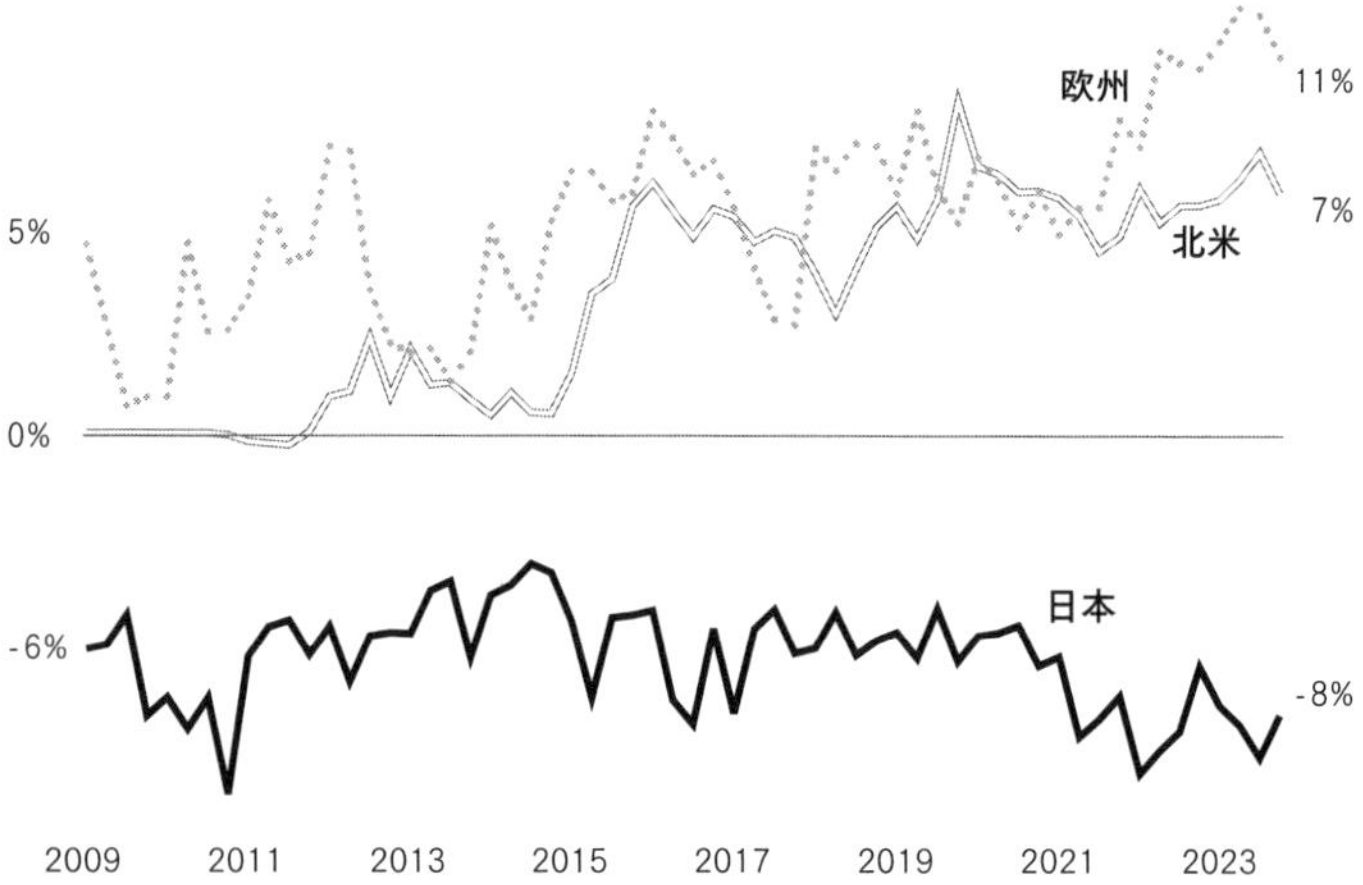

(出所) S&P Capital IQを基にPwCで分析

図表2-12｜ユーティリティ業界における日米欧のネットD/Eレシオ（中央値）の経年比較

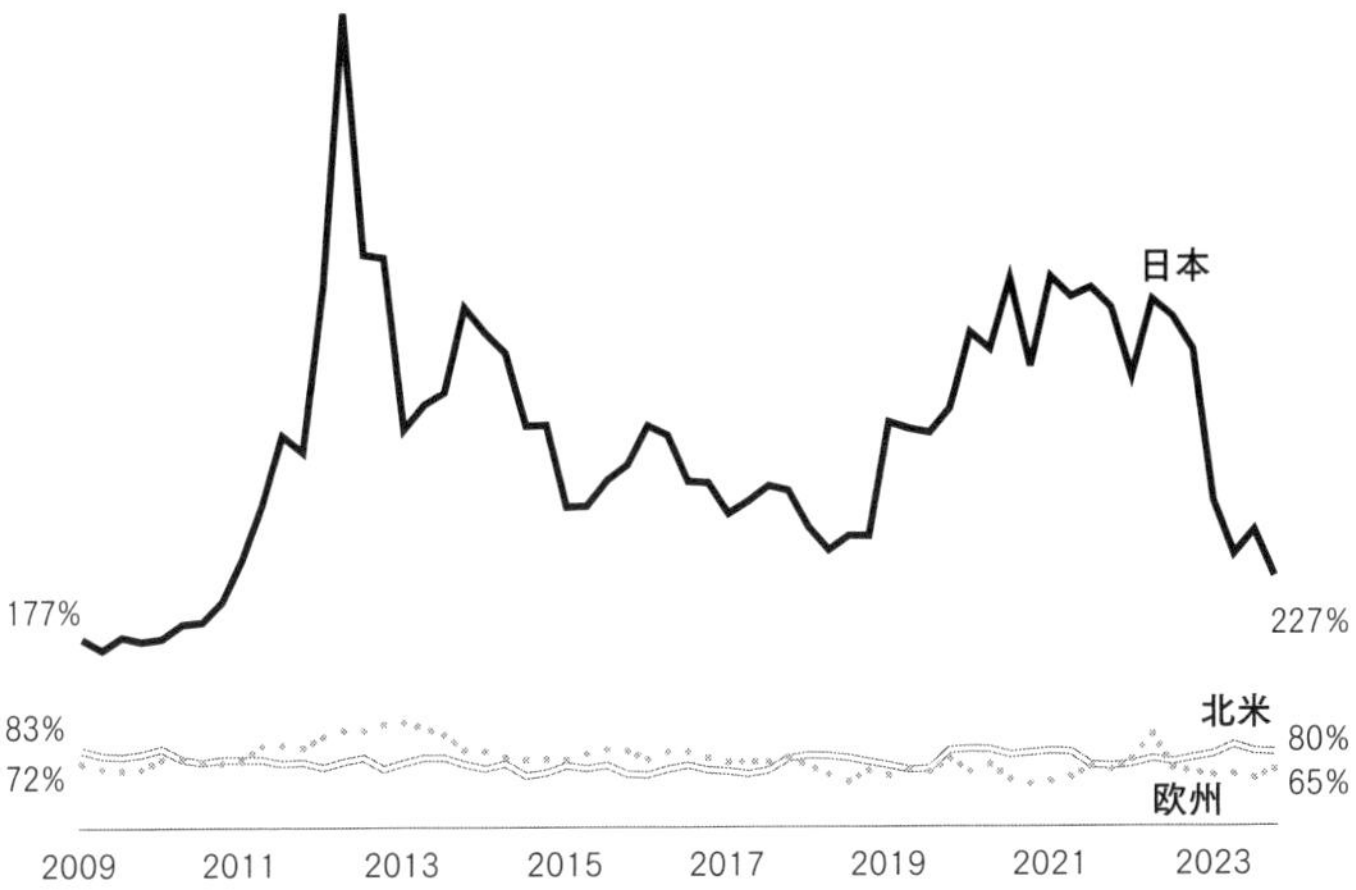

（出所）S&P Capital IQを基にPwCで分析

図表2-13｜ユーティリティ業界における日米欧のネットD/Eレシオ（中央値）の経年比較（簿価ベース）

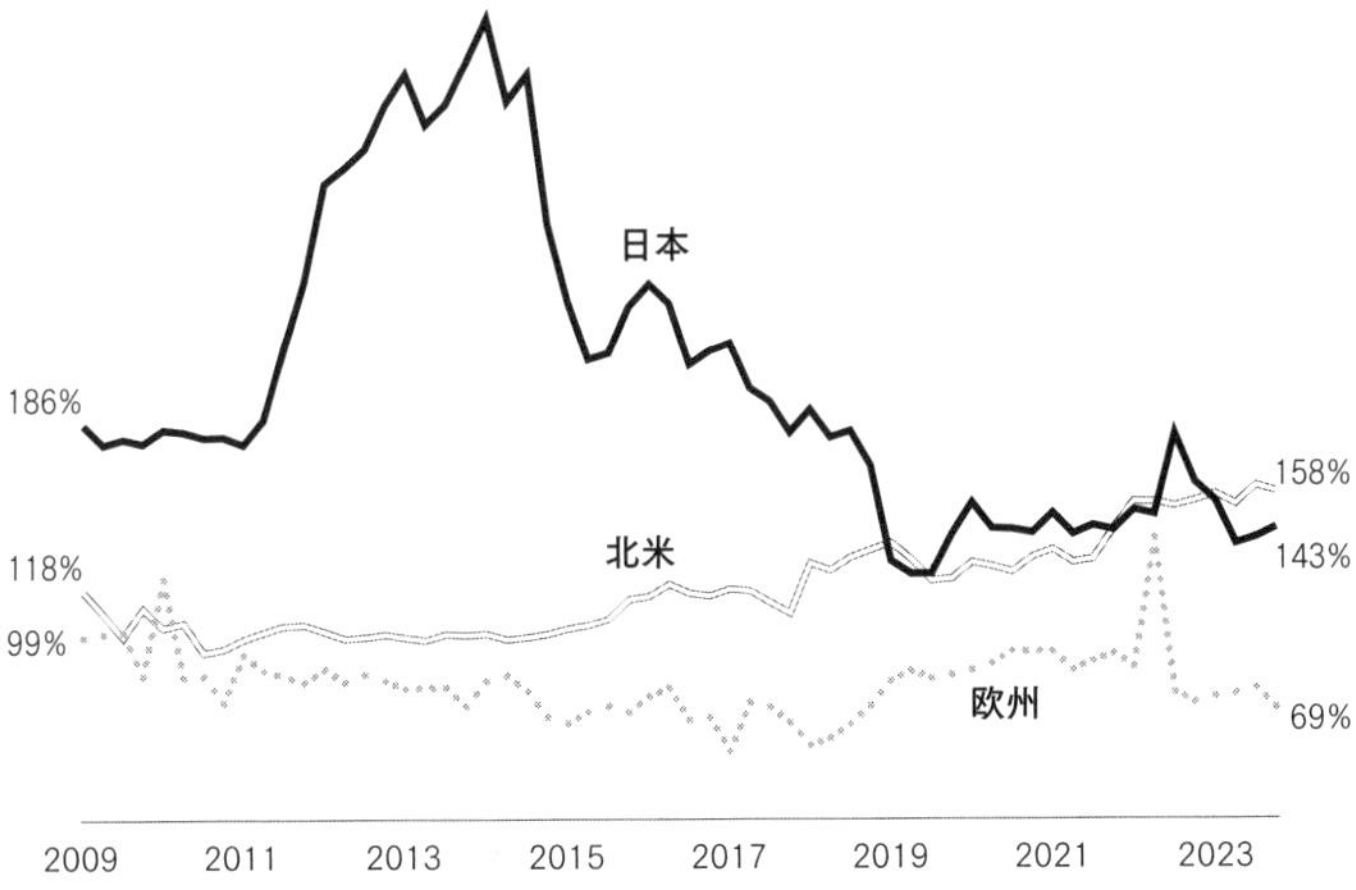

（出所）S&P Capital IQを基にPwCで分析

最適資本構成はベンチマークも分析して検討されることから、日本企業はファイナンス理論的には正しい時価ベースの分析ではなく、簿価ベースで分析したうえでD／Eレシオの水準を検討している可能性も示唆される（なお、時価ベースの分析はメリットとデメリットの両面があり、必ずしも時価ベースの分析が正解というわけではない）。

一方、ユーティリティ企業のPBRは、欧米企業が1倍を切ることなく上昇傾向にあるのに対し、日本企業は1倍前後で推移、さらに2018年以降は1倍を切っている。同業種でありながら直近5年間のPBRは、欧米企業と日本企業とでは2〜4倍の差がついていることになる（図表2-14参照）。

図表2-14｜ユーティリティ業界における日米欧のPBR（中央値）の経年比較

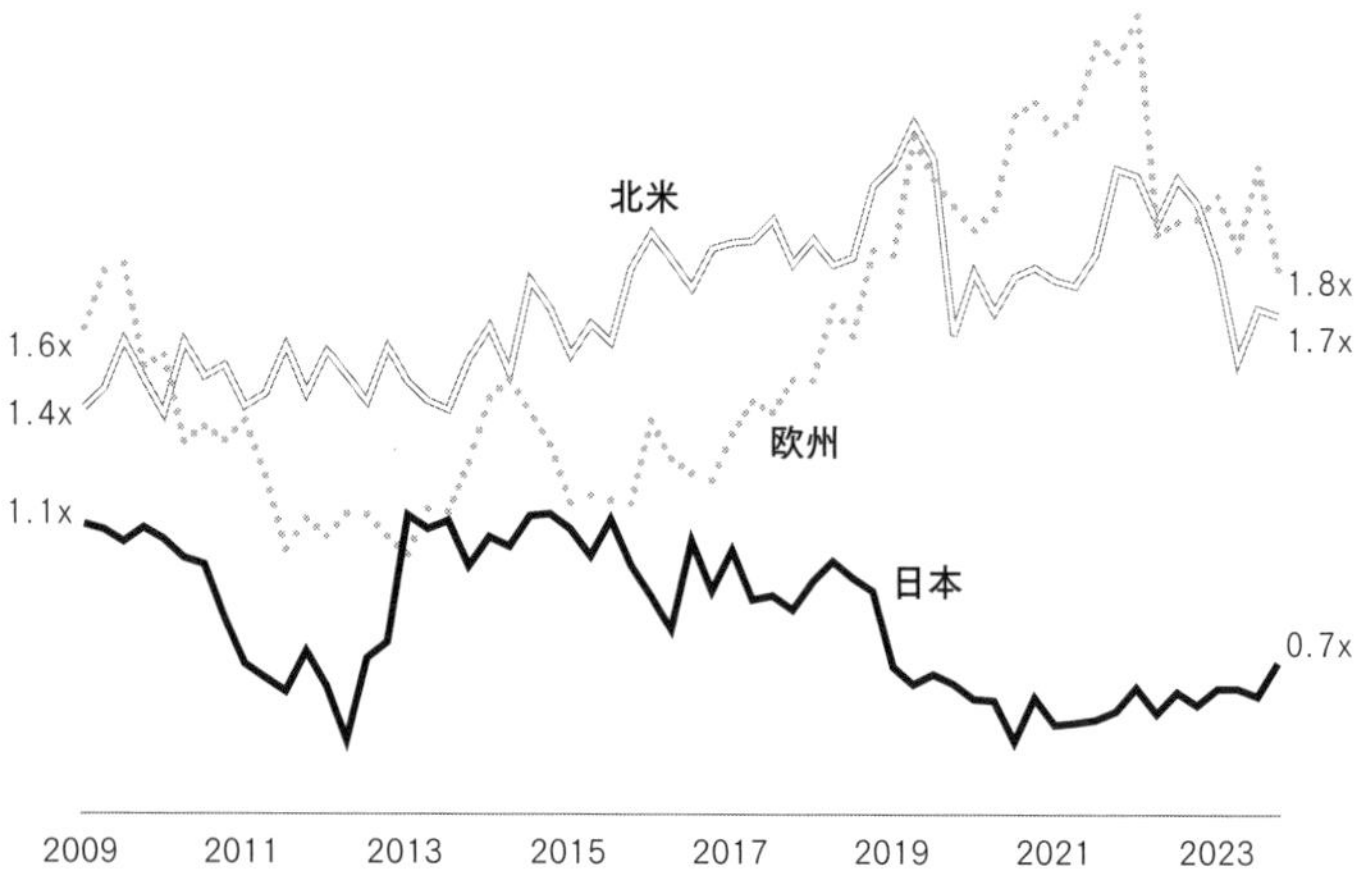

（出所）S&P Capital IQを基にPwCで分析

図表2-15 日米欧の業種別グロスD/EレシオおよびネットD/Eレシオ（過去10年の第1四分位～第3四分位）の比較（時価）

	グロス D/E レシオ（時価）			ネット D/E レシオ（時価）		
	日本	米国	欧州	日本	米国	欧州
Information technology	3～4%	6～9%	9～11%	-10～-6%	0～0%	-3～0%
Communication services	6～9%	37～51%	31～50%	-9～-6%	35～48%	27～42%
Consumer discretionary	19～29%	12～19%	9～19%	-3～-1%	9～15%	4～11%
Health care	1～2%	13～15%	12～14%	-9～-6%	4～7%	8～9%
Consumer staples	10～12%	21～24%	18～25%	- 1～0%	15～20%	12～19%
Energy	135～208%	30～44%	37～51%	116～178%	21～36%	18～27%
Industrials	38～50%	17～20%	20～23%	20～27%	13～16%	13～16%
Utilities	297～421%	66～76%	65～77%	280～396%	66～75%	47～59%
Real estate	96～175%	3～5%	88～130%	93～159%	-9～-3%	79～123%
Materials	37～54%	19～22%	22～25%	24～37%	13～19%	15～18%

（出所）S&P Capital IQを基にPwCで分析

図表2-16 日米欧の業種別グロスD/EレシオおよびネットD/Eレシオ（過去10年の第1四分位～第3四分位）の比較（簿価）

	グロス D/E レシオ（簿価）			ネット D/E レシオ（簿価）		
	日本	米国	欧州	日本	米国	欧州
Information technology	9～12%	44～61%	31～42%	-2～-19%	-22～-5%	-11～0%
Communication services	12～19%	10～121%	10～126%	-14～-8%	91～106%	81～98%
Consumer discretionary	30～37%	72～100%	33～70%	-8～-1%	14～58%	15～41%
Health care	3～6%	59～70%	43～51%	-26～-23%	13～34%	29～35%
Consumer staples	26～30%	87～113%	78～86%	-4～0%	70～89%	62～73%
Energy	96～133%	56～71%	48～57%	83～116%	42～57%	24～34%
Industrials	48～64%	89～100%	71～80%	28～35%	66～77%	42～54%
Utilities	172～279%	12～134%	95～113%	144～223%	11～131%	68～85%
Real estate	163～179%	15～21%	10～133%	147～169%	-48～-11%	100～128%
Materials	42～55%	62～73%	49～52%	24～35%	50～60%	32～39%

（出所）S&P Capital IQを基にPwCで分析

このように、最適資本構成の検討には、グロスの負債水準に加えて現預金の保有水準、時価と簿価の差額などさまざまな要因が関係しており、複合的な視点から分析を行う必要がある。特にＰＢＲが1倍未満の企業は、将来の最適資本構成を検討するにあたり、目標とするＰＢＲ水準を実現するための事業ポートフォリオ戦略と併せて、想定するＰＢＲ水準も見据えたうえで検討する必要がある。

図表2－15、図表2－16に、日米欧の各業種別のグロスＤ／Ｅレシオとネット Ｄ／Ｅレシオをまとめたので参考にしてほしい。

●リスクマネジメント

コロナ禍によるサプライチェーンの断絶やロシアによるウクライナ侵攻など、予想もしていなかったことが起こることがある。そういうリスクが発現したとしても、それに耐えて企業が存続し続けるために必要となる自己資本はどのくらいか。リスクマネジメントでは、統計的手法を用いて必要となる自己資本の水準を推計する。

これには、貸借対照表の資産項目ごとにリスク量の掛け目を設定して分析を行うＢＳアプローチと、バリュードライバーを分析して財務モデルを構築したうえでリスク量を測定するＰＬ／Ｃ

Fアプローチがある。

BSアプローチとは、BSの資産をリスクが類似する項目にグルーピングしたうえで、各項目にリスクウェイトという掛け目を設定する手法である。たとえば、現預金は毀損リスクがないものとして、リスクウェイトをゼロに設定することが一般的である。一方、売掛金は貸し倒れのリスクがあるため、過去実績や信用格付に基づくアプローチなどによってリスクを評価する。

PL／CFアプローチでは、まず分析対象の企業価値、キャッシュフロー、利益水準に大きな影響を与えるリスクドライバーを特定しながら、対象を分析するための財務モデルを構築する。それに則《のっと》り、重要なインパクトをもたらす前提条件を一定の確率分布にしたがって多数発生させて分析を行うモンテカルロシミュレーション等によってリスク評価を行う手法である。たとえば、日本企業が米ドル建てで商品を販売するビジネスを行っている場合、売上高は「商品価格×数量×為替レート」で表現されるので、商品価格や為替レートの組み合わせを統計的に一定の確率分布の下でランダムに発生させ、組み合わせごとに売上高を計算する。その結果の分布から、起こり得る売上高減少額を分析するのである。ここでは単純化のために売上高で記載したが、実際は企業価値、キャッシュフロー、利益水準などに与えるインパクトを計算する。なお、必要となる自己資本の水準を分析するという文脈で最も直接的に影響があるのは、当期純利益を通じて利益剰余金がどの程度毀損するリスクがあるかという分析である。

投資家は、日本企業が必要と考えている自己資本の水準が過剰（資本効率を下げるもの）となっていると捉えており、むしろ必要なときに必要な資金を引き出せるようなアレンジメント、たとえば、コミットメントライン等の確保のほうが望ましいとする調査結果もある。ただし、これは一企業の問題ではなく、日本の資金調達環境の問題でもあり、そう単純なものではない。

（C）キャピタルアロケーションの策定と資本コストを意識した投資評価管理制度

（A）で目指すべき絵姿を描いて事業計画を策定することを、（B）で事業に必要となる資金額を算定して資金調達することを説明した。だが、調達した資金を後先考えずに好き勝手に使ってしまえば事業計画は破綻し、目指すべき絵姿を実現することはできない。目指すべき絵姿を実現するには、いかに効率的に資金を使うかが重要となる。そのためにキャピタルアロケーションを検討する。

キャピタルアロケーションとは、営業活動および投資の清算で得たキャッシュフローや最適資本構成も考慮して調達してきた資金を、成長投資、更新投資、負債の削減、株主還元にどう割り当てるかを決定するプロセスである。しかしながら、事業の特徴や企業の成長ステージは企業によって異なるため、企業の置かれた環境を踏まえたうえでキャピタルアロケーションを検討しなければならない。

キャピタルアロケーションの基本的な考え方は、資本コストを超える投資機会があれば投資を実行し、投資コストを超える投資機会がなければ株主還元をするというものである。これを実現するには、投資の効果とリスクを評価し、資本コストを超えないような投資は抑え、資源配分を適切に実行する仕組みが必要となる。その仕組みが投資評価管理制度である。

●キャピタルアロケーションと最適資本構成の関係

最適資本構成とキャピタルアロケーションは、企業価値向上に向けたファイナンスの両輪だ。先ほど簡単に触れたが、キャピタルアロケーションとは、キャッシュを①投資、②負債削減、③株主還元に適切に配分するプロセスであり、経営戦略を実行に落とし込むうえで極めて重要となる。

まず、キャピタルアロケーションの主な原資は、企業活動によって創出されたキャッシュ、投資の清算による資金回収、最適資本構成に基づいて調達された資金である。そして、その検討パターンには、営業活動から生じるキャッシュフローを出発点としてゼロベースで資金配分を検討するケースと、営業活動から生じるキャッシュフローから配分の必要性が高い項目を控除した後のキャッシュフローを起点に検討するケースの二つがある。

配分の必要性が高い項目の例としては、既存事業の継続または現事業規模を維持するために不可欠な更新投資や研究開発費といった最低限の投資（①に含まれる、以下同様）、支払利息や返済スケジュールに沿った借入返済（②）、株主にコミットしている配当金額といった株主還元（③）などがある（図表2－17の上側参照）。

なお、配分の必要性が高い項目のなかにも濃淡がある。たとえば、必要性が高い項目として考えていた更新投資や研究開発費といった最低限の投資（①）は、事業計画やベンチマーク分析、目標とするROICなどから検討した結果、必須ではないものが出てくるかもしれないし、項目が同じでも必要金額が増減するかもしれない。一方、支払利息や返済スケジュールに沿った借入返済（②）は一義的には配分が必須となる。ただし、最適資本構成に基づいて検討した結果も踏まえて借り換えを行うべきだという判断になることは十分にあり得る。この場合、返済スケジュールの延長と同様の効果が得られるものとして、原資からも使途からも除いて考えることもある。

図表2-17｜最適資本構成とキャピタルアロケーションの関係性

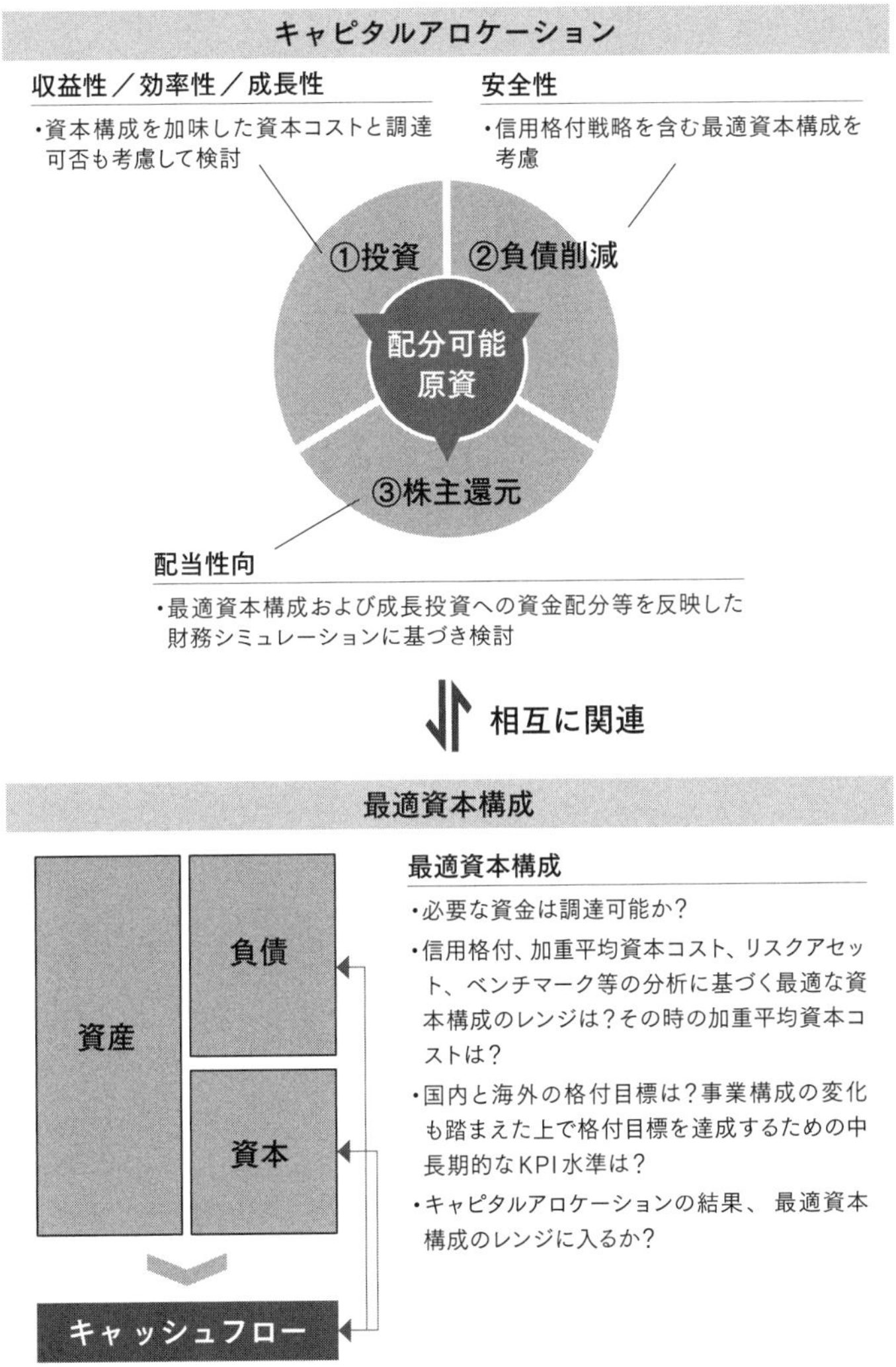
キャピタルアロケーション
収益性／効率性／成長性
・資本構成を加味した資本コストと調達可否も考慮して検討
安全性
・信用格付戦略を含む最適資本構成を考慮
①投資
②負債削減
配分可能原資
③株主還元
配当性向
・最適資本構成および成長投資への資金配分等を反映した財務シミュレーションに基づき検討
相互に関連
最適資本構成
資産
負債
資本
キャッシュフロー
最適資本構成
・必要な資金は調達可能か？
・信用格付、加重平均資本コスト、リスクアセット、ベンチマーク等の分析に基づく最適な資本構成のレンジは？その時の加重平均資本コストは？
・国内と海外の格付目標は？事業構成の変化も踏まえた上で格付目標を達成するための中長期的なKPI水準は？
・キャピタルアロケーションの結果、最適資本構成のレンジに入るか？

（出所）PwC作成

また、株主還元（③）についても、不要なサプライズは避けるべきであるが、自社が保有する（潜在的）事業ポートフォリオの各事業の成長段階も踏まえながら検討し、株主とのコミュニケーションを図っていくことも考えられる。

資金使途の初期的な検討が終わると、企業活動によって創出されたキャッシュで必要な資金がカバーされるのか、それとも不足しているのか、あるいは余剰資金が発生するのかが明らかになる。資金が不足していれば、最適資本構成も考慮しながら借入の検討が必要になるかもしれないし、資金使途の見直しが必要になるかもしれない。一方で余剰資金が発生する場合で資本コストを上回る投資先がないときには、株主還元策の強化を検討するかもしれない。その際には、洗練された投資家は最適資本構成に基づく配当を求めている点についても考慮が必要になる。

● 洗練された投資家は最適資本構成に基づく配当を求めている

資本市場のパーセプションスタディによると、世界の洗練された投資家は最適資本構成に基づく配当を求めている。企業が最適資本構成に基づいた配当を行えば、投資家は各企業の成長段階に応じて資金をアロケーションすることで、自らが望む配当額を得られるように調整することができるからだ。投資家にとってみれば、一つの企業内で事業ポートフォリオを多様化する必要は必ずしもなく、投資先の企業を多様化することで目的が達成されることがある。そのため、投資家は、単純な分散効果のために企業が多角化することは望んでおらず、情報の非対称性やポートフォリオ間のシナジー等により、投資家自身の持つ情報と分析に基づいて分散投資を行うことでは達成し得ない企業価値の創造がある場合にのみ、事業ポートフォリオの多角化が望まれることとなる。この点では、個々の企業と、企業をポートフォリオの一部として見る投資家との視点の相違が生じやすい。

それでは、事業の成長段階も考慮した株主還元とはどのようなものか。ファイナンス理論に基づいた企業価値経営におけるベストプラクティスは、資本コストを上回るような投資機会があれば投資を優先し、逆であれば株主還元をするというものだ（図表2－18参照）。ただし、資本コストを上回るような投資機会は、短期目線ではなく中長期的に考えるべきである。また、ここでの資本コストは投資元の企業の資本コストではなく、投資先のリスクに応じた資本コストのことである。

事業が成熟フェーズに入ったために、資本コストを上回る投資先を見出すことが難しくなり、株主に対して追加的な還元で報いることはごく自然なことだ。潤沢なキャッシュをリスクに対して低リターンの投資に回すよりも、還元を充実させるよう強く要請される業界・企業も多い。現在のビジネス環境は不透明性が高く、リスクに見合うリターンを稼得できるかについて曖昧《あいまい》な説明では、株主の信任が得られにくくなっているからである。

個々の企業と投資家との視点の相違でいえば、個々の企業が強みを発揮して資本コストを上回るリターンを稼得するのであれば、投資家から信任される可能性は高くなる。だが、規模の拡大や多角化によって個々の企業の安全性を高めることを目的とした曖昧な投資は、投資家の立場からすると、むしろ、その資金を還元してもらいたいと考えるはずだ。なぜなら、その資金で当該投資領域が得意な企業に投資すればいいからだ。したがって、信任を得ることは難しいと思われる。

当然ながら、企業がさらに発展していくには成長領域への投資が不可欠だ。近年では環

図表2-18｜成長段階に応じたキャピタルアロケーション

	導入・創業期	成長期	成熟・衰退期
事業の状況	●投資が必要だが、事業からのキャッシュフローは十分に出ていない段階	●事業が軌道に乗り、さらなる成長を目指して、事業を拡大する段階	●事業の成長が頭打ちになり、成長余地が乏しくなった段階
典型的なキャピタルアロケーション	●借入や新株発行を通じて賄う	●営業CFで投資資金を賄う	●営業CFが投資資金を上回るため、余剰資金を他事業、株主還元ないし債務返済に充当
全体方針・配当政策方針	●事業化に注力が必要 ●配当は期待されていない	●成長分野へのアロケーションを優先 ●現行水準などの下限を設定の上、事業成長に合わせた一定の増配方針	●減価償却範囲内で投資 ●余剰現預金は他事業、配当、自社株買い等に充当（総還元性向が100%超となる場合もある）

（出所）PwC作成

境、デジタル、地政学リスクなどへの対応から、既存事業が継続的に発展していくためにも、新たな領域への投資が求められる。株主からの信任を得て、そのような領域に投資し、成長していくためには、対外的にも説明可能な投資評価管理制度が必要になる。

なお、これまで述べてきたことは、生命保険協会が実施するアンケート結果にも表れている。投資家は投資機会（資本コストを超えるリターンを生むような投資機会）の有無や事業の成長ステージを最も重視しており、株主還元、配当の安定性を重視している企業との大きなギャップ項目にもなっている（図表2-19参照）。

図表2-19｜株主還元検討時の考慮事項に関する企業と投資家のギャップ

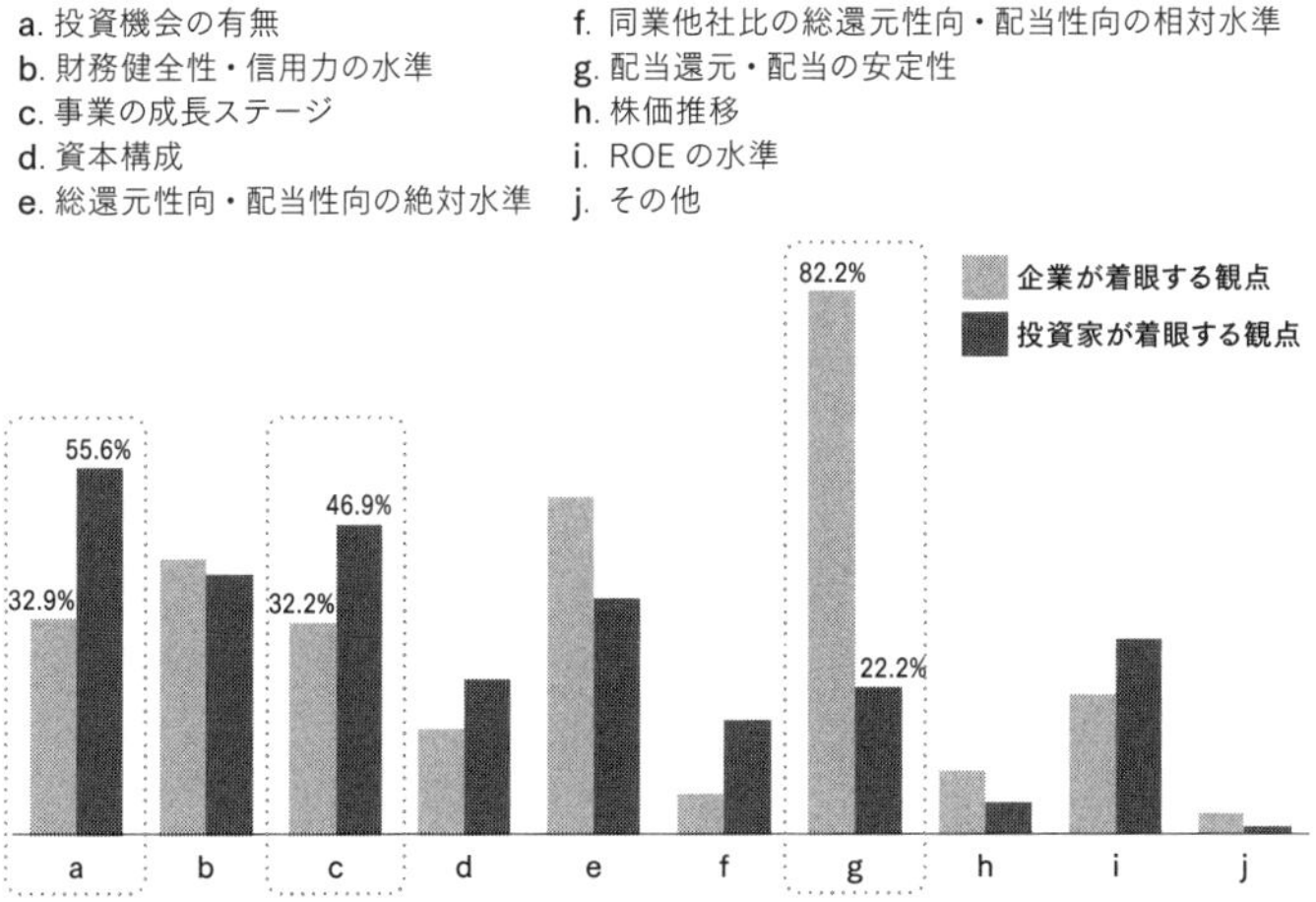

（出所）生命保険協会「企業価値向上に向けた取り組みに関するアンケート集計結果（2023年度版）」（2024年4月19日）を基にPwC作成

● 投資評価管理制度が必要とされる理由

資本コストを超える投資機会があれば投資すべきだということは、裏を返せば、求められるリターンを超えられないような場合は投資すべきではないということだ。たとえば、ある事業に多額の投資をし、少額の利益しか出せなかったとしよう。このような場合、投資した額にはとうてい見合わない結果であっても、「赤字ではないから継続してもいいのではないか」という議論がなされることがある。しかし、それは企業経営として適切とはいえない。事業のために資金調達をすれば、それが借り入れならば利息を、資本ならば株主が期待するリターンを求められるからだ。また、資本コストを超えないような投資をした場合、企業価値を毀損してしまうおそれもある。そうならないためには、適切な投資のガバナンス、すなわち投資評価管理制度が必要となる。

投資後のモニタリングと撤退基準の設定にも、投資評価管理制度は必要だ。自社が目指す絵姿に沿った事業ポートフォリオになるように投資を配分していくには、継続的にモニタリングし、不採算事業やノンコア事業を入れ替えていかなければならないからだ。その入れ替えの判断基準を整理したものが、撤退基準である。

撤退基準は重要である。なぜなら、適切な撤退基準がなければ不採算事業をいつまでも継続するといった事態になりかねないし、継続することが社会的な損失につながることもあるからだ。

図表2-20 撤退基準

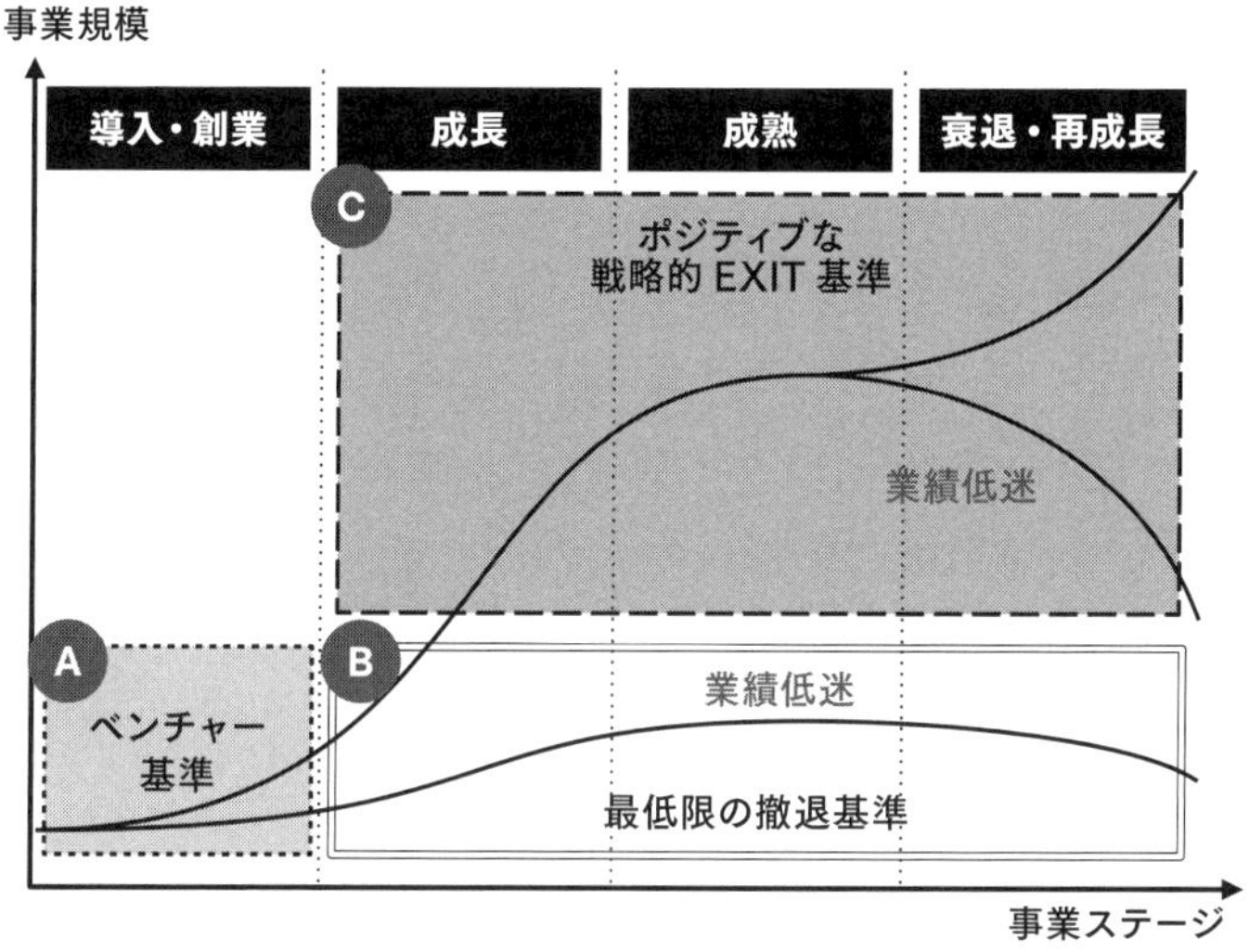

A ベンチャー基準

「戦略目的を果たしているか」

- 戦略合致性
- 投資計画との整合性

B 最低限の撤退基準

「グループ外キャッシュ流出を防いでいるか」

- 収益性（3期連続赤字、減損等）
- 財務健全性（債務超過、自己資本比率等）

C ポジティブな戦略的 EXIT 基準

「価値創造しているか」

- 売却合理性（ベストオーナー）
- 企業価値の見通し

（出所）PwC 作成

また、その事業が自社のコア事業でなければ、自社で継続するよりも、その事業をコアとする企業が買収したほうが事業としての価値が向上するかもしれない。このような考え方を「ベストオーナーの原則」という。

このように、投資だけでなく、モニタリングや撤退にも適切な基準は必要となる。しかしながら、撤退基準は一律的に決まるものではない。企業の状態や事業のライフサイクルのステージによっても変わってくるからだ。そこで、ここではステージ別に、①黎明《れいめい》期の事業に関する撤退基準、②赤字事業に関する止血のための最低限の撤退基準、③ベストオーナーの原則に基づく戦略的なエグジット基準の三つに分けた（図表2－20参照）。こうした撤退基準にしたがって清算された投資は、循環してキャピタルアロケーションの新たな原資となる。

● 投資評価管理制度の構築

先に触れたように、投資評価管理制度とは、投資の効果とリスクを評価し、資本コストを意識した資源配分を適切に実行する仕組みである。投資評価管理制度の構築は、株主の信任を得て有効な投資を実行し、自社の企業価値向上につなげるために必要となる。なお、資源配分の際には、企業のなかのどの事業にいくら資源を配分するかを全社的に検討したうえで、各事業において配分された資源のなかで具体的な投資案件を選抜することもよく行われている。

投資評価管理制度は、二つの視点から構築する。一つは、投資案件に対して、どのような視点で何を評価するかという評価視点や評価項目の議論である。評価項目はさらに定性評価項目と定量評価項目に分かれ、これらをまとめた各種フォームの整備も必要となる。「投資評価管理」と聞いた時に真っ先に思いつく視点であろう。一方で、評価項目だけでは十分ではなく、このような評価項目を含めて、経営サイクルのなかで投資評価管理制度をどのような体制やプロセスで適用していくかという体制・プロセスの議論も必要となる（図表2－21参照）。

目指す絵姿や各事業の位置付けによって、投資評価管理制度はかなり違うものになる。たとえば、製薬会社がジェネリック医薬品事業に投資するのであれば、新薬開発事業に投資するよりも求めるリターンは低めでもいいだろう。一方、その製薬会社がＡＩのような最新テクノロジーをコアとするベンチャー創薬事業に投資するとしたら、求めるリターンは高めに設定するかもしれない。このように、リスクが異なる投資先には異なるリターンを求めるというのが、投資評価管理制度の基本的な考え方である。

図表2-21｜投資評価管理制度の全体像

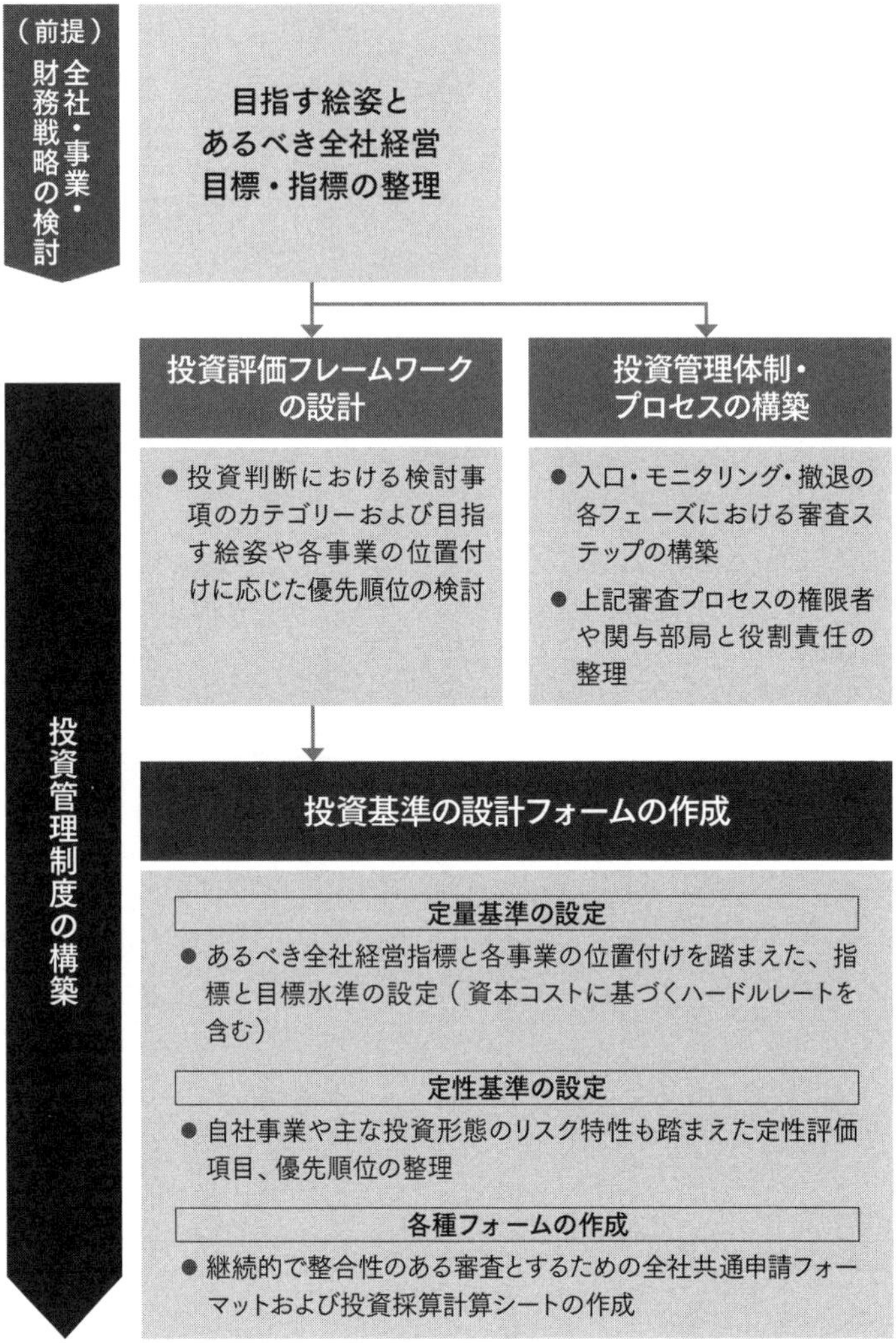

（前提）
全社・事業・財務戦略の検討
目指す絵姿と
あるべき全社経営
目標・指標の整理
投資評価フレームワーク
の設計
● 投資判断における検討事項のカテゴリーおよび目指す絵姿や各事業の位置付けに応じた優先順位の検討
投資管理体制・
プロセスの構築
● 入口・モニタリング・撤退の各フェ ーズにおける審査ステップの構築
● 上記審査プロセスの権限者や関与部局と役割責任の整理
投資管理制度の構築
投資基準の設計フォームの作成
定量基準の設定
● あるべき全社経営指標と各事業の位置付けを踏まえた、指標と目標水準の設定（資本コストに基づくハードルレートを含む）
定性基準の設定
● 自社事業や主な投資形態のリスク特性も踏まえた定性評価項目、優先順位の整理
各種フォームの作成
● 継続的で整合性のある審査とするための全社共通申請フォーマットおよび投資採算計算シートの作成

（出所）PwC作成

● 投資実行時における事業別ハードルレートの検討

２０２３年3月31日、東京証券取引所は「資本コストや株価を意識した経営の実現に向けた対応等に関するお願いについて」を公開した。これが一つのきっかけとなり、定量評価項目の一つであるハードルレートの検討に注目が集まっている。

「ハードルレート」とは、投資を行う際に何％以上のリターンを求めるべきだというリターン水準のことである。多くの企業で検討課題となっているのは、事業ごとのハードルレートをどう設定するかということだ。基本的には、対象会社の事業を区分整理し、当該事業と類似する上場企業群から資本コストを推計する。しかし、再生可能エネルギーのように電源別の類似上場企業群を選定することが困難な領域、たとえば水素・ＣＣＵＳ（Carbon dioxide Capture, Utilization and Storage）のようにいまだ確立されていない技術領域や、潜在的な消費者需要にアプローチする事業開発への投資などでは、類似上場企業群から資本コストを推計するのが難しいことがある。そこで、これらは黎明期における投資判断基準として整理し、類似上場企業群に基づく推計以外の方法を検討する。

ハードルレートの事業区分を分析する際、検討粒度を詳細にすればするほど、個別の事業リスクに応じたものになると考えられている。しかし、検討粒度を詳細にしすぎると、「当該粒度で類似の上場企業群が取得できない」「運営面での負担が大きい」「各責任者が事業区分間の取り扱いの差異を説明する難易度が上がる」などのデメリットが生じる。そのため、メリットとデメリットを勘案したうえで、合理的な事業区分を検討しなければならない。

また、複数の事業から成り立っている会社では、事業区分別の資本コストの積み上げが全社の資本コストと整合している必要がある。そのためには、資本コストおよび資本構成の両面から、事業区分ごとの積み上げと全社トップダウンにおける資本コストとの整合性を確認する必要がある。さらに、投資先国・地域ごとにカントリーリスクや為替リスクが生じるため、それをどのように考慮するかも検討課題となる。国内の投資基準は比較的整備しているものの、海外投資に関する基準を持っていない日本企業が多いからである。

日本は少子高齢化・人口減少のなかで国内需要が低下し、消費市場としての魅力の低下が避けられない。そのような事業環境下で企業価値向上を志向するには、グローバルな成長の取り込みが不可欠であり、それはつまり、グローバル軸のポートフォリオ管理が求められるということになる。そして、グローバル軸のポートフォリオの比重を高めるのであれば、カントリーリスクや為替リスク等を加味した投資基準を整える必要がある。

なお、前述の通り、投資評価管理基準を有効に機能させるためには、管理体制・プロセスの議論も重要になる。事業別かつ多くの国・地域において機能する投資評価管理基準を検討する際には、グループを統治する権限規定や人事制度などのガバナンスメカニズムにもグローバルに通用するような修正を加えなければならない。

●適切な投資評価管理制度のメリット

適切な投資評価管理制度には、二つのメリットがある。一つは「資本効率の向上」だ。これは、たとえば100の投資をしたときのリターンが従来は5だったが、8になることを意味する。もう一つは、「撤退するべき事業の明確化」である。これは、撤退による売却によって新たな資金を確保することができるからである。そうやって資金源を確保し、資金をまた適切にアロケーションしていくことで、企業価値の向上が見込まれるのである。

キャピタルアロケーションを検討する際は、自社の目指す絵姿と現在地とのギャップ認識に基づいて配分の優先順位の方針を定めること、適切な投資ガバナンスを備えること、外部環境に合わせてダイナミックに検討していくことが肝要である。

ここまで説明してきたように、最適資本構成とキャピタルアロケーションは正解が一つに定まるようなものではない。大枠でのポリシーと検討プロセスを設計しながら、自社が進むべき道筋と外部環境を踏まえ、ダイナミックに検討を継続するプロセスなのである。

(D) 全社経営指標の整理と達成可能性の検討

ここまでは、目指す絵姿を実現するために、最適資本構成と投資評価管理基準も活用したキャピタルアロケーションに基づくサイクルを回転させることで企業価値を向上させていこうという話であった。それでは、具体的にどういう経営指標を見れば、企業価値向上が実現されていることがわかるのだろうか。事業や成長のステージによって適切な経営指標が違ってくるとしたら、「適切な経営指標」とはどのようなものだろうか。

一般的に、企業は経営指標を共通言語として、ステークホルダーとコミュニケーションを取っている。経営指標設定の目的は、究極的には目指す姿の実現、企業価値の向上である。そのため、施策がきちんと実行できているかどうかが、社内外から見て理解できるものでなければならない。だからこそ、経営指標にどのような理由で何を設定するべきか、どのくらいの水準に設定するべきかという議論は非常に重要となる。本ステップでは、企業価値向上の側面に焦点を当て、経営指標の設定について説明する。

● 企業価値の主要なドライバーと経営指標の整理

全社経営指標は、目指す絵姿に向けたアクションの羅針盤である。社内的には、その組織に所属している全員が同じ方向を向いて目指す目標となるもの、経営や業績管理の起点となるものでもある。そして対外的には、株主や投資家と会話するための共通言語となる。そのため、自社の成長ストーリーを踏まえて多角的・網羅的に設定する必要がある。

具体的には、目指す絵姿、全社・事業戦略、事業計画、資本構成、資本コスト等を踏まえて全社経営指標の項目と水準を整理する。だが当然、組織に属するすべての人が同じ業務を行っているわけではない。職掌や業務内容はそれぞれ異なることから、個人に合った指標を設定しなければならない。ただし、個人に設定される指標は、最終的に全社経営指標とつながり、整合している必要がある。個人がそれぞれの指標や目標を到達できるような行動をとることによって、企業全体の価値も高まっていくからである。

ここで改めて、企業価値について確認する。一般的に企業価値は、将来キャッシュフローの割引現在価値と定義されている。それを計算式（定常状態におけるDCF法に基づく計算式）にすると次のようになる。

企業価値＝投下資本×（ＲＯＩＣ－成長率）÷（ＷＡＣＣ－成長率）

計算式からわかるように、企業価値の主要なドライバーは「投下資本の規模」「加重平均資本コスト（ＷＡＣＣ）との対比のなかで資本効率を表すＲＯＩＣ」「成長率」の三つである。ここでいう「成長率」とは、企業に帰属するフリーキャッシュフロー（Free Cash Flow to the Firm）の成長率のことである。また、投下資本とＲＯＩＣの積はみなし税引後営業利益（ＮＯＰＬＡＴ）となるため、投下資本の規模はみなし税引後営業利益の規模として表現することができる。したがって、投下資本１単位当たりの企業価値という視点でのバリュードライバーは、「ＲＯＩＣ」「成長率」「ＷＡＣＣ」となる。

以上から、一般的には以下のような経営指標が用いられている。

- **収益力**：売上高や営業利益、経常利益、ＥＢＩＴＤＡ、当期純利益、キャッシュフローなどの規模を表す指標（売上高と利益率を個別に目標として設定することもある）
- **資本・資産効率性**：ＲＯＩＣ、ＲＯＥなど

- **成長性**：〇〇年までのＥＰＳ、売上高、利益の成長率〇％、当該成長の基礎となる投資キャッシュフロー〇〇円など
- **安全性**：格付目標水準とそれに関連するＫＰＩ、自己資本比率など

これらの指標は社内管理という点からも、企業価値を実現していくために資金提供者に訴求していくという点からも重要だ。投資家の意見としては「ＩＲ開示が乏しい企業はそもそも評価困難である」というのが一般的だからである。

ＰｗＣの経験からいえば、長期投資家も対象会社を適切に評価するために、ＣＦＯや経営陣に対して業績と将来計画を透明性高く説明することを求めることがある。その際、自社のポートフォリオと事業セグメントが適切に説明できていればいい。だが、経営陣の理解の曖昧さや、好調な事業の裏に一部の不採算事業が隠れていることなどが露呈すると、各事業価値の単純和を下回る価値評価に陥ることもある。かつて事業の多角化が実績を伴わない経営陣の保身とされ、コングロマリットディスカウントが広まったように、である。自社成長ストーリーを多面的に説明する経営指標の設定と充実した開示は、自社の価値の適切な評価のために不可欠といえよう。

● 投資家に向けた全社経営指標

投資家に向けた全社経営指標は、リスクコントロールの観点から、事業の理解に資する情報、短期的な業績の予見可能性に資する情報などを財務目標などと合わせて提供する。また、昨今では事業の持続可能性の観点から、GHG排出量や従業員エンゲージメントなどの非財務情報も重要性が増してきている（図表2－22参照）。

具体的な経営指標項目や目標水準を設定するには、より詳細な分析が必要になる。あるべき絵姿を語るうえで有効な経営指標を特定する分析、価値を創造する企業として競合他社のなかから投資家に選ばれるために行うべンチマークや資本コストに基づく分析などだ。

図表2-22｜開示検討の視点

	評価観点		具体的指標・内容
投資家の目線に入る	【前提】指標の継続性	開示の充実・情報量	● IR充実（法定開示以上の有効な開示） ・四半期ごとの決算説明会 ・決算プレゼン資料
		予見可能性	● 事業のわかりやすさ ● 業績のブレの予見に資する情報提供
▼		資本効率性	● ROIC、ROE、ROAなど
投資家に選ばれる		収益力・成長性	● EPS・売上・利益・キャッシュフローの絶対額や成長率など
		安全性	● 自己資本比率など
		非財務	● CO2排出量など

（出所）PwC作成

特に、効率性の指標であるROIC目標は資本コストを意識して設定する必要があり、加重平均資本コストを低減するような最適資本構成の分析や、事業別資本コストの推計による将来の全社資本コストに基づいた検討が必要である。また、全社ROIC目標を事業別に落とし込む際にも、全社ROIC目標をトップダウンで事業部へ配分する方法や各事業部の加重平均資本コストに一律または個別のスプレッドを加えることで設定する方法など、多様なアプローチがある。したがって、各社の実態に合わせて適切な方法を選択する必要がある。

● 財務モデルを構築し分析する

経営指標を整理した後は、現在の事業計画と財務戦略のもとで各種経営指標目標を達成できるのか、定量的な分析を行う。経営指標として目標を設定するだけでは意味がないからだ。ただし、一般的には、初期の全社・事業戦略と財務戦略では各種経営指標目標を達成することはできない。そこで、さらなる追加投資や施策等も考慮し、さまざまなシナリオ下における財務三表や各種経営指標の結果をシミュレーションできる財務モデルを構築して分析する。

財務モデルは、財務モデリングの結果として構築される。財務モデリングとは、分析対象となる企業、事業または事象を抽象化して収益構造を分析し、意思決定やコミュニケーションの基礎とする一連のプロセスのことをいう。具体的には、分析した収益構造をスプレッドシート上で四則演算などを使って再現し、シミュレーションする。

たとえば、電子レンジの売上高を計算する財務モデルを構築する場合、その構造は単価×売上数量と表現できる。仮に単価が2万円、売上数量が10個の場合、売上高は20万円となる（図表2－23参照）。財務モデルでは、単価と売上数量は可変的であることから、前提条件を変更すれば、変更後の前提条件に基づいて売上高が計算される。たとえば、競合他社との比較によって、電子レンジの価格が安すぎると考え、単価を3万円にしたとする。単価が上昇した分だけ売上数量は10個から8個

図表2-23｜財務モデルの概要

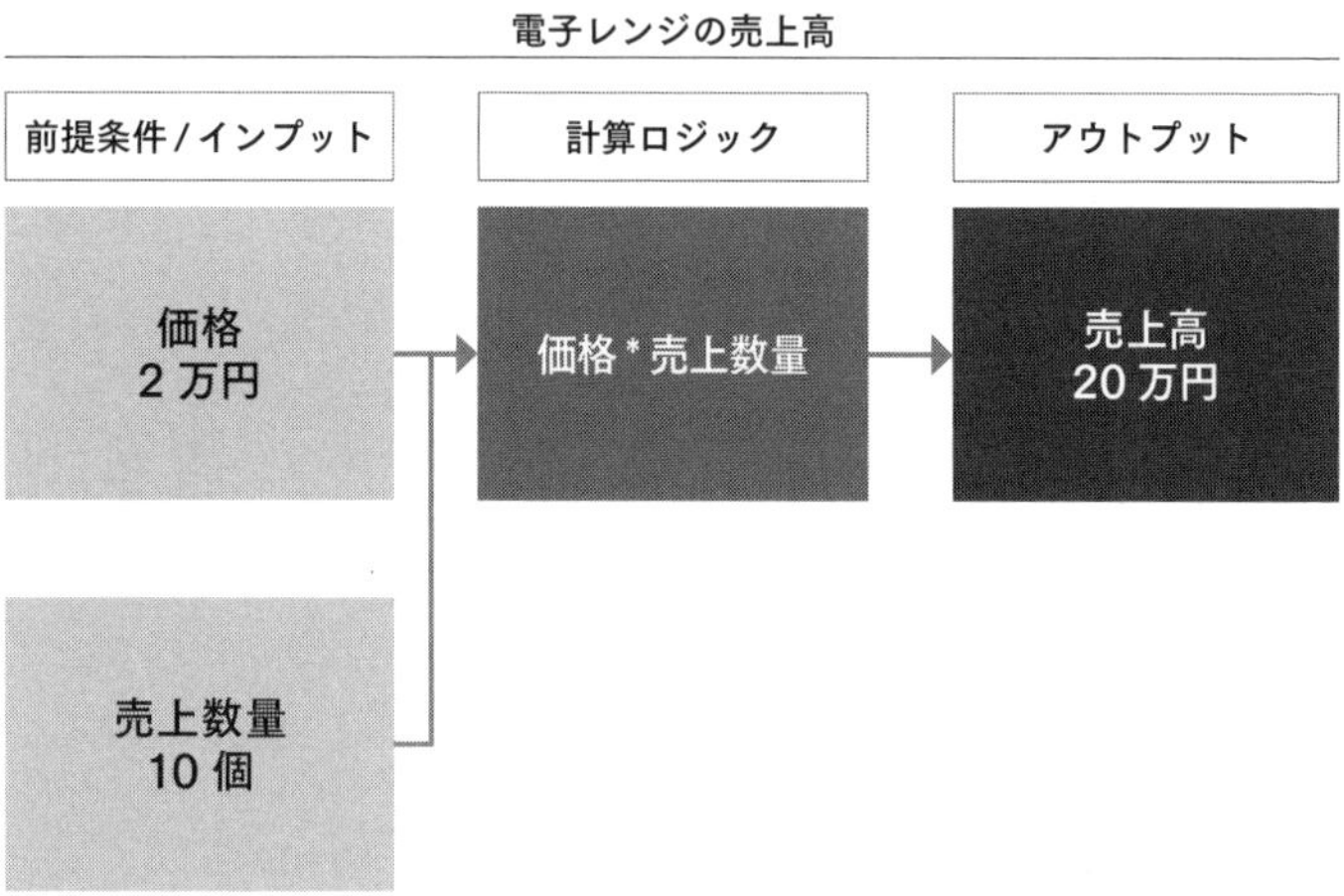

（出所）PwC 作成

に減少するものとしよう。そうすると、売上高は3万円×8個で24万円となる。仮に売上高の最大化が目標だとすると、単価は2万円ではなく、3万円にするべきだと意思決定ができる。また、売上高を3万円にした場合、売上数量は6個になるのではないかという議論も可能だ。この場合、売上高は18万円となるため、単価は2万円のほうがいいことになる。このように財務モデリングによって前提条件と論点を明確にしたうえで議論を行うことができ、コミュニケーションにも役立てることができる。

もちろん、この例は非常に単純化されている。現実的には、必要になる前提条件は単年の価格や売上数量だけではなく、時系列も含んだマクロ経済データ、財務・税務・法務・ビジネスなどの専門的見地による分析結果、取引構造の影響など多岐にわたる。また、アウトプットについても、売上高のような単純なものではなく、財務三表やリスク・リターン指標、各種財務指標など、必要なものが正確に計算されなければならない。

さまざまな専門的知見を束ねて定量分析を行い、コミュニケーションと意思決定をリードする財務モデリングは知の総合格闘技であり、高度な専門性が求められる。財務モデルの構築方法についてもグローバルでガイドラインが検討されており、目的ありきで、透明性（誰にでもわかるシンプルさ）、正確性、柔軟性（さまざまな前提条件での分析を可能にする性質）を兼ね備えた一貫性のある財務モデルの構築が推奨されている。

財務モデルはスプレッドシートと四則演算というなじみのあるツールを使用するために、一見すると容易に見える。だが、それとは裏腹に、90%のスプレッドシートには重要な誤りが含まれているという研究結果もある。世界の有名企業や一流大学において、わずかなセルの入力ミスや計算誤りによって、数千億円から数兆円以上の規模で計算ミスが生じ、多大な損失が生じていることは念頭に置いておいたほうがいいだろう。

高度な専門性に基づく財務モデリングのスキルは、全社経営指標の整理と達成可能性の検討の文脈でも大いに活用される。たとえば、

図表2-24｜柔軟で頑強かつ操作性の高い財務モデルのイメージ

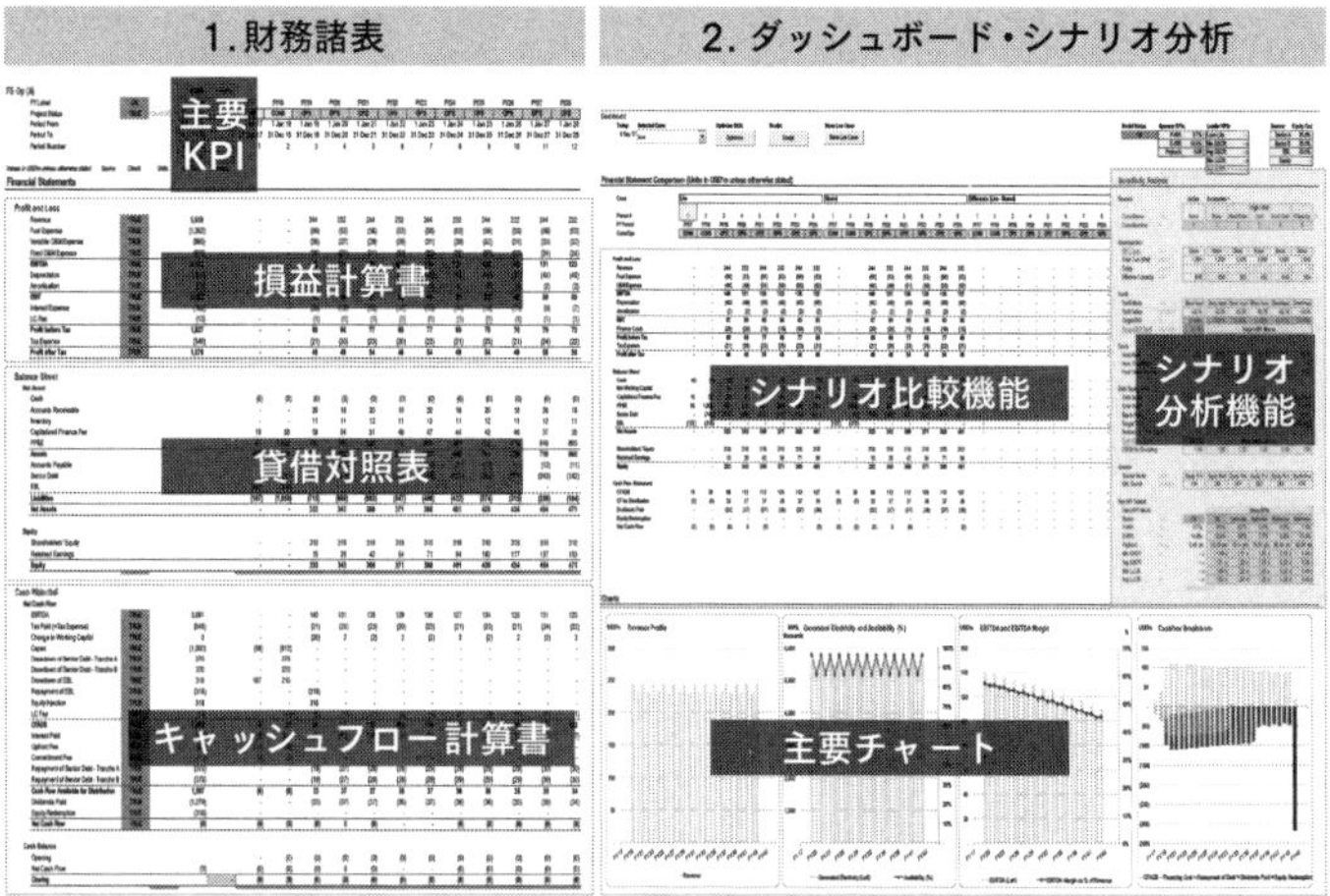

（出所）PwC作成

各事業部が検討した計画をそのまま達成しただけでは、経営指標の目標を達成できないとする。そうなると、事業計画の見直しが必要となり、将来の事業構成や必要な資金額は変動する。その結果、資本構成が変わり、資本コストが増減することになる。そこで、変更後の計画のもとで経営指標の目標を達成できるか、また変更後の資本構成が検討した最適資本構成のレンジに収まっているかなどを確認する。このような有機的なプロセスを何回も回して、全社・事業戦略と財務戦略を昇華させていくためには、こうした分析に耐えうる透明性、正確性、柔軟性を兼ね備えた財務モデルが必要となる（図表2－24参照）。

(E) ROICを活用した事業ポートフォリオの検討および資産効率性の改善

本章「事業ポートフォリオを考えるうえでのROICの活用方法」で説明したように、昨今ではROICが過度に偏重されているきらいがある。ただし、事業ポートフォリオの検討に使われるような指標には通常、ROICのような資本効率性の指標が含まれており、ROICを正しく意識するのは非常に重要なことだ。

ＲＯＩＣの主な活用パターンには、動的な意味では事業ポートフォリオの入れ替え、静的な意味では既存事業のＲＯＩＣ向上がある。事業ポートフォリオの入れ替えでは、ベストオーナーの考え方に基づいた事業売却や、ＲＯＩＣとＷＡＣＣの差額（いわゆるＲＯＩＣスプレッド）が中長期的にマイナスであることによる撤退なども考慮する。また、撤退基準の適用時には事業のライフサイクルも考慮しなければならない。たとえば、新規事業に対しては、成熟した事業とは異なる基準を適用するなどが考えられる（本章「（Ｃ）キャピタルアロケーションの策定と資本コストを意識した投資評価管理制度」参照）。

一方、既存事業のＲＯＩＣ向上では、まず

図表2-25｜ROICツリー（イメージ）

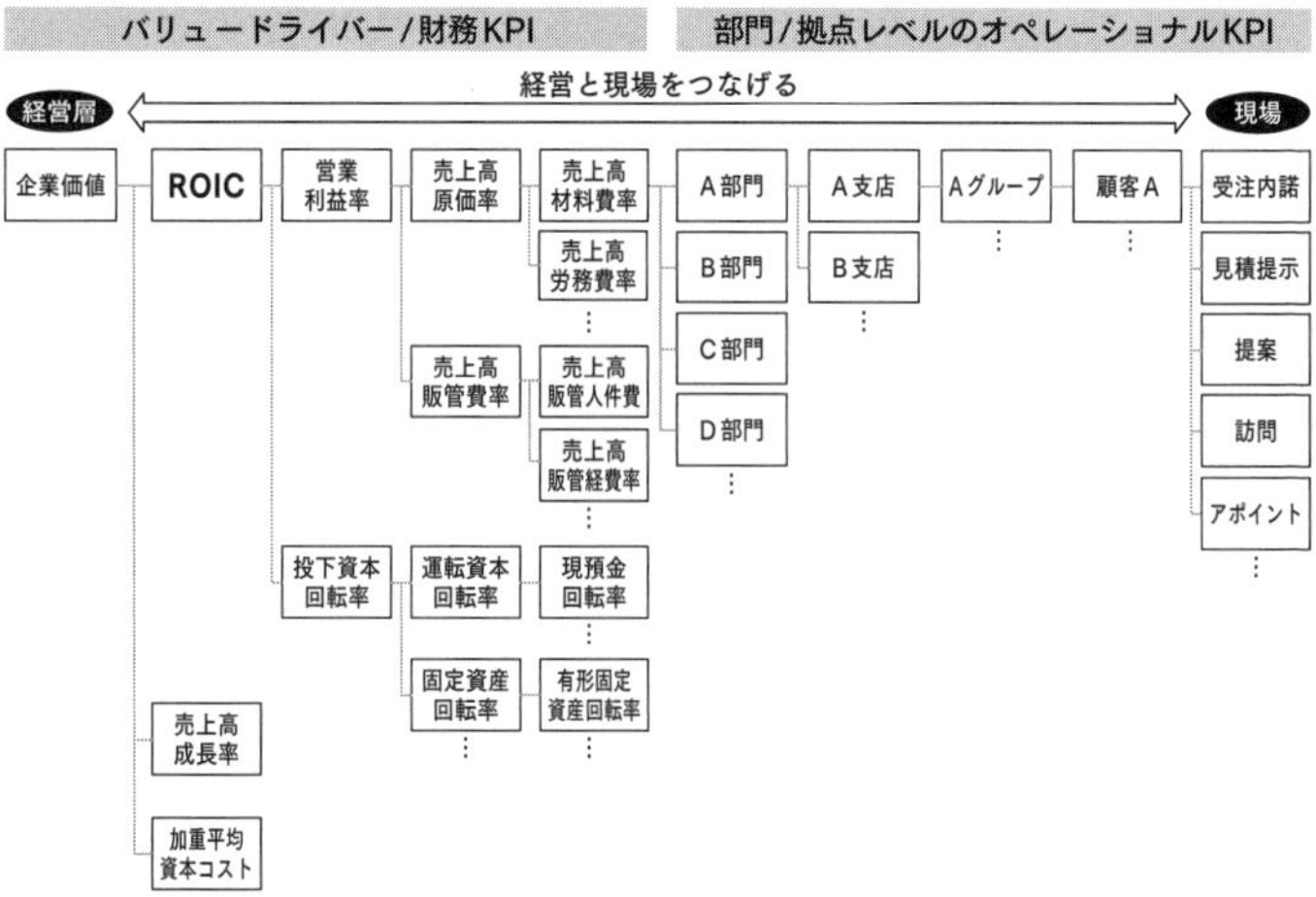

（出所）PwC作成

ＲＯＩＣをＲＯＩＣツリーに分解して、現場のＫＰＩにまで展開する（図表2－25参照）。経営層が見ている経営指標を現場レベルのＫＰＩまで落とし込むことで、現場の日々の行動がＲＯＩＣの改善につながるのである。ポイントは、経営層と現場をつなぐことにある。そのためには、ファイナンスの専門家ではないメンバーも含む経営層から現場まで、このＲＯＩＣツリーを理解・納得してもらわなければならない。既存事業のＲＯＩＣ向上では、全社が同じ方向を向いて、それぞれが日々のアクションを行うことが重要であり、中長期的な目線での浸透が不可欠なのだ。ＰｗＣは、設計・構築の視点だけでなく、導入・運用の視点も重視している。

ＲＯＩＣ経営で広く知られているような企業では、現場の目線がＲＯＩＣ向上にどうつながるのかというボトムアップ型のツリー分解も行っていることがある。また、平易な言葉でやるべきことを定義し、何年にもわたって準備や浸透活動を行うなど、一朝一夕では達成できない経営管理体制を確立した事例もある。だが、ＲＯＩＣはあくまでも効率性の指標である点を忘れてはいけない。68ページのコラムでも説明したように、ＲＯＩＣの限界を理解したうえで適切に設計、構築、導入、運用していく必要がある（図表2－26参照）。

図表2-26 ROIC導入の流れ(例)

	主要論点	視点	論点の概要(例)
1	定量評価指標と評価ポリシーの整理	設計・構築の視点	●事業評価に用いる指標の選定 ●戦略的位置付けに応じた、評価指標の軽重ポリシーの設計
2	ハードルレート設計		●評価粒度と事業リスク相違度を踏まえたハードルレート設計 ●戦略的位置付けも踏まえて、納得感の獲得を意識した調整
3	ROICの整理		●ハードルレートや目的と整合したROICの定義 ●共通項目の配賦ポリシーの整理 ●社内取引に係る利益・コスト負担の整理
4	KPIとしての市民権の獲得	導入の視点	●導入展開を担う執行役員や事業部長の理解醸成、協力の獲得 ●ROICツリー分解と本部/事業部個別施策・KPI設定 ●業績評価や人事評価への組み入れ要否の検討
5	PDCAプロセスへの組み入れ方	運用の視点	●活用場面の検討 ●データマネジメントツールを活用した分析プロセスの自動化/省力化
6	コミュニケーション		●内部情報とのギャップを含む投資家の視点の理解 ●企業価値を正しく伝えるためのプランの策定および実行

(出所)PwC作成

（F）統計的な手法に基づく事業ポートフォリオの検討

ファイナンス目線を備えた事業ポートフォリオの最適化とは、リスクに見合うリターンを上げられているか、十分な成長性が見込めるか、ということである。このような議論では、金融工学的なアプローチを用いることがある。定量的なデータを参考にすることで、客観的な目線で議論ができるからだ。ここでは、一例として「有効フロンティア」の分析手法を紹介する（図表2-27参照）。

「有効フロンティア」は、目指すべき姿を実現する選択肢のなかで、最も有利なものを結んだ曲線を用いて分析するという手法である。金融工学でよくいわれる、アセットアロケーションの考え方を事業や投資に応用したものだ。「有効フロンティア」では、まず各事業のリスクとリターン、そのバランスを分析する。次に、事業ポートフォリオ全体での投資可能額、各事業の最大・最小投資残高等を設定する。最後に、一定の制約条件下で最適なリスクとリターンの組み合わせを算出する。簡単にいえば、目標とするリターンを達成する組み合わせのうち、リスクが最小となる事業の組み合わせ（リスクとリターンのバランスが最適化された組み合わせ）を統計的に分析す

図表2-27｜統計的手法に基づく事業ポートフォリオの検討

■ 有効フロンティア

事業ポートフォリオの目標リターンを設定し、その目標値を達成する事業の組み合わせのうち、リスクが最小となるものを算定

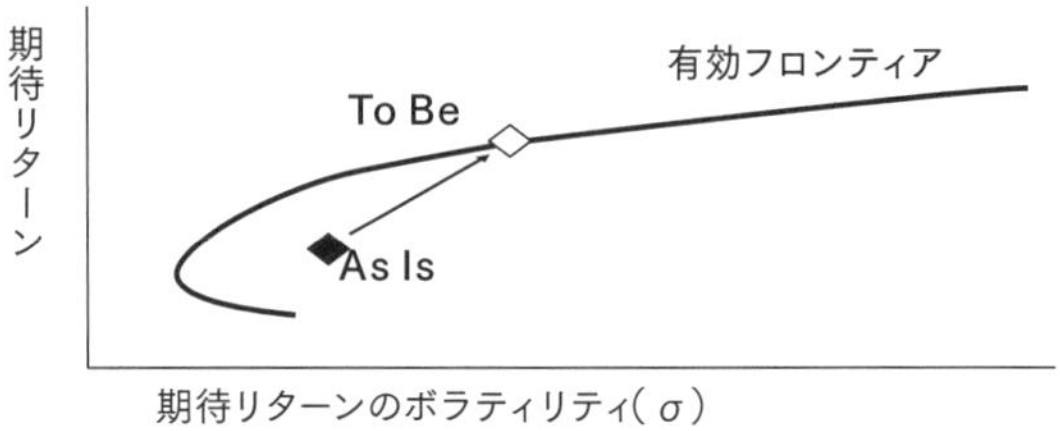

■ 資産の入れ替えブリッジチャート

現状の投資残高を出発点として、各事業の投資（撤退）額を視覚化し、キャピタルアロケーションを明確化

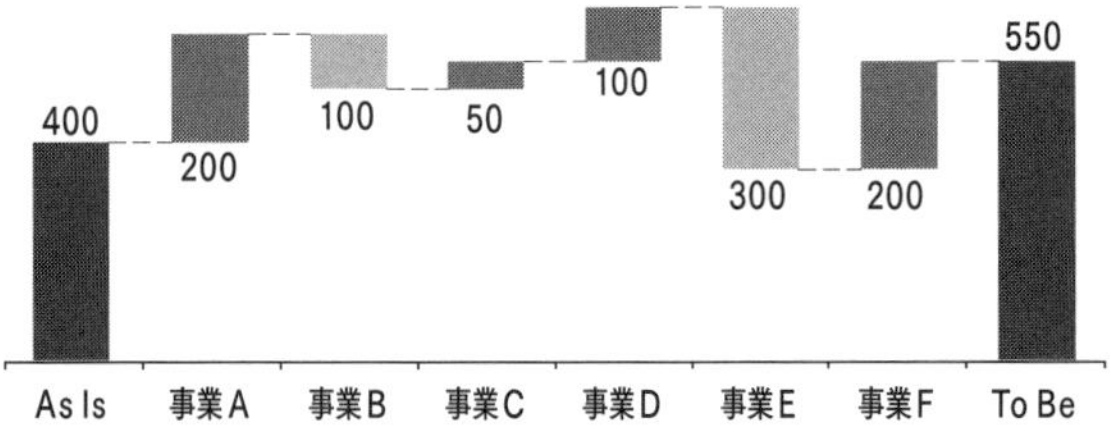

■ 事業構成割合の変化

現状の事業ポートフォリオの構成割合を出発点に、どの事業分野を拡大・縮小するかを含めて、将来の絵姿を可視化

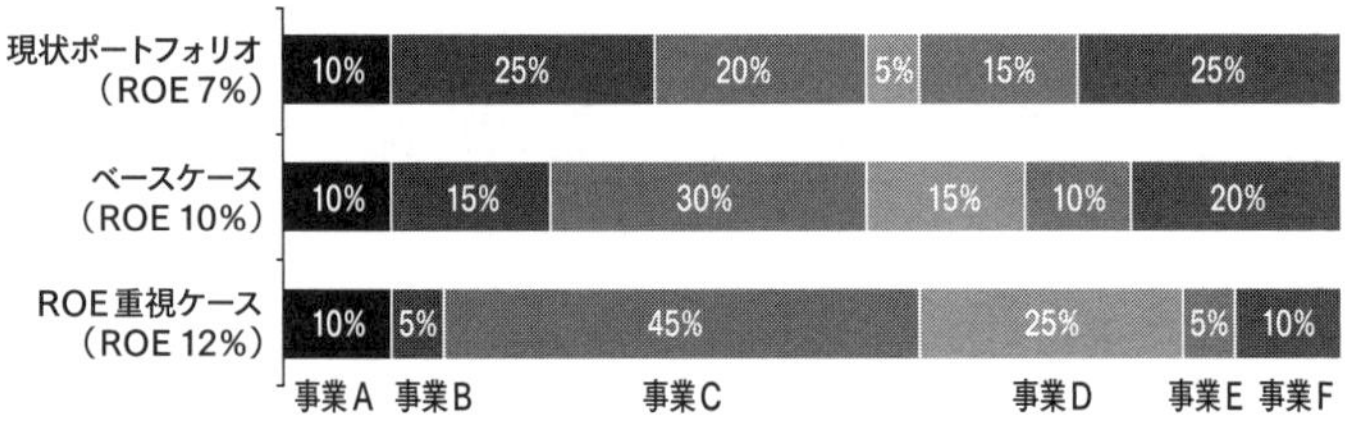

（出所）PwC作成

るのである。

目指すべき事業ポートフォリオは「有効フロンティア」の分析結果も活用して決定されるが、その際、コミュニケーションのためにも現状の投資残高を併せて可視化しておく。当然、両者の間にはギャップがあることから、現状の投資残高を起点として、どの事業を拡大し、どの事業を縮小すべきかについて整理し、各事業の優先順位付けの議論に活用する。

ただし、これらのアプローチはすべての業界に容易に適用できるわけではない。適用しやすい業界は、たとえば、資源価格などの限定的な指標によって企業のパフォーマンスが大きく影響される業界などだ。そうした業界では、資源価格等の将来的な価格レンジを統計的に分析し、それに基づいてリスクを測定するといったことも行われている。また、不動産投資や金融投資のように、類似する投資が複数あり、入れ替えも比較的容易な領域にも適用しやすい。事業の収益構造が比較的単純で、リスクとリターンについても統計学的な考え方になじみやすいからだ。

事業ポートフォリオ戦略と財務戦略を融合させている事例

最後に、ファイナンス目線も考慮した有効な事業ポートフォリオ戦略の事例をいくつか紹介しよう。ケース2-2は日本の総合商社、ケース2-3は海外の製造業、ケース2-4はESGの要素も取り入れた事例である。なお、ケースで取り上げた事例は趣意の変わらない範囲で一般化して紹介している点については留意いただきたい。

ケース2-2：総合商社の事例

総合商社の事業ポートフォリオ管理と投資評価管理手法は、経営環境を踏まえて常に変化し続けている。導入時期や運用方法の詳細に差はあるものの、どの企業も比較的近いものとなっている。多種多様な業種と国・地域への投資収益が源泉となっている事業特性から、特に他業種の事業会社に比べて先行している印象のある①事業リスクに応じた期待リターン、②ポジティブな撤退基準、③リスクアセットを意識した資本構成の検討について、複数の総合商社の事例を紹介する。

まず、①の事業リスクに応じた期待リターンから紹介しよう。昨今では、大手上場企業のなかでは一般的になりつつあるものの、いち早くカントリーリスクや事業の成長フェーズも加味した業種別ハードルレートを投資案件実行時の承認審査に採用したのは総合商社だ。ただし、事業部一律ではなく、案件ごとにゼロからハードルレートを検討するという形での採用である。また、後述する事業ポートフォリオや投資案件のモニタリングにおいても、使用する案件ごとの資本コストを定期的に更新している。

ところで、総合商社では脱炭素化の潮流の影響を強く受ける資源・エネルギー領域のエクスポージャーが高い。そこで、社内炭素税込みで投資採算を算定したり、クリーンエネルギーに向けた戦略的意義から各事業の位置付けの見直しを求めるROIC－WACCスプレッドに変化をつけたりするなどの施策も検討している会社もある。

次に、②のポジティブな撤退基準を見ていこう。撤退基準は止血を目的として設定されていることが多く、「当期純利益3期連続赤字」というのが多くの企業で一般的に見られる撤退基準である。一方、総合商社はある意味では手掛ける事業領域に対する制約が限りなく低いこともあり、自社にとって投資効率のよい領域・案件に事業資産の入れ替えを行っていくインセンティブが高い。このような背景から、総合商社のなかにはエコノミックプロフィットの創出状況、すなわち経済的付加価値（ＥＰ）や同様の趣旨ではあるがＲＯＩＣ－ＷＡＣＣスプレッドが一定期間赤字やマイナスであることを撤退基準に含めているケースもある。また、毎年ＤＣＦ法を用いたバリュエーションを実施し、ピークアウト（現在のバリュエーションが一番高く、今後自社が事業を継続しても価値をさらに上げる余地がない）判定を実施して撤退検討の一助とするケースもある。

なお、ここでは「自社にとって」という部分がポイントとなる。他のオーナーの手に移った場合には、同オーナーの保有資本の活用によってはバリューアップの余地があることから、総合商社の手を離れる事業にとってもポジティブな撤退ということになる。

最後に、③のリスクアセットを意識した資本構成の検討だが、これは前述した最適資本構成の検討における視点の一つであるリスク量については、バーゼル規制で管理されている金融以外の業種では必ずしも検討の優先順位が高い項目ではない。ただし、総合商社は事業投資だけではなく、コモディティトレーディングにおけるデリバティブ資産など他業種・地域に対してさまざまな形でのリスクエクスポージャーを保有している。その意味では金融機関に近い側面があるため、リスクアセットに対して一定のバッファーを持たせる形で、自己資本のあるべき水準を設定するケースが多い。事業ポートフォリオの検討においても、会社全体でのリスクアセットを踏まえた議論を実施したり、事業領域ごとの投資残高に対してリスクアセットを踏まえた一定のキャップを設けて管理するケースも見られる。

ケース2−3：海外製造業

ある欧米系製造企業は電信・電子機器の製造会社としてスタートし、現在ではデジタル技術やヘルスケアを中心に事業展開するリーディング・テクノロジー・カンパニーとなっている。同社では、利払い前の税引後利益を平均使用資本（有利子負債と純資産の合計）で割ることでROCE（使用資本利益率）を計算し、これに一定の調整を加えたものを経営指標としている。

同社では将来予測の取り組みを実施し、その将来予測を基に中長期的な戦略の構築（(A)目指す絵姿の検討)、厳格な事業撤退基準の運用（(C）投資評価管理制度）により、事業ポートフォリオの最適化（(E）事業ポートフォリオの検討）を積極的に行っている。売上成長率や利益率などの各種財務目標を設定するだけでなく、資本効率を意識した経営を行っているのである。経営指標には独自の調整を加えたROCEを用い、3〜5年の周期で15〜20%を目指す水準としている。また、ROCEを賞与計算にも反映させることで、インセンティブを与えるようなガバナンスを行っている（（D）全社経営指標の整理と達成可能性の検討）。さらに、同社は持続可能な収益および利益は健全な資本構成に支えられるとし、純有利子負債EBITDA倍率の指標を用いて資本構成をマネジメントしている（（B）最適資本構成の検討）。

図表2－28は、同社の事業セグメントの推移である。201X年ではA事業が全体の約3分の1を占めていたが、202X年には同事業をスピンオフし、非連結化している。一方、201X年においてもう一つの主力事業であったB事業は細分化し、デジタル関連への投資やプラットフォームの展開を加速化し

図表2-28｜海外製造業の事業ポートフォリオの変遷

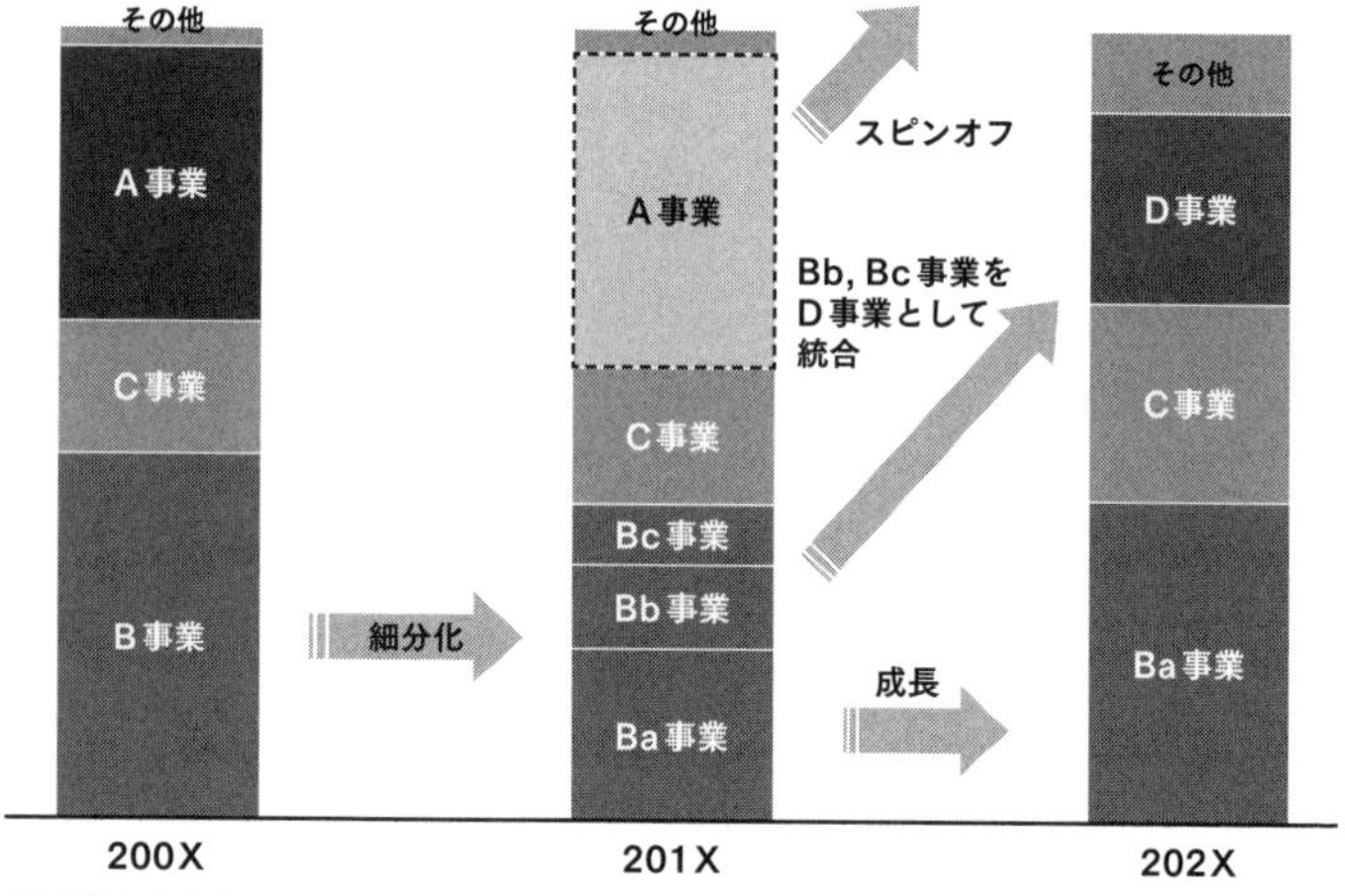

（出所）PwC作成

ている。なかでも、201Y年前後に取り組みを開始したBa事業は、202X年には主力事業といえる規模に成長している。過去10年で見ても、同社の事業セグメントは大きく変わっており、これこそ事業ポートフォリオ最適化を実行した結果だと思われる。

同社では、事業セグメントの最適化にM&Aを積極的に活用している。**図表2-29**は同社のM&Aの買い案件と売り案件の推移を追ったものである。同社は買収だけでなく、売却にも積極的に取り組んでいる。日本企業にありがちな3期連続赤字に基づく撤退のような消極的な撤退検討ではない。自社のありたい姿に基づいたポジティブな撤退基準を持ち、絶えずあるべき事業ポートフォリオの検

図表2-29 | 海外製造業のM&A件数

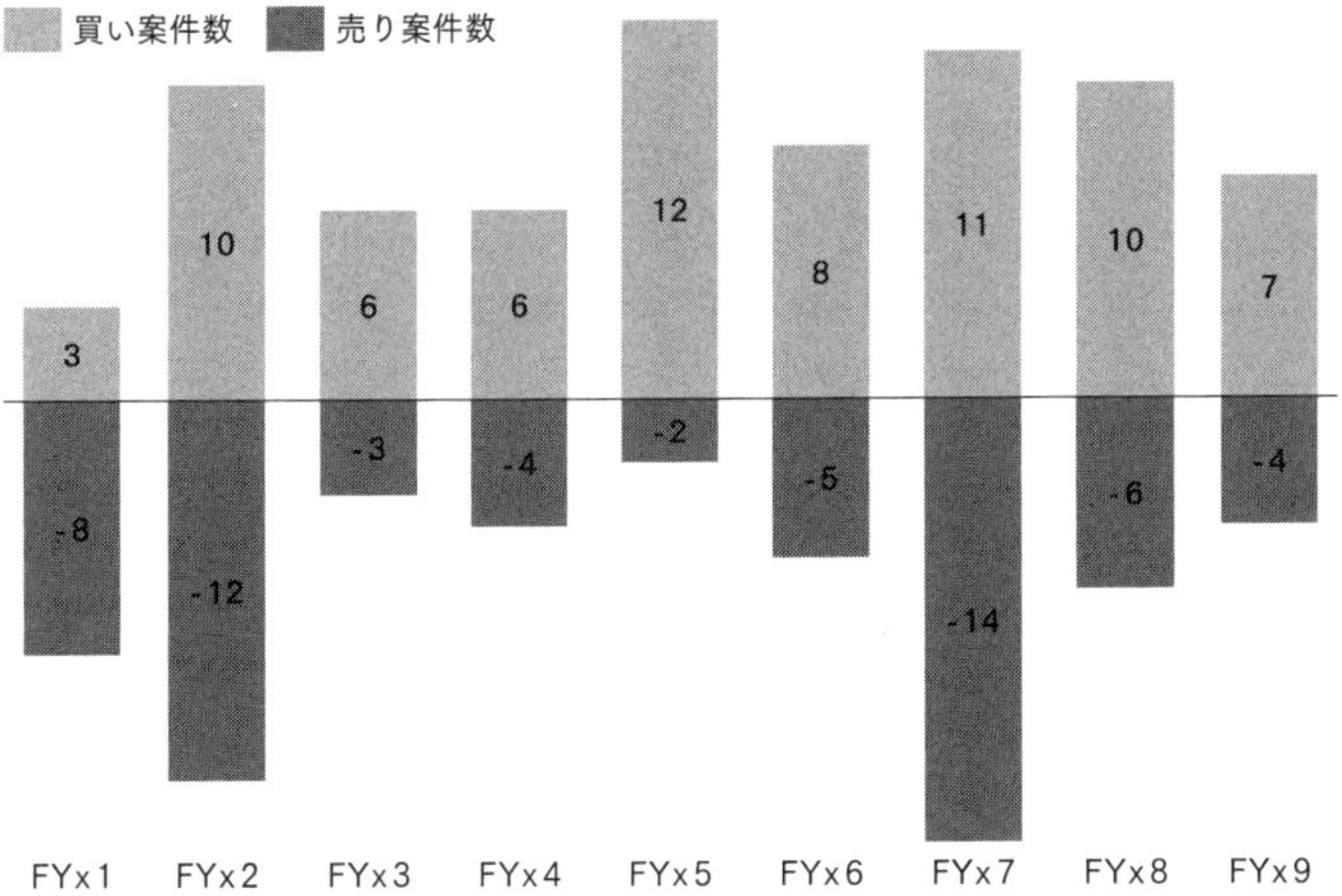

（出所）PwC作成

討を行っている。これらのことから、同社は事業ポートフォリオ戦略と財務戦略をうまく融合している事例といえる。

ケース2-4：ESGも踏まえた事業ポートフォリオの最適化

従来型の事業ポートフォリオ管理で参照されるのは、成長率やROICスプレッドのような財務指標である。そのなかで昨今のESGへの機運の高まりを受け、事業ポートフォリオ最適化の議論にESG要素を統合して検討する企業が出てきた。だが、ESGと企業価値の因果関係は証明されたとはいえないし、筆者の知る限り、現時点において世界的に合意された体系的なアプローチもまだない。

ESGで特に喫緊の課題とされているのが、気候変動問題である。地球温暖化の進行によって平均気温や海面水位の上昇、世界規模での異常気象、生態系への悪影響など人類の生活や企業活動が甚大な影響を受けるためである。近年では、そうした影響を数値として財務影響を可視化するために、カーボンプライシングの議論が活発化している。各国・地域は脱炭素社会の実現を目指して、企業などが排出するCO_2（カーボン、炭素）に価格をつけることで排出者の行動を変えようと、炭素税、排出量取引制度、クレジット取引などのカーボンプライシングを政策として取り入れ始めている。しかしながら、事業活動を通じたＧＨＧ排出量削減には大きなコストが生じる。

こうした潮流を受けて、ビジネスモデルや事業ポートフォリオを再考せざるを得ないほどの財務影響が生じる企業が出てきた。その一方、自社内で独自にカーボンプライシングを設定するインターナルカーボンプライシング（ＩＣＰ：社内炭素税）制度を導入する企業も増えている。ＧＨＧ排出によって将来的に生じるコストを把握したり、脱炭素の価値の可視化を通じた取り組みを推進するためだ。

ＩＣＰの活用方法としては、個別の投資案件における投資評価に用いられるケースと、事業部や子会社といった事業ユニット単位で

図表2-30｜投資評価管理基準におけるICPの活用事例

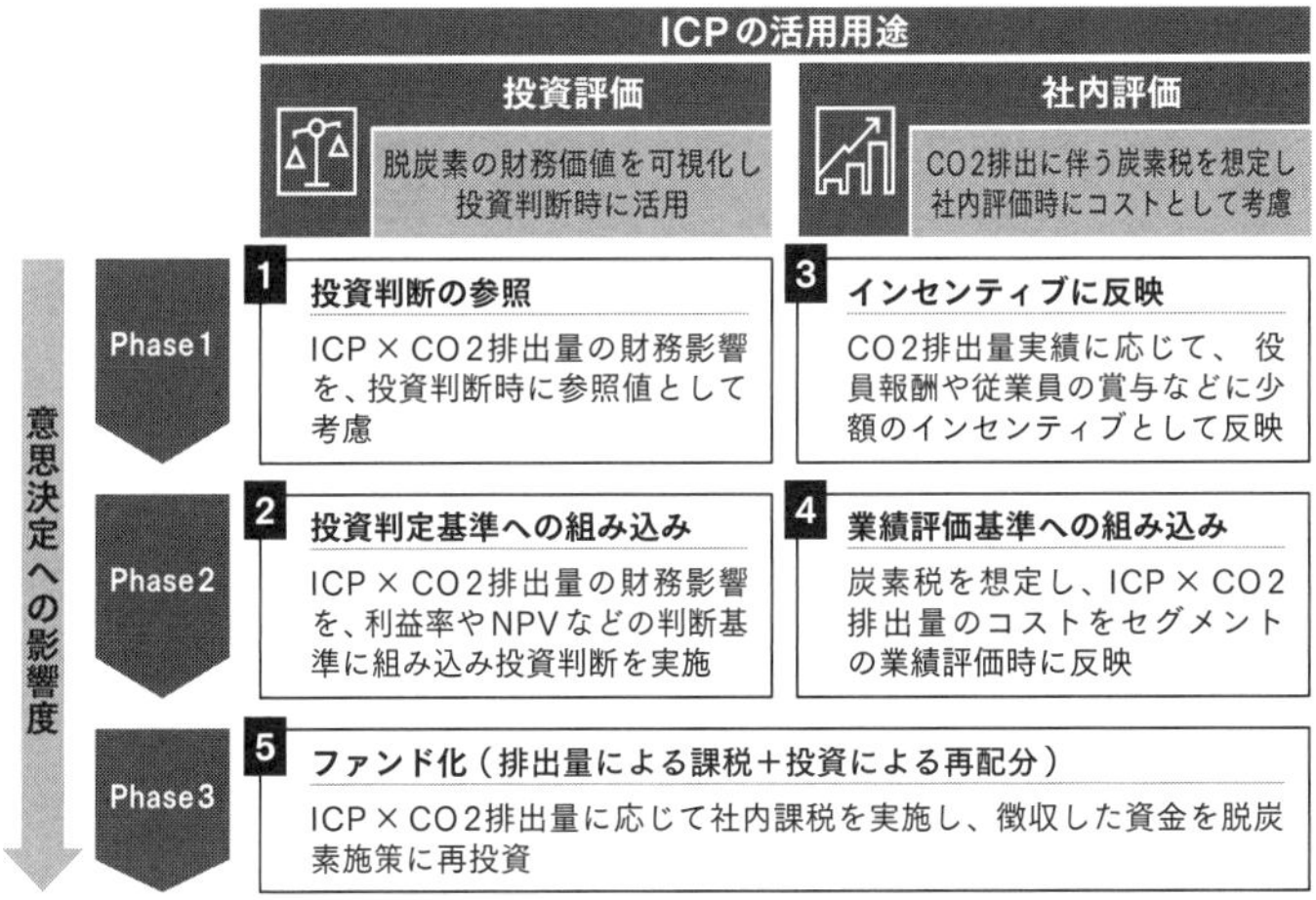

（出所）PwC作成

の社内評価に用いられるケースの二つに分けることができる（図表2－30参照）。投資評価では、その投資案件によって生じるCO_2排出量とICP設定価格をかけ合わせた財務影響を投資判断時の参考情報として活用する。また、企業によってはこの財務影響を投資判断基準に組み込み、想定利益率やIRR、NPVなどに直接的に反映させているケースも見られる。一方、社内評価では、社内の意識啓蒙《けいもう》を目的にCO_2排出量実績やその削減量をインセンティブとしている。

より進展している企業では、CO_2排出量とICP設定価格をかけ合わせた財務影響をコストとして事業ユニットごとの損益計算書に反映させ、業績評価を行うケースなども見

図表2-31｜事業ポートフォリオの評価にESGの視点も織り込んだ事例

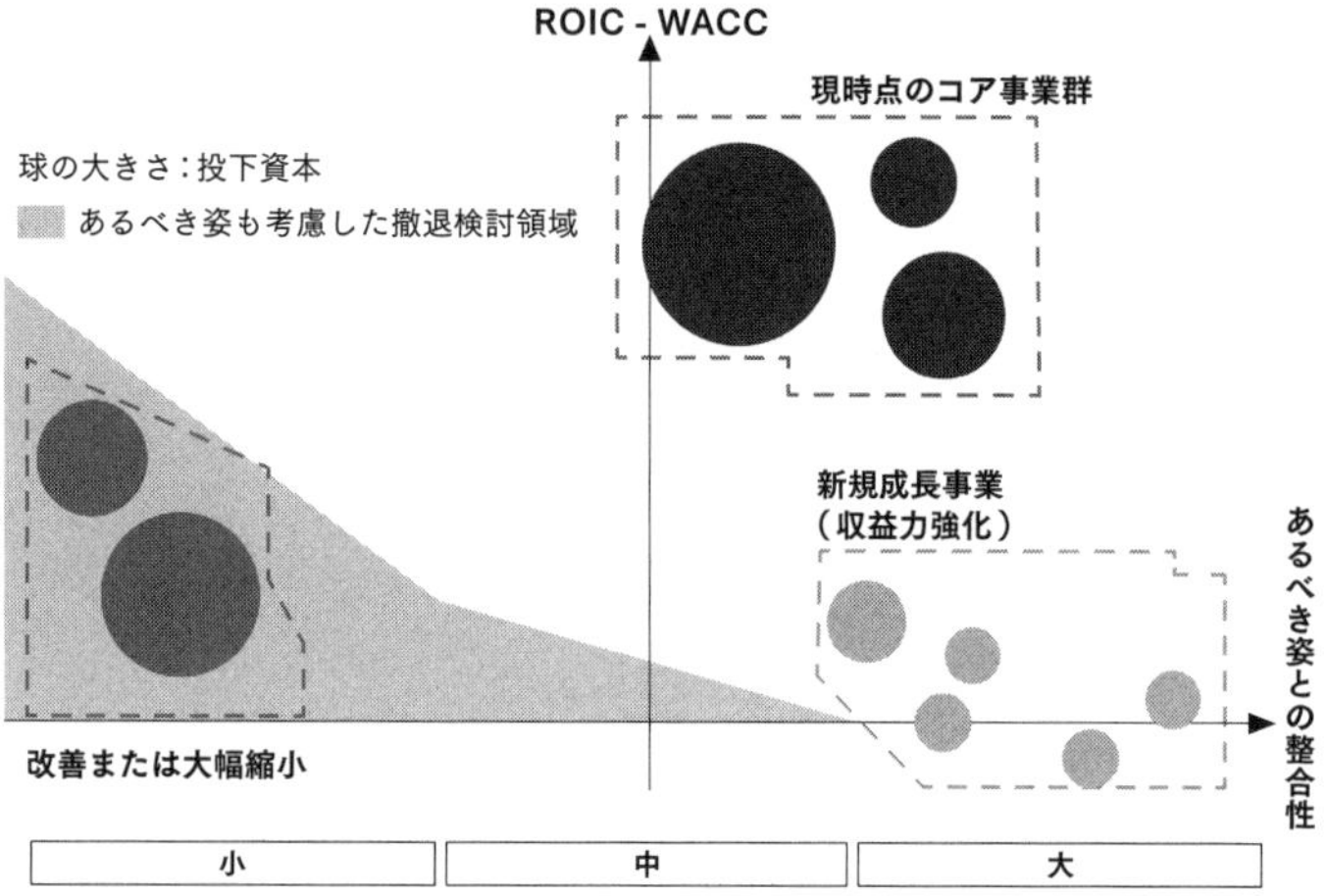

（出所）PwC作成

られる。さらに、各事業ユニットからCO_2排出量とＩＣＰ設定価格をかけ合わせた額を社内で徴収し、これを全社ベースでの脱炭素施策へ投じる資金とするファンド化を行っている企業もある。

筆者は、今後、このような事例の積み重ねによって、「予言の自己成就」としてＥＳＧと企業価値の因果関係を確立しようという取り組みがなされているものと解釈している。

その他、事業ポートフォリオの評価にＥＳＧの視点も織り込んだ事例としては図表2－31が参考になる。

まとめ

企業価値向上を図るために、ファイナンスの目線も備えたポートフォリオ最適化戦略が重要である。10年前に公表された２０１４年の伊藤レポートにおいてもＣＦＯ機能の拡充の必要性が指摘されており、また、伊藤レポート公表後10年間の振り返りと今後の方向性を検討する目的で開催された「持続的な企業価値向上に関する懇談会」の「座長としての中間報告」（２０２４年6月）

においても、「CFO機能の拡充は引き続き重要」であり、「CFOは経理・財務のみを担うのではなく、経営戦略の策定にも関わり、経営戦略に財務的な知見を加えることが期待され（中略）CEOや事業部門の意思決定を支援し、企業価値の向上に貢献する機能を果たすことが期待されている。（中略）経営戦略には、常に財務的な裏付けや予測を組み入れるべき」であるとして、ファイナンス目線を備えた企業価値向上のための議論の重要性が述べられている。

では具体的に、ファイナンス目線を備えた企業価値向上の議論とは何か。本章ではその問いに対するヒントを記載した。重要なポイントは、個々のパーツまたはファイナンスと事業をバラバラに考えるのではなく、目指す絵姿の下で、全社戦略・事業戦略、財務戦略、企業価値マネジメントを統合的に設計して実行していくことである。本章が日本企業における意識の高まりと企業価値向上に向けて少しでも貢献できれば幸いである。

第3章

ポートフォリオ戦略の成否を握るガバナンスの「連動」と「緩急」

- あなたの会社は「グループとして」経営できているといえるだろうか？
- 事業を担当する会社や部門に、それぞれの事業を任せきりにしていないといえるだろうか？
- グループガバナンスはきちんと効いているだろうか？

この三つの問いにすべて「イエス」と答えられるようであれば、第2章で説明した最適ポートフォリオ戦略を実行することによって、グループとして期待した企業価値の向上を実現することができるだろう。しかし、そうでなければ、ポートフォリオを入れ替えても、事業固有のポテンシャル以上には成長せず、必ずしも期待した企業価値の向上につながらないかもしれない。

投資家は最高のパフォーマンスを得られるように自身のポートフォリオの最適化を行うが、第1章で触れたホームメードカクテルの考え方を踏まえると、結果が同じならば情報の非対称性がより少ない事業単体に投資する。逆にいえば、投資家からの信任は、グループとしてのシナジーが生まれ、事業単独の場合よりも各事業の強みが発揮される状況になってはじめて得られる。投資家にグループ本体に投資してもらいたいのであれば、企業グループとしての企業価値を上げるしかないということだ。本章では、最適ポートフォリオ戦略の実効性を高めるグループガバナンスのあり方と取り組みについて、本社側と事業側とで視点を分けて解説する。

日本企業は企業価値向上への意識が希薄である

なぜ、日本企業はグループとしての企業価値向上を実現することができないのだろうか。主な要因に「本社が各事業の実情を十分に把握していない」「グループ経営としてのガバナンスが効いていない」などが挙げられるが、そもそも日本企業の多くは従来「事業価値向上」や「企業価値向上」への意識が希薄であった。たとえば、時間と資金をかけてある事業をM&Aで取得したとしても、買収前後で当該事業のパフォーマンスが変わらないとしたら、事業価値が向上したことにはならず、そのM&Aが成功したとはいえない。その原因は、多くの場合、本社側の消極的な姿勢にある。「事業を任せる」として、グループ会社の事業運営に関与しようとしない本社側の姿勢に問題がある。

だが、意識を変えることで、結果は変えられる。ある企業グループは、グループのなかで間接部門となっていた（価値を創出する部門と見られていなかった）事業をM&Aで束ね、そこから価値を創造して、グループ企業価値を向上させている。本社主導で事業の統合を適切に進めることで、その事業の価値は上がり、グループの企業価値も上げることができるのである。

ただし、グループ内の各事業会社をむやみに締め付ければいいというものではない。現在のビジネス環境は不確実性が高く、本社が各事業をコントロールしようとする手法では対応しきれない。何よりも、レジリエンス時代にはグループガバナンスの仕組みを整えるとともに、緩急をつけた経営がますます重要になってくる。

日本企業がよりいっそう成長していくためには、事業ポートフォリオの最適化と同時に、変化に応じたグループガバナンスの見直しが不可欠だ。そしてその見直しは、本社の本気さをグループ各社に見せることでこそ有効なものとなる。

経営方針とグループガバナンスの連続性（本社側の課題）

本社がすべき最も重要なことは、企業グループとしてどのように経営していきたいのかという経営方針を策定し、ありたい姿をグループガバナンスにまで落とし込むことである。ただし、事業ポートフォリオは固定されたものではなく、変化するということを忘れてはいけない。事業ポートフォリオの入れ替えによってグループの形が変われば、グループガバナンスも変えていかなくてはいけない。

しかしながら、ガバナンスの仕組みを作ったものの形骸化してしまったり、事業ポートフォリオが変化している一方でガバナンスは変わっていなかったりと、思ったように実効性を上げられない日本企業は多い。それでは、どのようにして自社にとっての最適解を探ればいいのだろうか。

それには、まず本社が各事業の位置付けを明確にすること、そして、その位置付けに応じて各事業会社に権限を移譲し、各事業の動きを後押しすることだ。

戦略とガバナンスを「連動」させる

最初のステップは、各事業の位置付けを明確にすることだ。これは、第2章で説明した事業ポートフォリオ戦略の実行プロセスそのものである。①事業の評価基準（投資評価管理制度）を定め、②その評価基準に対する状況をモニタリングし、③パフォーマンスが一定の評価基準を満たさず、撤退基準に該当する事業であれば売却・撤退するという判断を行う。このような仕組み自体がグループガバナンスの一部でもある。そして、それらは各事業をとりまとめる本社側でしか実施し得ず、本社の最も重要な役割の一つだ。

この評価基準をうまくワークさせるには、経営トップの強い意志が不可欠となる。評価基準を満たさない事業は売却・撤退するという意思決定を下し、それを確実に実行する強いリードが必要になる。これを本社主導で行わなければ、事業責任者が自身の担当領域を既得権化したり、解任されずにそのまま退任まで逃げ切ってしまうといったことも起こりかねない。そうなれば、事業ポートフォリオの入れ替えは進まなくなってしまうだろう。

事業ポートフォリオ戦略だけでなく、全社としての経営戦略とのつながりも意識する必要がある。経営戦略として何を自社のありたい姿とし、そのためにどのような事業領域をグループ経営の対象にするのか。たとえば、ある事業が戦略上のミッシングピースだとして、その穴を埋めるためにM&Aを行うのであれば、事業ポートフォリオの観点からも正しいといえる。だが、もし戦略適合性がないのであれば、そのM&Aはすべきではない。既存事業も、グループシナジーを創出して企業価値向上に寄与していなければ、ポートフォリオの入れ替え対象となり得る。経営環境が激しく変化する今、メインとなる事業ががらりと変わることもあるだろう。

特に昨今では投資家から事業ポートフォリオの見直し（一部事業の売却や分離上場等）を提案される機会が増えている。ある大手企業は、投資家からのこうした指摘に対し、保有する事業相互間の結びつき等により、当該事業を保有することが自社の企業価値向上の観点から極めて重要であると説明した。逆にいえば、経営戦略とのつながりを説明できなければ、投資家を納得させることができず、いわゆるコングロマリットディスカウントに陥りかねない。これらも含め、事業ポートフォリオ戦略を検討するうえでは、経営とのつながりを意識することが重要である。

また、「各事業の位置付けを明確にする」ことは、遡《さかのぼ》れば企業としての価値観、いわゆる企業理念やパーパスにもつながってくる。たとえば企業と投資家の対話のためのガイダンスである「価値協創のための統合的開示・対話ガイダンス2・0（価値協創ガイダンス2・0）」（経済産業省、2017年策定、2022年改訂）でも、「価値協創」を加速させるために対話を行うべき情報として、「価値観」から「戦略」を含み「ガバナンス」に至るまでの関係性が図示されている。このように、グループとして一貫性のある経営をしていくためには、パーパスや価値観とガバナンスをつなげる必要がある。

価値協創ガイダンス内の概念図なども踏まえて価値観、戦略、ガバナンスの関係を整理すると、図表3-1のようになる。まず、一番上に順守すべきものとして価値観がある。それを踏まえて長期あるいは中期の戦略を策

図表3-1｜価値観、戦略、ガバナンスの関係

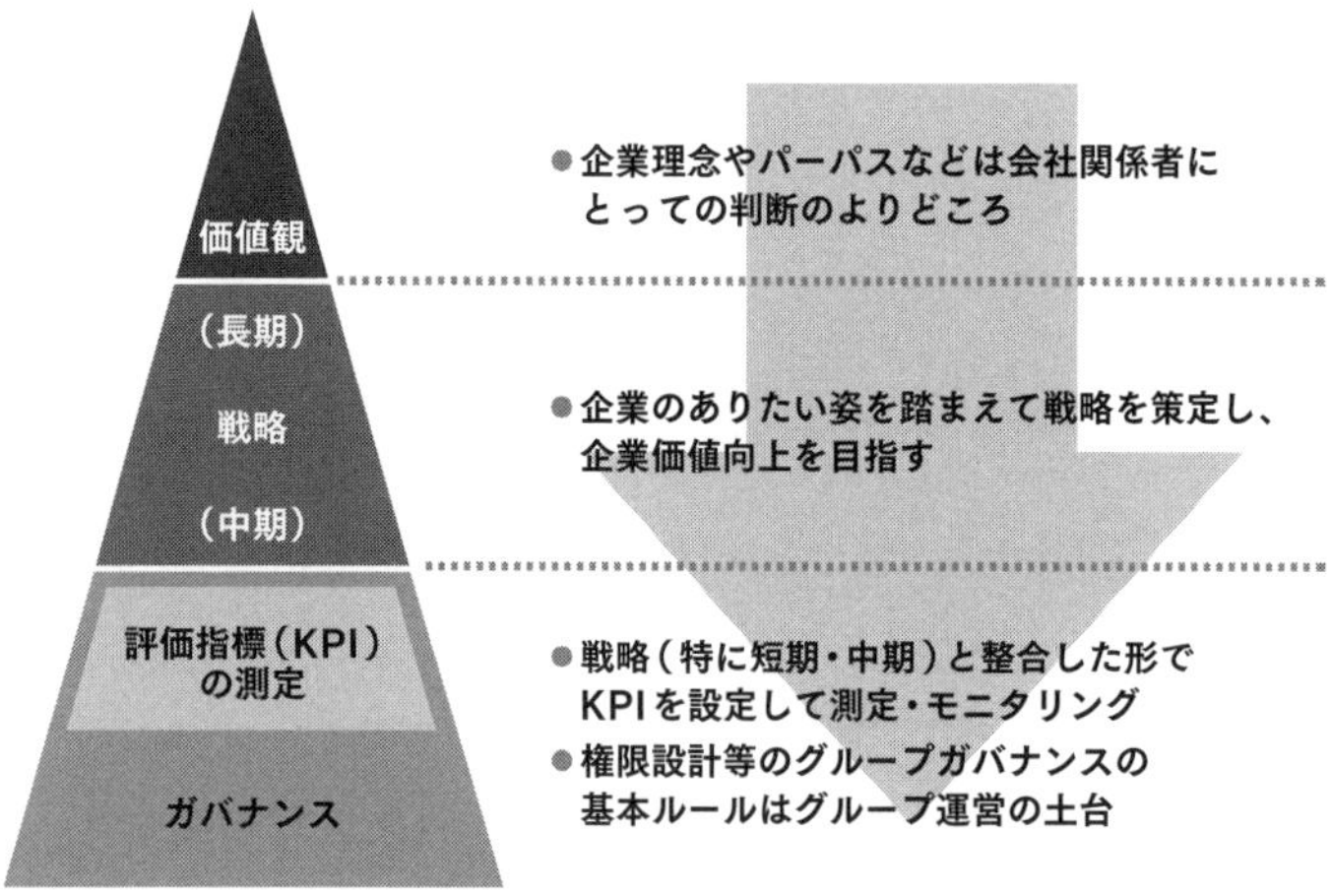

（出所）PwC作成

定し、具体的なオペレーションモデルが決まる。そして、評価指標なども含めた運営の仕組み、すなわちガバナンスとして一番下に落ちてくるという流れになっている。価値観から出発し、それに合った形のグループガバナンスはどうあるべきか、連続性を持った形で設計していく必要があるということだ。

実際に最近では、大企業を中心にグループガバナンスに関する基本原則や基本ポリシーを制定する動きも出てきている。それらは価値観や戦略といった経営方針を踏まえ、グループガバナンスにおける基本的な考え方を言語化したものだ。グループガバナンスを設計するときに、一貫性を持って個々の仕組みに落とし込んでいくことを目的としている。

権限移譲に「緩急」をつける

本社が各事業の位置付けを明確にしたら、次は決めた方針に基づいて各事業会社に権限を移譲する。通常、運営上の重要成功要因（ＫＳＦ）や事業を評価すべき指標（ＫＰＩやＫＧＩ）は、事業ごとに異なる。そのため、ＫＳＦやＫＰＩ等の事業ごとの特徴を踏まえたうえで、どこまで権限移譲するかを事業ごとに決定する。押さえるべきところは押さえつつ、意識的に移譲を進めなければならない。また、新規に買収した事業に対して、既存事業とまったく同じ水準での権限移譲を行うことは適切でないことが多く、注意が必要だ。

それでは、権限移譲にはどのような観点が必要だろうか。事業領域の多様性、事業領域間のシナジー、事業のステージ(スタートアップ段階など)、事業展開する地域、事業における法令規制の状況、事業子会社の管理体制の成熟度、事業子会社の取締役会構成(社外人材の活用状況)などは最低限押さえておきたい。このとき、本社が意識的に事業領域間の連携を取りたい(グループシナジー)領域は、あえて権限移譲を行わないこともある。

これらの観点ごとに、権限移譲を限定的に

図表3-2｜権限移譲において考慮すべき観点

	限定的な権限移譲（本社集権的なガバナンス）がよく見られるケース	権限移譲を推進する（各事業会社への分権的ガバナンス）がよく見られるケース
【事業を軸にした切り口】		
事業領域の多様性	専業に近い	多角化
事業領域間シナジー	シナジーを追求	シナジーは限定的
事業のステージ	安定段階	スタートアップ段階
事業展開する地域	単一国・地域中心（たとえば日本国内のみ）	多くの国・地域（地理的な多様性あり）
事業の法令規制の状況	規制が強い業種（※海外現地での情報収集が重要になる場合は各事業会社主導）	規制が少ない業種
【各事業（各社）の体制を軸にした切り口】		
各事業子会社の管理体制（その成熟度）	相対的に脆弱	相対的に強固
事業子会社の取締役会構成（社外人材の活用状況）	社外役員はおらず、子会社と親会社派遣取締役で構成	社外役員も入っており、取締役会として成熟

（出所）PwC作成

行う場合と権限移譲を推進する場合を整理すると図表3－2のようになる。ただし、実際には、限定的にするかそれとも促進するかの二者択一となるわけではない。それぞれの特徴を踏まえて判断を行うことになる。たとえば実際には、求める事業領域間シナジーは中程度、事業ステージは成長期、事業展開する地域はアジア地域のみ、事業子会社の管理体制は脆弱《ぜいじゃく》などといったケースもあり得る。グループの実情を踏まえた総合的な判断が必要となる。

なお、ここでいう事業子会社の取締役会構成とは、取締役会が正しく機能するための構成という意味であり、ポイントとなるのは子会社の取締役会に外部人材が登用されているかどうかだ。たとえば、子会社の事業が本社の事業とは関連性が低く、比較的独立性が高かったとしよう。その子会社の取締役会には外部取締役が入っており、健全な議論を通じて意思決定しているとしたら、それは取締役会として成熟しているといえるだろう。そうなると、本社としてもある程度の権限移譲をしても問題ないと判断する材料になる。しかし、社外取締役がおらず、事業の一側面に議論が終始するような場合、子会社として適切な意思決定ができない可能性があり、重要な意思決定を任せづらいという判断になるかもしれない。

● 権限移譲の実務に際してのポイント

実務的には、これらの考え方を踏まえてガバナンスをグループの規定・運用ルールに落とし込んでいくことになる。権限を移譲するということは、その責任も同時に移し替えられるということである。一般的に、企業は権限と責任の所在を明らかにした書面を保持している。書面の名称や形式に明確な決まりはなく、日本企業では「グループ（会社）管理規程」、外資系企業では「Delegation of Authority（ＤｏＡ）ルール」や「ＲＡＣＩチャート」といった名称で文書化することが多い（図表３－３参照）。

これらのルールに落とし込むことによってはじめて具体的な個別事案における取り扱いが明確になる。このときに重要になるのは、①「各機能領域（財務、法務、人事等）観点からの検討プロセスを経るようにする」こと、そして②「各関係者の役割分担を明確にしておく」ことである。

①は、起案内容が承認者に渡る前に、社内の各領域（財務、法務、人事等）の専門家に相談し、彼らの検証プロセスを経るということである。このプロセスを経ることで、検討すべき事項が抜けた状態で承認が行われることや、承認段階での指摘による手戻りを防ぐことができる。

②は、起案・実行責任者（例：事業トップ）、承認者（例：本社ＣＥＯ）、検証（検証を行う側：Validate）・相談（相談を受ける側：Consult）の各担当者を定めておくとともに、情報共有先は

上記とは別に、あくまで「共有」するのみにとどめておくということである。特に関係者が多い事案では、これを明確にしておかないと、関係者が各様の意見を述べることで意思決定の迅速性が損なわれることになる。

また、このような形で設計した規定をしっかりと運用していくことも重要になる。まず、起案・実行側と、検証を行う（Validate）・相談を受ける（Consult）側は、健全な緊張関係（ヘルシーコンフリクト）を持ちつつ、社内で活発に議論を行えるような状態を維持する必要がある。ポイントは、関係者全員が、健全な議論は企業の成長のために必要な要素であるとの意識を持つことだ。

関係者の意識という点では、以下のような

図表3-3　DoA表とRACIチャートのイメージ

【DoA 表のイメージ】

項目例	起案者	検証者 (Validator)	決定者
組織の制定、改廃	各 CxO	人事本部長	CEO
年度計画・予算	CFO	その他 CxO	CEO
役員制度の設定、改訂	人事本部長	COO	経営会議 / CEO
xx 円以上の設備投資	各 CxO	CFO	経営会議 / CEO
xx 円以上の貸付実行	各 CxO	CFO	経営会議 / CEO
x x	xx	xx	xx

【RACI チャートのイメージ】

項目例	親会社取締役会	取締役会	CEO	CFO	事業本部長	・・
組織の制定、改廃	-	I	A	R	I	・・
年度計画・予算	-	A	R	C	C	・・
役員制度の設定、改訂	A	R	C	C	I	・・
xx 円以上の設備投資	A	C	C	R	I	・・
xx 円以上の貸付実行	A	C	C	R	I	・・
x x	xx	xx	xx	xx	xx	・・

定義　R = Responsible / 起案・実行責任者　A = Accountable (or Approver) / 承認者
C = Consulted / 相談先　I = Informed / 情報提供先

（出所）PwC 作成

側面も重要だ。まず、起案・実行側は、検証・相談担当者の意見を尊重するという姿勢で臨む。一方で、検証・相談担当者は案件の可否を決める権限を持っているわけではなく、リスクを適切に低減しながら事案が進むように、コメントし相談を受ける役割であるという認識を持つことが求められる。承認・決定者は当然ながら、それまでの検討内容を総合的に勘案し、当該決定には責任が伴っていることを意識する必要がある。

ここで示した社内意思決定プロセスは、リスクマネジメントの取り組みの一部でもある。たとえば、新規投資（M&A）を含む各種の経営意思決定を行う際には、一般的に各専門領域からのリスク分析が行われる。リスク分析の結果、たとえば将来のビジネスプランや採算等に反映させるべき事項が識別されたら、それを定量化して将来キャッシュフローや割引率に反映し、影響を可視化することで、リスクを取り込んだ形で経営意思決定を行うことができる。結果として、全社としてのリスクマネジメント（ERM）の有効性の向上にもつながるというわけだ。

そのうえで、経営意思決定プロセスにコーポレート部門がリスクマネジメントの観点から（いわゆる第2線として）関与できているかを、第3線である内部監査部門が適切に監査を行うことで、リスクマネジメントがより有効性を増すことになる。

●グループの事業展開に応じたグループガバナンスの最適化

グループの事業展開の変化によって、グループガバナンスはどう変わっていくのか。権限移譲に関していうと、通常、図表3－4の段階Aから段階B、そして段階Cへと移行していく。段階Aから段階Bへの移行は買収先への個別対応となるため比較的スムーズであっても、全社的なトランスフォーメーションが求められる段階Bから段階Cにはなかなか移行できないでいる日本企業は多い。

詳しく見ていこう。段階Aにある企業の特徴は、主力となる単一の既存事業が中心となっていることだ。グループの構成としても、たとえば、本社からある部門を切り出して子会社にしたケースや、海外子会社も自社で設立・進出して運営を行っているケースなどである。この段階では、グループ内で大きな権限移譲を行う必要性は低く、本社で細かい事項を管理しても、それほど不都合は生じにくい。

事業展開が進むと、今度は海外事業やスタートアップを含む毛色の違う事業を買収するようになる。こうなると、既存のガバナンスを一様に適用するのが難しくなってくる。そこで、その事業のみに適用する例外規定を設定して管理する。そうすることで、事業の自律性を損なわないようにするのである。これが段階Bである。なお、単に例外規定を設ければいいというわけではな

図表3-4 グループガバナンスの成熟化段階

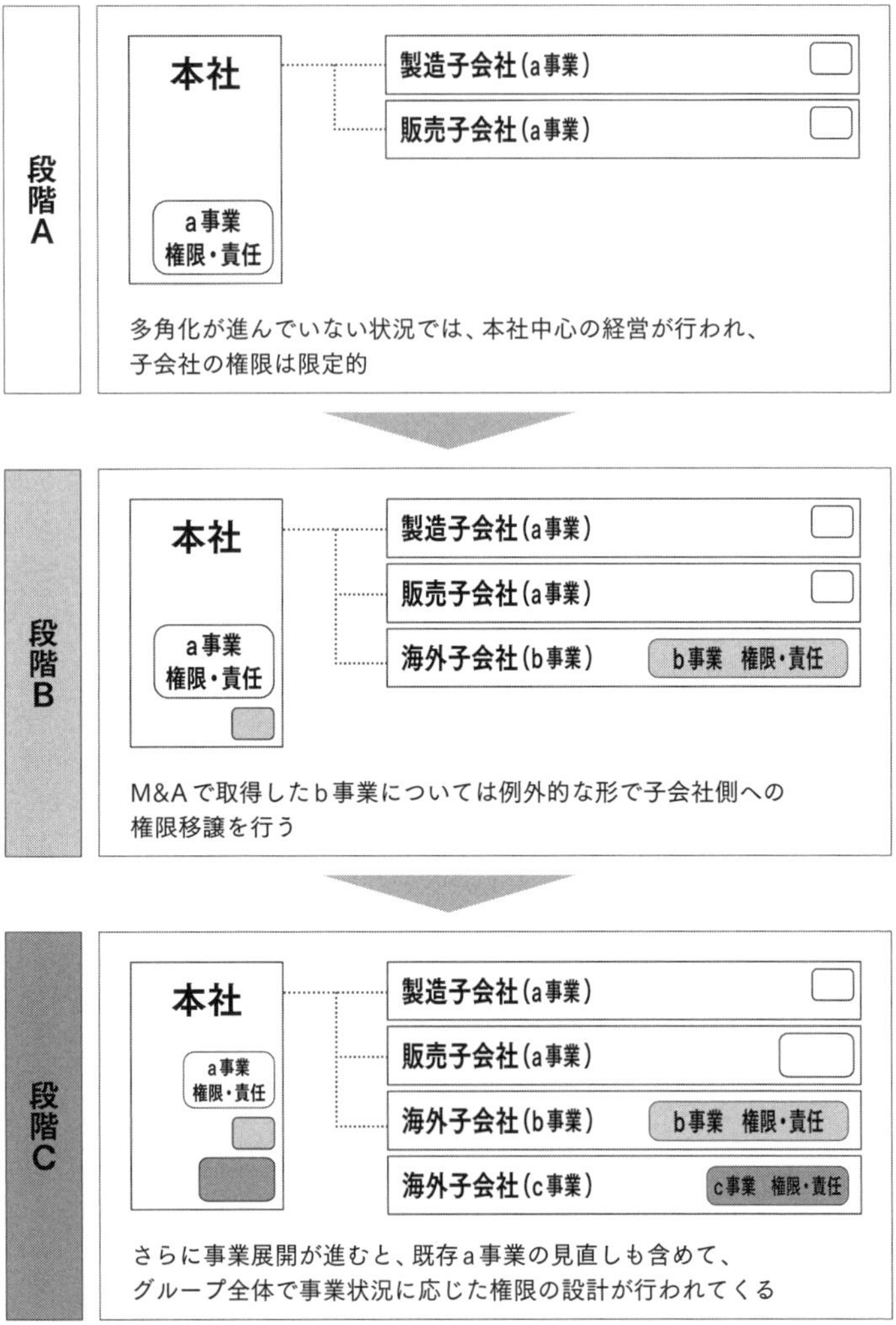

注)すべての企業が上記のような遷移をするわけではないことに留意

(出所)PwC作成

いし、設けても、うまくいかないこともある。たとえば、いきすぎた権限移譲が原因で、戦略策定や業績報告の際に本社と事業子会社との間でギャップが生じ、シナジー創出が進まないという事例は多い。

さらに事業展開が進むと、グループとしての事業のあり方が変わってくる。特徴の異なる複数の事業をグループの中でどうハンドリングするかが求められてくるからだ。こうなると、グループ経営の観点から各事業を横に並べて、それぞれにどの程度の権限移譲をすればいいのかを検討し、定義し直す必要がある。グループガバナンスをグループの事業展開に応じて最適化するというわけだ。これが段階Cとなる。この移行に際しては、自社にとっての各事業の位置付けの整理や、従来のガバナンスの枠組みの見直しも必要となる。

● M&A時のグループガバナンス整備の失敗

近年、日本企業によるM&Aが活発化している。企業が最初に大きなM&Aを実施すると、たいていは段階Bのような権限移譲の設計を行う。しかし、十分な権限移譲を行ったとしても、それだけでグループガバナンスが正しく機能するとは限らない。日本企業のM&A、特に海外事業のM&Aでは、権限を移譲しすぎて失敗することがよくある。端的にいえば、配慮しすぎて、放任になってしまったからだ。

ある大手日系企業は、海外での市場拡大を目指して海外の大手同業を買収したが、数年後には大規模な減損を計上し、その後、短期間で当該海外事業を競合他社へ譲渡した。本件においては、買収先企業が買収元企業の戦略上のポートフォリオとは異なるなど、経営戦略との整合性が十分に取れていなかったことに加え、買収先マネジメントにいきすぎた権限移譲があった。買収後の市場環境の悪化に対して、経営を委任した買収先マネジメントによる販売戦略が適切でなかったともされている。

また、別業種の大手日系企業が成長が期待される海外市場への展開のために海外の大手同業を買収した事案でも、買収後、短期間で多額の減損を計上し、最終的には対象事業の譲渡を行い、売却損を計上することになった。ビジョンや戦略の共有ができず、業績報告も含め本社からのグリップが効かせられないこと、統合によるコスト削減対応が十分に進まないことなどがあったとされている。このケースでも、買収先マネジメントへのいきすぎた権限移譲があったことが伺える。

この二つはどちらも、グループとしての企業価値最大化が十分に図れなかったケースといえる。

このように、日本企業が海外M&Aを実施した後に、多額の減損損失を計上するケースは繰り返し発生している。こうした事態を避けるには、買収直後の初日から買収先企業にガバナンスを効かせることだ。買収元企業のビジョン・経営戦略をしっかりと伝えて、買収先企業に理解してもらう。これを買収直後から行うことが、M&Aの成功につながるのである。

●グループガバナンスのためのコミュニケーション

日本企業のM&Aで、前項のような失敗が起こるのはなぜだろうか。買収金額が高すぎたというのもあるかもしれないが、グループガバナンスの導入が適切に行われなかったという観点でいえば、単純に権限移譲の閾値《しきいち》を誤ったということでもなさそうだ。その原因は大きなコミュニケーション不足、具体的にいえば、買収直後の適切なコミュニケーションが不足していたという点にあると考えられる。

グループガバナンスの実効性を高めるためには、コミュニケーションが極めて重要となる。丁寧な対話や議論を通じて本社の方針を理解してもらい、相互理解を図ったうえで経営していくというプロセスが大事なのである。さらにM&Aにおいて特に重要なのは、買収「直後」からこのコミュニケーションを行うことだ。そのためには、買収直後にガバナンス方針を説明できるように、あらかじめ準備しておく必要がある。

日本企業の多くに英語力が不足しているというのはよくいわれることだが、自社のビジョンや戦略、方針を明確に伝えられる言語力は必須だ。また、コミュニケーションを図るうえでは、企業文化の違いも踏まえなければならない。このことは海外M&Aで特に求められる。地域によって、また同じ地域でも国によって対応を変えなければならないことがあるからだ。たとえば一括りに欧州といっても、オランダとイタリアでは、文化・習慣もコミュニケーションの取り方も違うことが想像できるだろう。つまり、グローバル各国・地域で十把一絡げの対応は禁物なのだ。

いずれにしても、日本人のコミュニケーションスタイルとの差異を認識したうえで、何をどのように伝えるかを調整していく必要がある。これは、本社が意識的にリードしなければならない。

最近でこそハラスメントに厳しい対応をするようになったものの、少し前までは、パワハラに対する意識が高くない日本企業も多かった。もしもそうした従来の意識をそのまま海外の子会社に持ち込んで、他の従業員の前で叱責《しっせき》するなどすれば、現地の従業員とハレーションを起こしたり、関係性を毀損しかねない。もちろん悪いことは悪いといわなければならないが、それは相手の文化を理解したうえで伝えるべきである。どの程度直接的に細かく伝えるか、逆に伝えないか。これらは、従業員の評価のフィードバックや目標設定の際には特に意識しておく必要がある。その国・地域に合ったコミュニケーションの方法で、リスペクトを持ってフィードバックすることが大切なのだ。

一方で、リスペクトは大切だが、海外の子会社に合わせるだけでもいけない。子会社には日本企業のグループの一員としての矜持《きょうじ》を持って行動してもらわなければならないからだ。そのために本社は、日本企業の戦い方や競争力の源泉になっている日本の文化、なぜそれをインストールしなければいけないのかなどを、海外子会社に理解してもらう努力をすべきである。日本企業のグループで働いてもらう以上、日本の文化や日本企業の戦い方を理解してもらうことには意味がある。ある日本企業では、海外の子会社に対して日本企業の振る舞いやコミュニケーションの仕方、どのように意思決定しているのかを伝える研修を実施している。親会社の成り立ちやその背景など歴史的なコンテキスト（文脈）を理解することで、海外子会社の従業員が日本企業や本社にいる日本人の動きを理解するようになり、ストレス・軋轢《あつれき》の解消や、企業としての戦い方の理解の浸透につながったそうだ。

それでは、相互理解を深めるにはどうしたらいいのだろうか。相手の文化を理解するのと同様に、日本の文化を理解してもらう。互いの違いを認め、尊重する。海外の子会社に合わせる部分と、日本の親会社の文化をわかってもらう部分を考え、上手に組み合わせていく必要がある。

組織はメカニズムだけで動くものではない。人の集まりである以上、そこに属する人がどのような気持ちで仕事をするのかが最終的にロイヤルティや組織の一体感などに影響する。

コラム　海外M&Aにおける日本企業の課題

経済産業省が2019年にとりまとめた日本企業による海外M&A実態調査「海外M&Aと日本企業~M&Aの最前線に立つ国内外の企業の声からひもとく課題克服の可能性~」は、日本企業の海外駐在員や海外企業の経営陣、外資系プライベートエクイティファンド（PEファンド）担当者等へのインタビューを踏まえて、海外M&Aを実施する際の日本企業の課題を整理した報告書だ。同報告書でも、「グローバル経営の制度・仕組み」は課題の一つとして整理されている。なかでも「説明責任・結果責任を踏まえた規律ある経営体制」と「グローバル人材を惹きつける魅力的な報酬制度」は、本章の内容とも通じるものがある（図表3-5参照）。

もう一つ課題として挙げられている「グローバル経営力」は、日本企業において、伝える力、言語力、異なる企業文化への適合力が低いとの声を受けて整理されている。実際に日本企業の場合、海外子会社に対応の必要性を十分に伝えられないことに起因して、本社で積極的にグリップすべきリスク管理、内部統制、内部監査といった領域も子会社任せになっているケースもある。

日本企業としての従来からの経営スタイル、ガバナンスのよい部分を活かしていくのはいいが、それとは別にグローバルスタンダードも存在する。海外M&Aを進めるうえでは、グローバルスタンダードを認識したうえで買収後の経営を進めていく必要がある。

図表3-5 グローバル経営力・体制の備え

グローバル経営の制度・仕組み	コーポレート・ガバナンス	○説明責任・結果責任を踏まえた規律ある経営体制 ○透明性のある財務管理・情報開示体制
	報酬・インセンティブ	○グローバル人材を惹きつける魅力的な報酬制度
グローバル経営力	伝える力	○自社の強みや戦略・ビジョンを明確に買収先企業に伝える力 ○背景と理由が明確な説得力のあるコミュニケーション能力
	言語力	○英語・現地言語でコミュニケーションを図るための言語力
	異なる企業文化への適合力	○異なる企業文化を評価するノウハウ ○自社文化を浸透させる力 ○異なる企業文化の統合・融合のための実行力

（出所）経済産業省「海外M&Aと日本企業～M&Aの最前線に立つ国内外の企業の声からひもとく課題克服の可能性～」

各事業に対してガバナンスを浸透させる（事業側への浸透の課題）

前節で、本社側で対応を行うべきグループガバナンスの最適解は、各事業の位置付けを明確にし、その位置付けに応じて各事業への権限移譲を行うことだと解説した。だが、単に権限移譲を促進するだけでは、グループとして目指したい方向に進むことも、グループガバナンスを浸透させることも難しい。本社側と実際に事業を行う側（事業子会社）が目線を合わせて、「①同じ目標に向かって経営を進める」ことが求められる。そして、それがグループとしての成長の成否を握る。

一方で、グループとしてダメージを負う可能性にも備える必要がある。それが「②子会社で不測の事態が発生するリスクの抑制」である。

グループ本社と事業子会社が「連動」する

事業子会社に、本社と同じ目標で動いてもらうには何が必要なのだろうか。まず前提として、「目標」自体が定量的な形で共有されていなければならない。いわゆる目標（ＫＰＩ）管理だ。このとき、単にＫＰＩだけを与えても、実際のアクションにはつながらない。目標達成のアクションにつなげるためには、それに見合った十分な裁量を現場に与える必要がある。

また、特に事業責任者や幹部に対しては、それを遂行するメリットがある状況を作り出していく必要もある。もちろん海外でも同様に、国籍に関係なく対応しなければならない。これを仕組みとして機能させるには、報酬面でのインセンティブを付与することに加え、人事評価を通じて目標を達成できなかったときには解任につながるという仕組みも必要になる。

このように、ＫＰＩ管理と人事三権（任免、評価、報酬）とが連動してはじめて、グループガバナンスが機能するのである。グループガバナンスを実効性があるものにするには、ＫＰＩ管理の設計と同時に、事業子会社の経営陣を対象にした人事三権の掌握や、経営陣の交代に備えた後継者育成計画（サクセッションマネジメント）といった人事面のガバナンスを整備する必要がある。この人事のガバナンスについての詳細は「人事のガバナンス」で解説する。

●グループガバナンスの各要素を連動させる

ＫＰＩ管理も人事制度の設計も、ごく当たり前のこととして多くの日本企業に取り入れられているが、この二つを意識的に連動させた形で運用できている日本企業はどのくらいあるだろうか。経営の仕組みとしてガバナンスを機能させるには、目標管理と人事制度の設計、さらに前節で述べた権限移譲とが連動しながら運用されていることが重要となる。

目標管理、人事制度の設計、権限移譲の連動といっても、イメージがわかないかもしれない。そこで、ここでは安定期に入っているインフラ系事業Ａと、直近で立ち上げを検討している新規事業Ｂを傘下に有する企業グループを想定して解説する。各事業の最優先ミッションは、事業Ａでは安定供給責任の貫徹、事業Ｂでは新たな事業創造である。

まずＫＰＩだ。通常、最初に全社のＫＰＩを、次に各事業の財務ＫＰＩを、最後に非財務（より細かい要素別のアクション等）ＫＰＩを設定していくが、ここでは各事業のＫＰＩ以下を見ていこう。この事例では、事業Ａと事業Ｂの収益管理上の重要項目（収益ドライバー）とＫＰＩは、たとえば次のようにまとめられる。

＊事業A

- **収益ドライバー**：収益が安定的に入ってくることを前提として、利益確保のためにはコスト管理が重要となる
- **財務KPI**：設備当たりの運転コストの低減など
- **非財務KPI**：事故の減少、それによる運転効率の向上など

＊事業B

- **収益ドライバー**：まず収益基盤を拡大すること、つまり契約数や販売量の伸長による売上高の拡大が重要となる
- **財務KPI**：売上高、売上成長率など
- **非財務KPI**：新規契約数、顧客獲得数など

このようにKPIを設定したとき、事業の責任者や担当者、特に事業子会社の役員に適切なインセンティブを与えるには、人事評価とも連動させる必要がある（詳しくは「人事のガバナンス」

を参照)。

たとえば、事業Aの責任者の評価においては売上を重視しても意味はなく、コストまたはその結果としての利益をより重視すべきである。逆に、事業Bの責任者の評価においては利益の確保を重視することは合理的とはいえず、売上成長率を評価すべきであろう。全社レベルのKPIとして売上高と営業利益が設定されていたとしても、それをまったく一律に人事評価における目標として設定することは適切とはいえない。とりわけ事業責任者や役員など、事業に重要な影響を及ぼす人物の評価では考慮が必要となる。

さらに、前節で述べた事業の位置付けを踏まえた権限移譲の話ともつながってくる。たとえば、インフラとしての事業継続のために本社からの管理も重要な事業Aでは、全体として「中」程度の権限移譲にとどめることが考えられる。これに対し、事業側が市場の動向を見ながら、価格決定や契約などもある程度自律的に進めていける必要がある事業Bは、「高い」権限移譲が通常望ましい。

各事業で顧客との新規契約を行う際に、売上成長率がKPIとなっている事業Bにおいて、仮に大半の契約を事業側で完結できず、つど本社の承認を得る必要があるとすると、目標の達成は見込まれないだろう。逆に、事業Aでは基本的に顧客が固定的で新規契約が例外だとすると、同

図表3-6｜ガバナンス各要素の連動イメージ

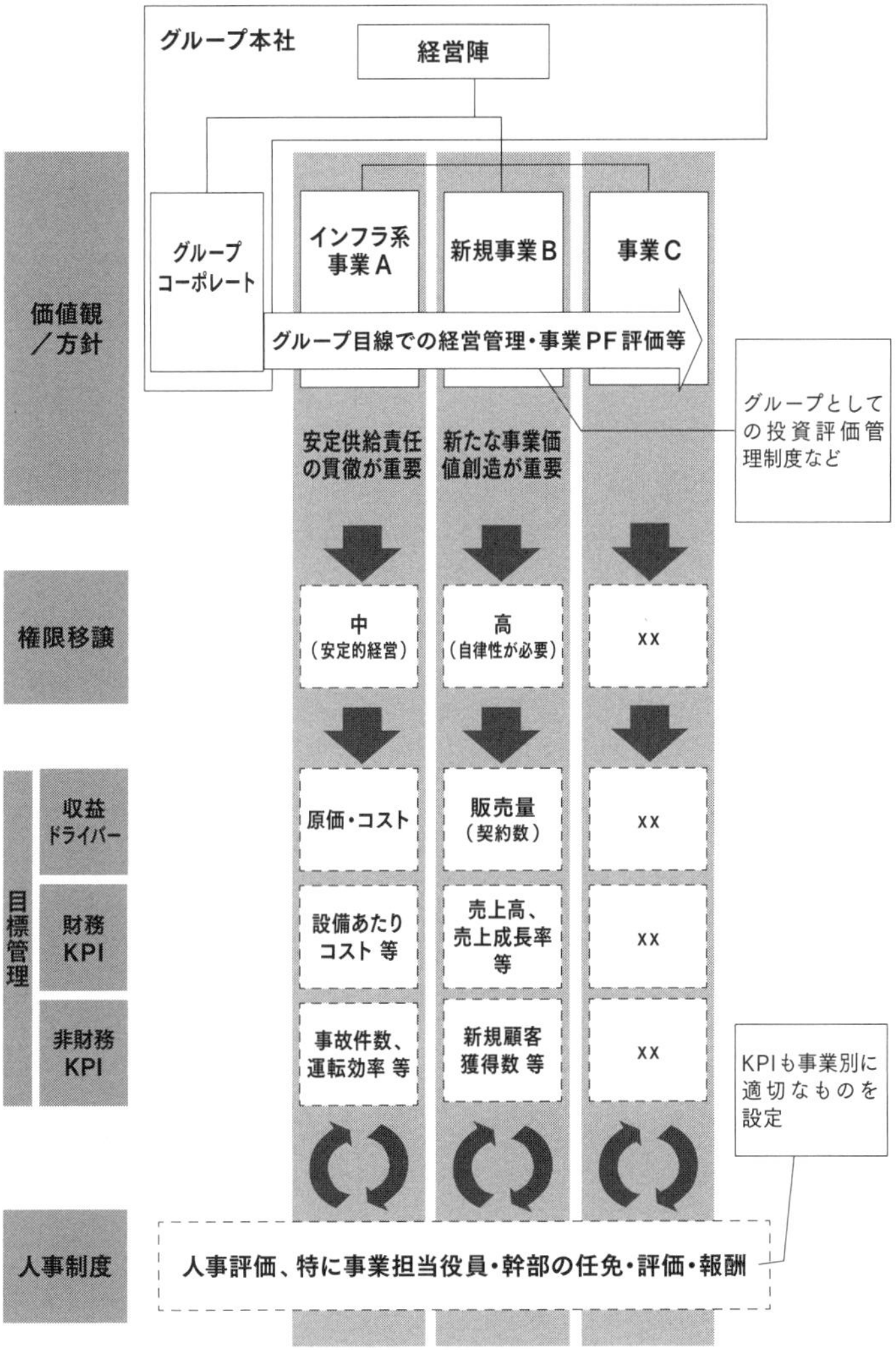

（出所）PwC作成

額の新規契約の場合でも、本社で承認することに合理性があるといえる。

このように、事業に適した形でグループガバナンスの各要素を連動させることが、事業と、それに関わる組織や人材を動かしていくポイントである（図表3-6参照）。

●KPI設定とモニタリング

前項で触れたように、通常、KPIは全社目標やビジネスモデルを踏まえた全社KPIと、全社KPIを事業単位、さらに要素別に分解した事業KPIに分けられる。全社KPIとしては、多くの場合、EBITやROE、ROICなどが用いられ、それをブレークダウンしていくことになる。KPIを細分化することで、どのKPIの改善に取り組むことがEBITや事業価値により大きなインパクトを及ぼすのかが明確になり、優先順序を検討することが可能になるためだ。

なお、従来は全社KPIにはEBITのような財務KPIが用いられることが大半であったが、最近では財務KPIだけを追うのは十分ではなくなってきていること、すなわちCO_2排出量といったサステナビリティ目標も全社的な非財務KPIとして重要性が高まっていることにも留意すべきである。

さらに、事業KPIについて、EBITなどの財務KPIをさらに分解し、アクションや施策に関するＫＰＩのように、より小さな単位にブレークダウンしたうえで管理していく（図表3-7参照）。これをＲＯＩＣで行うと、いわゆるＲＯＩＣツリーになる。いずれにしても重要なのは、重要な全社ＫＰＩに対してブレークダウンを行い、関連要素間のつながりや主な変動要因が何なのかをしっかりと整理しておくことだ。これにより、経営層で検討されたハイレベルな目標が現場の個々のアクションにつながり、全社として同じ方向に進むことが可能になってくる。

　また、いったん設定されたＫＰＩについては、その達成状況をモニタリングしていく必要がある。事業側のアクションや施策の状況をすべて本社に報告することは現実的ではな

図表3-7｜KPIのブレークダウンイメージ

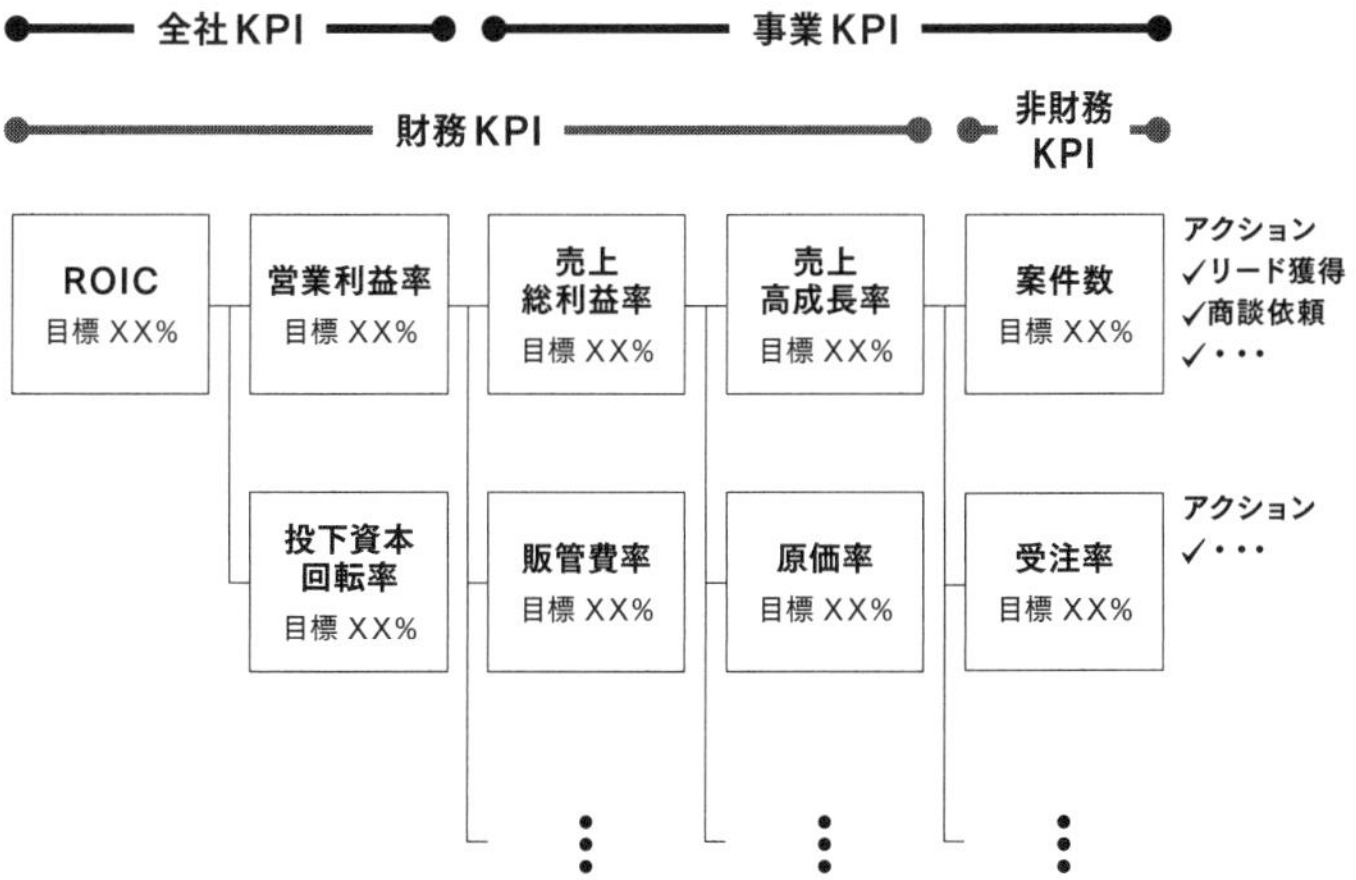

（出所）PwC作成

いが、結果指標としての財務ＫＰＩだけでなく、その背景にあるアクションなどについても、当初想定との差異をモニタリングしていくことは重要だ。

本社と事業子会社がいつでもシームレスに情報をやりとりできる状態にしておくことも重要である。それによって、本社側でも状況をタイムリーにモニタリングし、問題の早期発見と必要な対処の指示をすることが可能になる。別章でも触れたように、こうした局面においてデジタルダッシュボード等の活用は有用だ。

最後に、各事業に求めるＫＰＩなどの目標（責任）と移譲された権限の整合性を考慮する必要性についても触れておきたい。たとえば、利益責任を持つ事業ユニットにもかかわらず、そのために必要な投資を行う権限を持っていないとしたら、それは前提が整合していないことになり、ＫＰＩとして設定された利益目標の達成に対する制約となる。このことには留意すべきである。

コラム

プライベートエクイティファンドのＫＰＩ管理

一般的にＰＥファンドは、数年後のＥＸＩＴを前提に、常に投資先の早期バリューアップを意識した経営を行う。そのため、ＫＰＩ管理を含む財務面から、非常に強いガバナンスを効かせている。ＰＥファンドの傘下企業は徹底した数値の見える化を行い、収益拡大・コスト削減の余地を詳細に検討し、関連施策の進捗状況とその結果としての将来見通し（企業価値含め）を高い頻度で実施していることが多い。

　日本企業のなかにも、項目・頻度ともに詳細な計数管理を行っている企業は多いが、以下のような点で違いがあることが多い。

- ＫＰＩのブレークダウンを行った

図表3-8｜業績インパクトを意識したKPIブレークダウン（例）

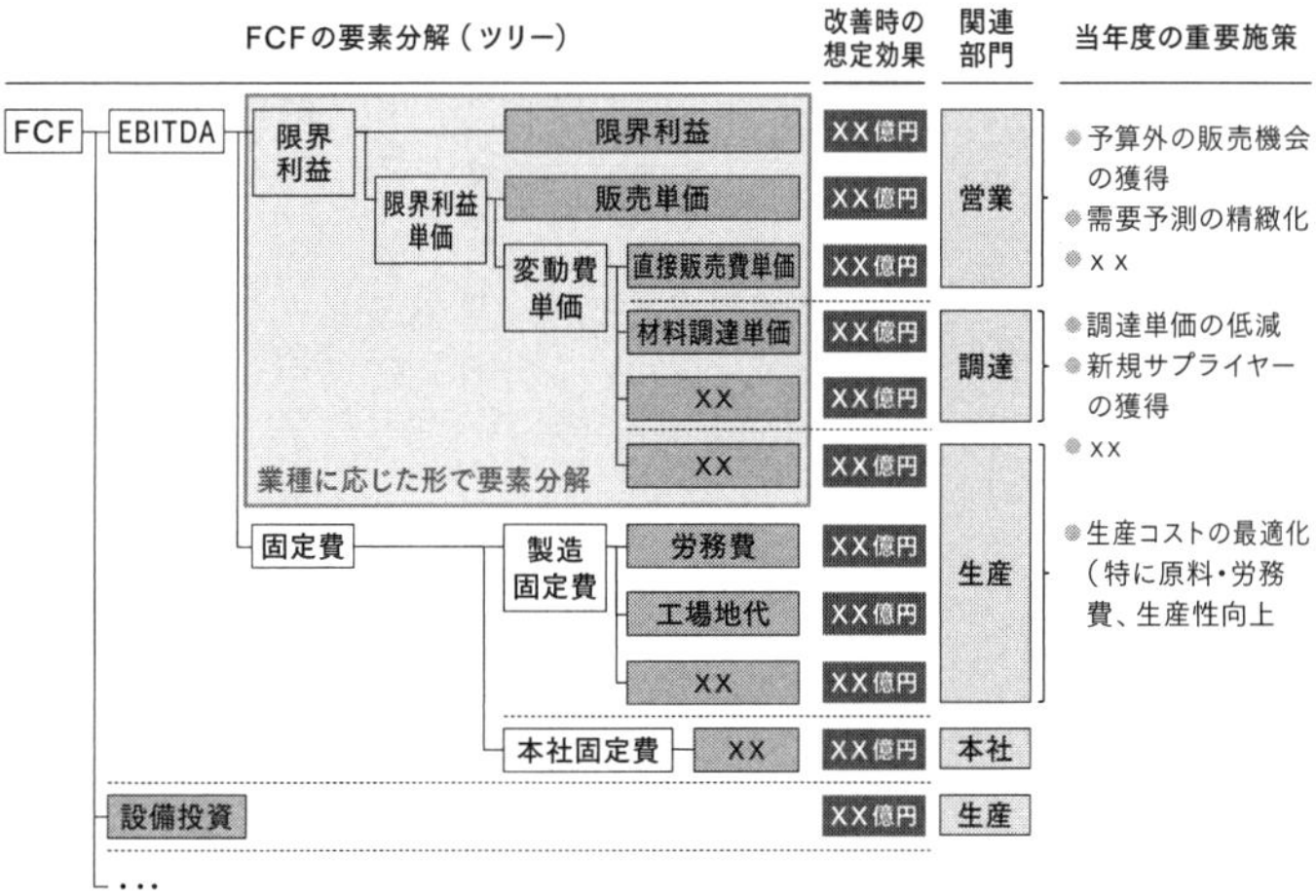

（出所）PwC作成

後、全社目標（例：ＥＢＩＴＤＡ）に対する各項目改善時の感応度・影響度を分析し、優先順位をつけ、より効果の高い項目や改善施策に重点的に取り組んでいる（図表3-8参照）

- 目標達成に関するコミットメントが強く、年度目標（例：ＥＢＩＴＤＡ）を達成するためにどのような施策を年間でどの程度進める必要があるか、その進捗状況や達成状況はどうかという観点で継続的に取り組みがなされている
- 目標達成に向けて頻度高くモニタリングを行っていくために必要な会議体を設計し、漏れなくフォローアップされる体制を構築している

企業・事業の保有に対する考え方や前提が特殊な部分はあるが、一つのモデルとして参考にすべきポイントも多いだろう。

子会社で不測の事態が発生するリスクの抑制

事業子会社側で大規模な不正を含む不測の事態（不祥事）が発生した場合、企業価値は大きく損なわれる。そのため、関係者を牽制することで、そのような事態の発生を抑制することも、ガバナンスの観点からは求められる。わが国の会社法が取締役に対して求めているように、「連結グループで業務の適正を確保するための体制」を構築・運用することが、ガバナンスの重要な基礎となる。詳しくは第4章で説明する。

人事のガバナンス

グループガバナンスを機能させるために必要不可欠な要素として、実際に事業を遂行する国内外の子会社経営陣に対するガバナンスがある。これは、「各事業に対してガバナンスを浸透させる」で説明したＫＰＩを含めたグループとしての戦略・事業計画を遂行させるためにも、さらには共有すべき理念や価値観等をグループ各社に周知し浸透させ、そのコミットメントを確保・醸成するうえでも重要だ。

国内外の子会社経営陣に対するガバナンスを実効性あるものにするには、少なくとも子会社各社の経営トップ、できれば各社のエグゼクティブやキーパーソンまでを対象として、いわゆる人事三権（任免、評価、報酬）を本社が「実質的に」掌握する必要がある（図表3－9参照）。本社が事業子会社に求めることを事業子会社がきちんと遂行しているのであれば評価して報酬につなげ、望まないことをしているのであれば経営陣を交代する。それを、本社が主体的に意思決定することに意味がある。

また、人事三権を駆使するためには、各社経営陣の入れ替え・交代に備えた後継者育成計画を、本社が運営・実行することも欠かせない。なぜなら、現地の人がトップになっている海外の子会社やM&Aで子会社化した場合などでは、トップを交代させたくても後任が見つからないために交代させられないということもあるからだ。そうした事態を避けるためにも、本社は適切な経営人材を育成・プールしておく必要がある。

図表3-9｜経営陣に対するガバナンスの全体像

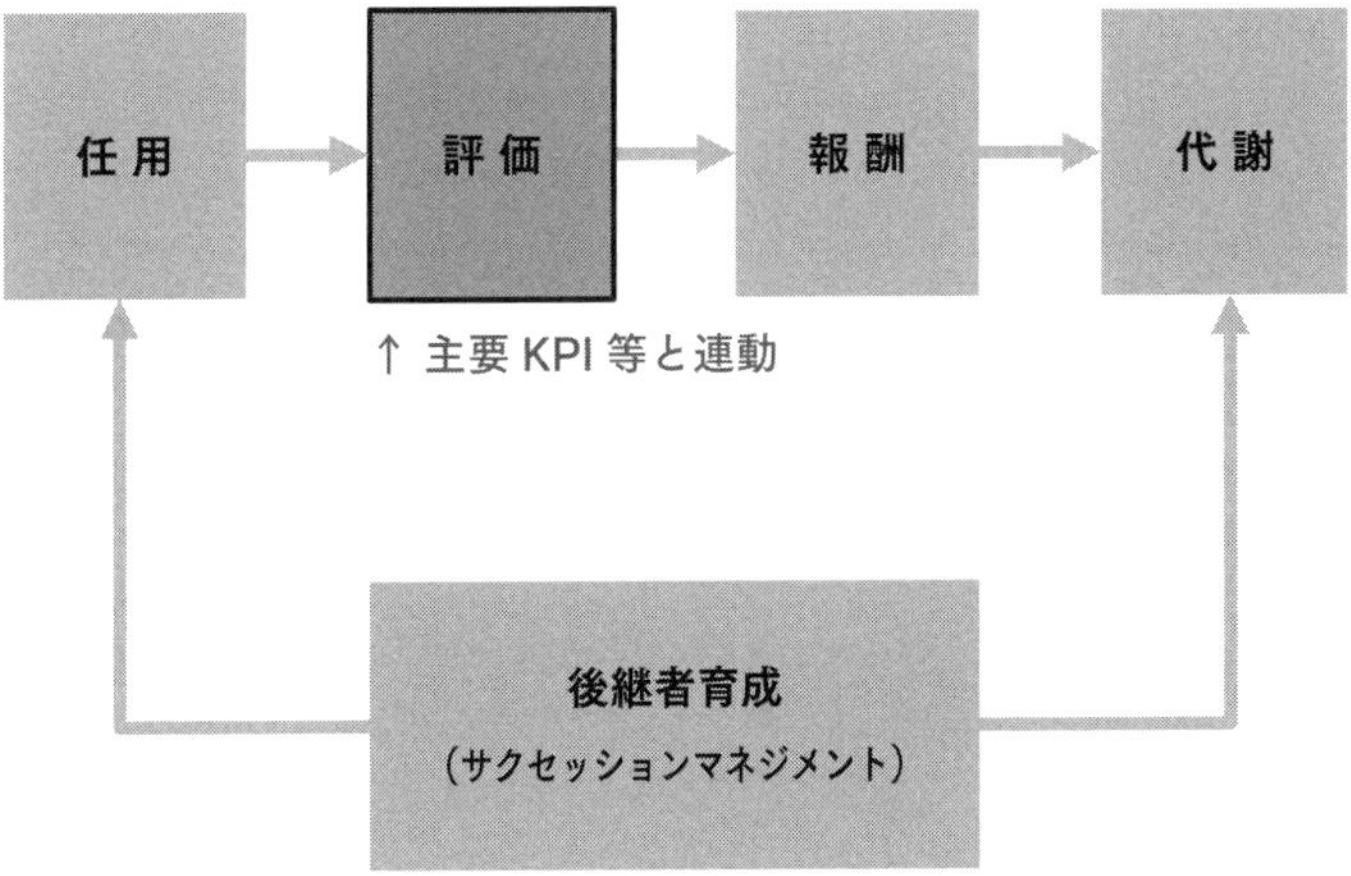

(出所)PwC作成

経営陣の評価

子会社経営陣の評価は、本社が求める事項の実践・達成度合いに基づいて行う。まず、本社が評価項目と基準を設定する。評価項目と基準にはＫＰＩを連動させる。さらに理念や価値観、行動指針の浸透・徹底を評価に盛り込むこともある。本社が設定した評価項目と基準について期初に子会社経営陣と十分にコミュニケーションをとり、互いに納得して、認識を共有する。そして、期中・期末にその結果で評価する。

評価にあたっては、本社によるＫＰＩやその他の評価項目の実践と達成度合いのモニタリングが鍵になる。グループガバナンスを通じて当該ＫＰＩ等の達成を促し実現させるところまでを視野に入れるなら、単に期末に結果を評価するだけでは不十分である。期中に進捗を把握し、必要に応じて適宜、本社から働きかけを行うようにする。定性面は直接的に本社が把握することが難しいこともあるが、評価項目として設定するのであれば、必要な情報を収集するための工夫も必要だ。

いうまでもなく、評価は事実に基づいて行うものである。そのため、評価者である本社（あるいは地域または事業統括部門など）は、評価対象として設定した定量・定性の項目を正しく把握し、測定する必要がある。そのためにモニタリングやコミュニケーションを行うわけだが、この仕組みは子会社経営陣の悩みに対する解決策にもなり得る。なぜなら、海外現地人経営者や日本から出向している経営陣は、本社が自身に何を求めているのかについて、きちんとコミュニケーションされていないと感じることがあるためだ。この過程を疎かにしたまま、結果が悪かったからといって評価を落とし、報酬を下げたり、解任したりしてしまうと、子会社経営陣のモチベーションやリテンションに悪影響を及ぼしかねず、さらに子会社が適切に機能し運営されることを却って妨げることにもなりかねない。

経営陣の報酬

子会社経営陣にとっては、単に評価をつけられるだけでは、本社が求めるＫＰＩ達成などに向けた動機付けとはなりにくい。動機付けにつなげるには、評価の結果が子会社経営陣にとっての具体的なメリット・デメリットにつながった仕組みになっていなければならない。その機能を担うのが報酬制度である。その報酬制度の機能は、主に「業績達成等に対する動機付け」と「人材の確保（採用およびリテンション）」の二つといえる。

まずは一般的な海外子会社の経営陣の報酬体系を見ておきたい。基本的には、固定報酬／変動報酬、短期視点／中長期視点の4象限に分類できる（図表3－10参照）。左側がベースとなる固定報酬で、役員報酬などの「Base Salary」と保険や住居補助などの福利厚生である「Allowances, Benefits」、右側がインセンティブである変動報酬で、役員賞与にあたる「Short Term Incentive」（短期インセンティブ：STI）とストックオプションなどの「Long Term Incentive」（長期インセンティブ：LTI）となっている。

海外で優秀な経営人材を獲得するには、右

図表3-10｜経営陣報酬体系のイメージ

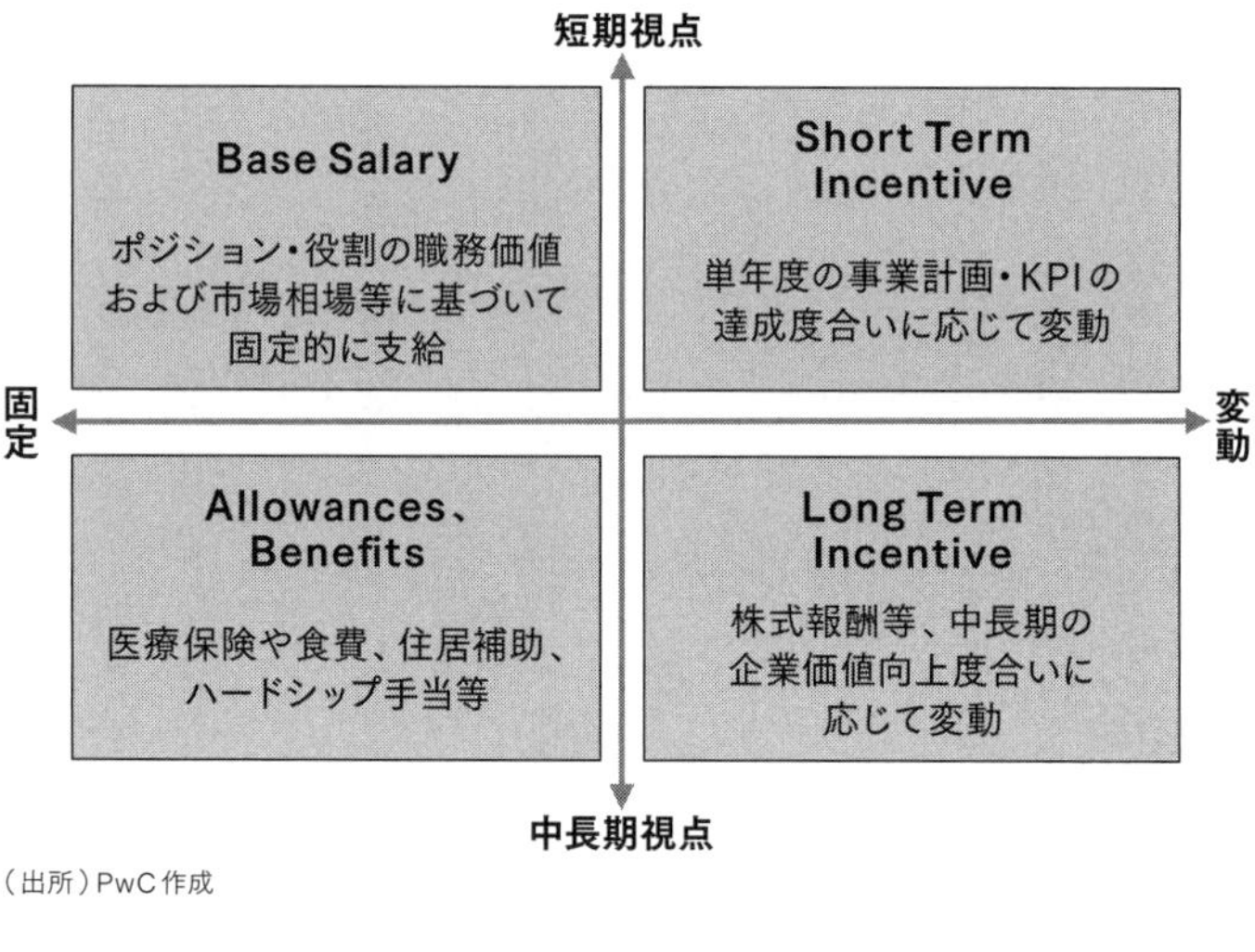

（出所）PwC作成

側のインセンティブによって、本社が求める単年度業績や中長期的なグローバル全体の企業価値への貢献をリターンとして享受できるようにしつつ、左側の固定報酬も含めた報酬総額で経営人材市場での基本的な競争力を担保することが重要になる。

●業績達成等に対する動機付け

業績達成等に対する動機付けは**図表3－10**の右側のインセンティブが担う。単年度におけるＫＰＩ等の評価結果を反映させるのは主にＳＴＩで、そのロジックはＫＰＩ等と連動させて設計し、明確にしておく必要がある。当然のことだが、評価結果に対するインセンティブのメリハリが大きいほど、ＫＰＩ等の達成時の魅力も高まる。

海外では経営人材市場が機能しており、インセンティブを含めた報酬総額の水準が経営人材市場における競争力となっている。それに対して、日本では労働市場が硬直化し、短期的な金銭面のメリット・デメリットよりも長期的な安定を志向する。そのため、日本国内と同じ感覚で経営人材の報酬制度の設計や支払い額の決定を行ってしまうと、業績達成への動機付けどころか、経営人材の流出を招くことになりかねない。事業や業種など状況によって程度は異なるが、グローバルに通用する魅力的でメリハリの利いた報酬制度を導入する必要がある。

これは、海外現地の人材を子会社経営陣に登用したときはもちろん、たとえば本社から日本人を現地に派遣・出向させて経営陣に就ける場合も同様だ。なかには、海外に派遣されたことでアグレッシブさを欠き、つつがなく任期を終えて帰任することに終始してしまう人材もいるため、このような仕組みのなかで意識付けを行い、ある意味での追い込みをかけておくことも必要になる。

一方で、短期的な業績結果のみを追求することを過度に促すことの弊害も考慮しなければならない。特に、海外子会社のトップは、自社の単年度のＰＬ上の業績結果を追求しがちになる。それに加えて、中長期の企業価値向上を意識させるためにも、ＬＴＩを組み込むことは重要だ。

また、子会社単体の業績のみならず、グローバルグループとしての戦略や中長期の成長に資する貢献を促す意味で、たとえば本社の株価と連動したＬＴＩを導入しているケースもある。こうした長期目線の報酬設計にしておくことで、短期ＫＰＩに比重が寄りすぎず、長期的なＫＰＩ、長期的な経営に親和性を持たせられるメリットが生じる。

●経営人材の確保（採用およびリテンション）

人材の確保（採用およびリテンション）については、報酬額を経営人材市場で競争力のある水準に設定することが重要になる。報酬のなかでも、まずは固定的に支払うBase SalaryとAllowances, Benefitsで一定の水準を確保することが必要だ。海外では、これらは一般的に役割職務と市場の相場に基づく水準で決まる。これは、役員クラスになっても従業員の延長線上で、経験や年数等によって役位と役員報酬が上がっていく傾向がいまだに残る日本企業の慣行とは異なるものであり、日本企業はそのことをきちんと意識しなければならない。

そうすることによって、本社が求める経営人材を確保することができ、本社と事業子会社が同じ目標に向かって経営を進めるという目的の実現にもつながるのだ。

●経営陣の報酬水準の見直し

日本企業のなかには、海外子会社の現地経営陣の報酬が日本本社トップの報酬水準を超えることを避けたがる会社もある。だが、これはグローバルの経営人材市場をまったく見ていないことを証明しているようなものだ。欧米の一流経営人材の報酬は数億円から数十億円単位である。子会社がある国・地域の経営人材市場で競争力のある報酬水準を確保しなければ、自社が必要とする優秀で適切な経営人材は来てくれないし、すぐに辞めてしまう。

この課題を解決するには、本社側の覚悟が必要だ。海外子会社と日本本社の経営陣の報酬水準が逆転するというねじれを認めるか、日本本社の経営陣の報酬水準をグローバルに合わせるか、そのどちらかしかない。とはいえ、日本の役員報酬はグローバルで見ると安すぎるというのもしばしばいわれることであり、原因は日本側にあることが多い。

経営陣の任免とサクセッションマネジメント

ＫＰＩ等の評価が芳しくない海外子会社の経営陣に対する対応は、もちろん報酬面だけではない。業績や振る舞い等がそもそも当該ポジションにふさわしくないのであれば、適切な人材と入れ替える必要がある。ある意味、グローバルでのグループ経営において最も大事なことは、本社が本社として機能を発揮し、海外子会社のトップや経営陣にふさわしい人材を就かせることといえるかもしれない。それが任免だ。その任免を可能にするのが、サクセッションマネジメントである。

多くの企業では、決裁権限や子会社管理の規定・ルールに則り、本社が経営陣の任免権を保有することになっている。だが、実質的に任免を掌握・コントロールできているかといえば、〝できていない〟日本企業は少なくない。そもそもどういう人材を就ければよいのか、どこにそのような人材がいるのか、どうやって人材の見極めをすればいいのかがわからないという悩みを抱える企業もある。本社が現任者を解任したくても、後任候補人材を認識・把握できていないという話も多い。このような状態では、たとえKPI等と紐《ひも》づいた評価基準を定義し、実際の体現度合いや達成度合いが芳しくなかったとしても、現任者を交代させることは難しいだろう。現任者を外したとしても適切な後任者を任命できず経営に大きな悪影響が生じる可能性も否定できないからだ。

　これは報酬決定にも影響する。現任者に「辞める」といわれると困るので、評価や報酬を低くするわけにはいかなくなるからだ。こうしたことが子会社に対するガバナンスの障害

図表3-11｜サクセッションマネジメントの仕組み

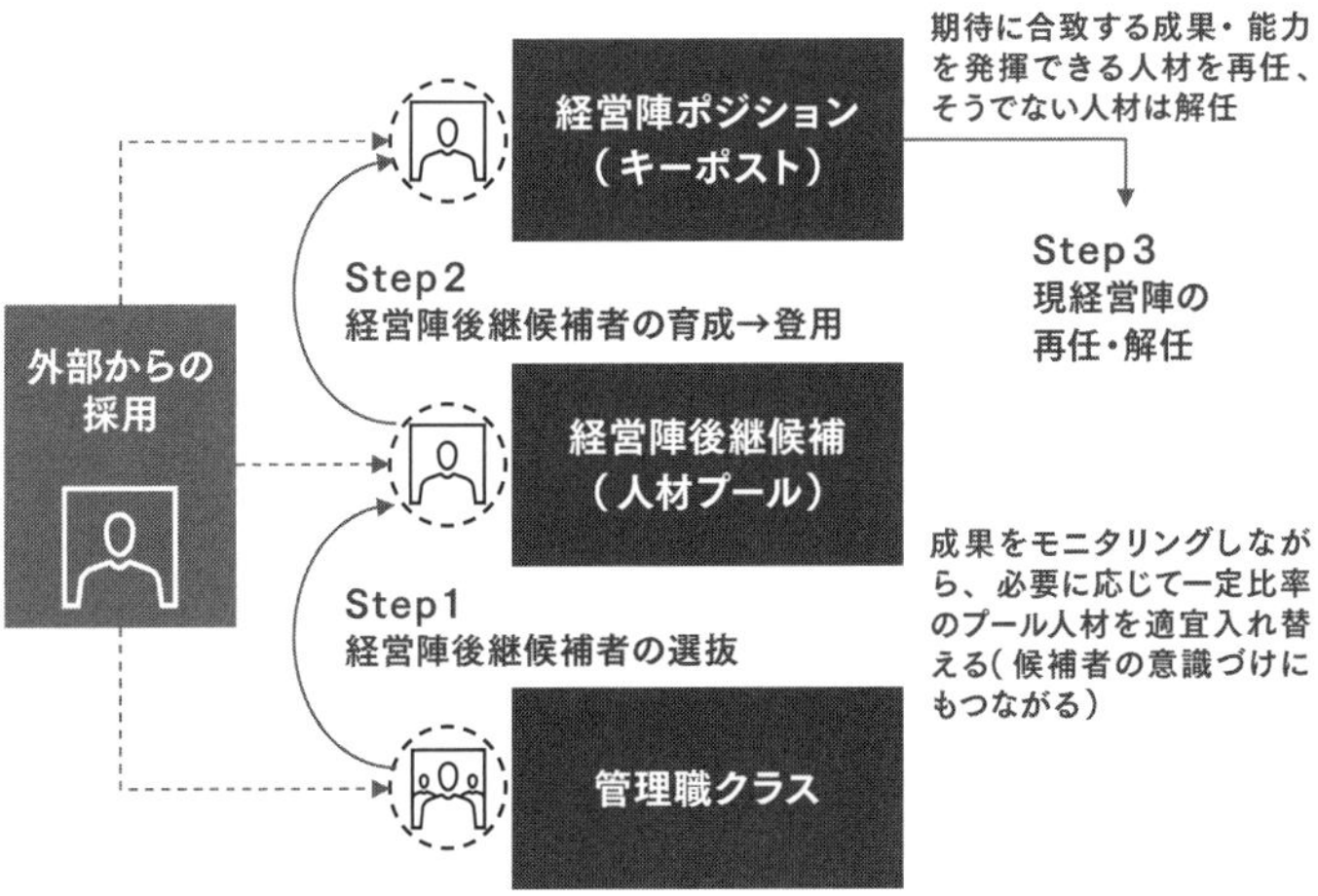

（出所）PwC作成

になっているケースは少なくない。

この課題を解決するには、本社が常に社内外の後継候補人材を把握しておくことだ。実際、優れたグローバル経営を行っている海外企業や日本企業はサクセッションマネジメントの仕組みを具備していることが多い（図表3-11参照）。本社と海外子会社のトップおよび人事との関係構築・連携を図り、人事三権をグリップするとともに、このサクセッションマネジメントを適切に運用することが、グループガバナンスを人事の側面から機能させるために重要である。

●日本企業に求められるグローバルスタンダード化

ここまで、わかりやすさを優先して、個別の子会社に対する視点から人事のガバナンスを説明してきた。だが、世界中の国・地域にいくつもの子会社や地域統括・事業統括機能があるグループであれば、実際には人事のガバナンスもグローバグループ全体の視点で検討する必要がある。任免でいえば、アメリカの子会社トップを中国で買収した会社のトップにしたり、東南アジアの地域統括会社のトップを本社の経営陣にしたりするなどだ。グループ内の経営人材をグローバルに最適配置するためには、本社側で十分に経営人材のプール・育成を行い、グローバルワイドで人事三権を掌握できている状態でなければならない。

日本企業の人事制度も徐々に年功序列ではなくなり、人材の流動化も始まっている。だが、グローバルではそもそも年功序列も終身雇用もほとんどない。グローバルグループとして経営を推し進めるのであれば、グローバルスタンダードを踏まえた形で人事のガバナンスも設計・推進する必要がある。日本企業がグローバルで戦うには、グローバルスタンダードを理解し、それに適合していかなければならない。

優秀な経営人材を海外各国で確保するために競争力のある報酬水準を実現することも大事だが、大事なことは、海外も日本もすべての経営陣がのびのびと仕事ができる環境を整え、職場としての魅力を高めることだ。そのためにはこうした人事的な仕組みも含めて、グローバルスタンダードを認識したうえで、意思決定を含むガバナンスの仕組みの透明性を担保してグローバルに開かれたものにすることが不可欠なのである。

まとめ

グループガバナンスにおいて検討すべき事項そのものは、どの地域のどのような会社でもそれほど大きくは変わらない。企業のありたい姿や戦略とガバナンス方針を整合させる。その方針に沿った形で各事業に権限を移譲する。ＫＰＩを設定し、モニタリングする。人事三権をＫＰＩ管理とも連動させて、実質的に掌握する。同時に、リスクマネジメントを通じて企業価値の毀損を防ぐ。

今後、日本企業がポートフォリオ戦略の実行に伴ってさらなるグローバル展開を進めていくには、グローバルでも通常求められるこうした事項を標準的に導入する必要がある。従来から個別には取り組んでいたとしても、全体が整合・連動した形で導入できるよう準備をしておくことが望まれるのだ。そこに経営環境を踏まえた変化を加えることで、さらに実効性が高まる。それにより、グループガバナンスが企業価値の向上にも寄与するのである。

そのためには、本社のグローバル化も極めて重要になる。言語、人材マネジメント（登用）、意思決定やコミュニケーションのスタイルなどもグローバルを意識する。海外の子会社だけでなく、本社や国内の子会社にも同様に適用する。グループガバナンスというと、子会社に目線がいきがちになるが、実は本社自身の改革も入っているのである。

第4章

レジリエンス時代のリスクマネジメント

世界が過去に類を見ないスピードで変化しているのに伴い、リスクもまた多様化・複雑化している。地政学リスクや金利・為替変動リスクなどの既存リスクだけでなく、気候変動リスクやサイバーリスクのような新たなリスクも登場するなか、これらのリスクを放置していては持続的成長を成し遂げることはできないだろう。

しかし、日本企業の多くがこうした新たなリスクに対応できていない。たとえば、本社にもグループ会社にもリスクマネジメント部があり、リスクマネジメント体制が整備されているにもかかわらず、突発的に発生したサイバーリスクや新型コロナウイルスの感染症リスクに対応できない企業は多かった。また、ロシアによるウクライナへの侵攻という不測の事態に対して、ロシアからの事業撤退等の意思決定に後れを取った企業もある。これは、従来のリスクマネジメントでは対応できない変化が世の中に起きているということであり、リスクマネジメント体制もその変化に合わせて進化させていかなければいけないことを示している。

ここまでの章で、レジリエンス時代を生き残るためには事業ポートフォリオ改革が必須であり、それを実現するためのガバナンス体制の整備がこれまで以上に重要となることを解説してきた。本章では、守りのガバナンスの軸として、リスクマネジメントをどのように具現化していくかについて解説する。

なぜ今、リスクマネジメントが重要なのか

第1章で簡単に触れたように、事業ポートフォリオ改革を進めていくには守りのガバナンスが必要となる。リスクマネジメント活動を有効なものとし、全社的に守りの体制を整備するためだ。そのためには、日本内部監査協会（IIA）が定義する3ラインモデルを整備し、ERMのレベルを高く保つことが重要となる。3ラインモデルとは、第1線では現場レベルのリスク管理を、第2線では業務執行から独立した立場でのリスクに関する包括的な支援を、第3線では独立した立場から内部監査をするというように、ガバナンスの観点から役割と責任を整理したものである（詳しくは217ページの「経営監査（リスクアプローチ監査）の導入」を参照）。

企業の存続を脅かすリスクが多様化・複雑化するなか、日本だけでなく、世界のCEOもこれらのリスクを自社の成長見通しに対する脅威として懸念している。そこで、本節ではグローバル

CEO調査の結果から、CEOがどのようなリスクに懸念を示しているのか、日本企業のリスクマネジメントがどのような状況にあるのかについて解説する。

世界と日本のCEOが懸念するリスク

最初に、世界と日本のCEOがリスクをどのように認識しているのかを確認しよう。第1章で紹介した世界CEO意識調査によると、「現在のビジネスのやり方を継続した場合、10年後には自社が経済的に存続できない」と考える日本のCEOは64％（世界全体では45％）に達している。これは、日本のCEO

図表4-1｜10年以内にビジネスのやり方が通用しないと考えるCEOの割合

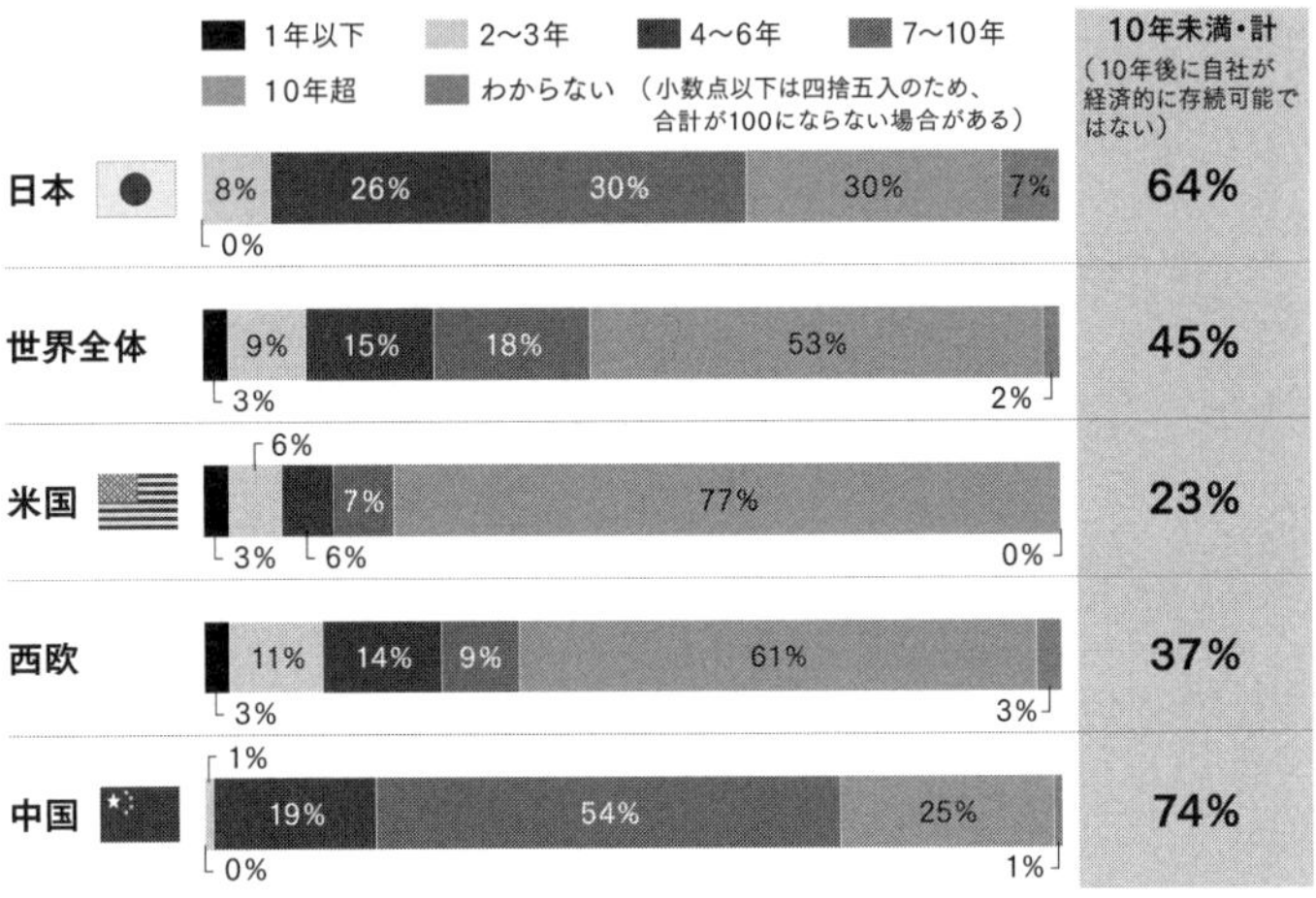

（出所）PwC「第27回CEO意識調査（日本分析版）」（https://www.pwc.com/jp/ja/knowledge/thoughtleadership/ceo-survey.html）

が将来に対する危機感が極めて強いことを示している（図表4－1参照）。この結果から、日本企業のビジネスのやり方は、今後、大きく変わっていくと考えられる。同様に、全世界のCEOも自社の成長見通しに対する脅威として「インフレ」「地政学的対立」「サイバーリスク」に強い懸念を示している（図表4－2参照）。

日本企業の現在地

それでは、実際に日本企業のリスクマネジメントはどのような状況にあるのだろうか。統合報告書等の開示資料において、日本企業の多くは第1線、第2線、第3線が重複なく

図表4-2｜自社の成長見通しへの脅威として懸念する対象

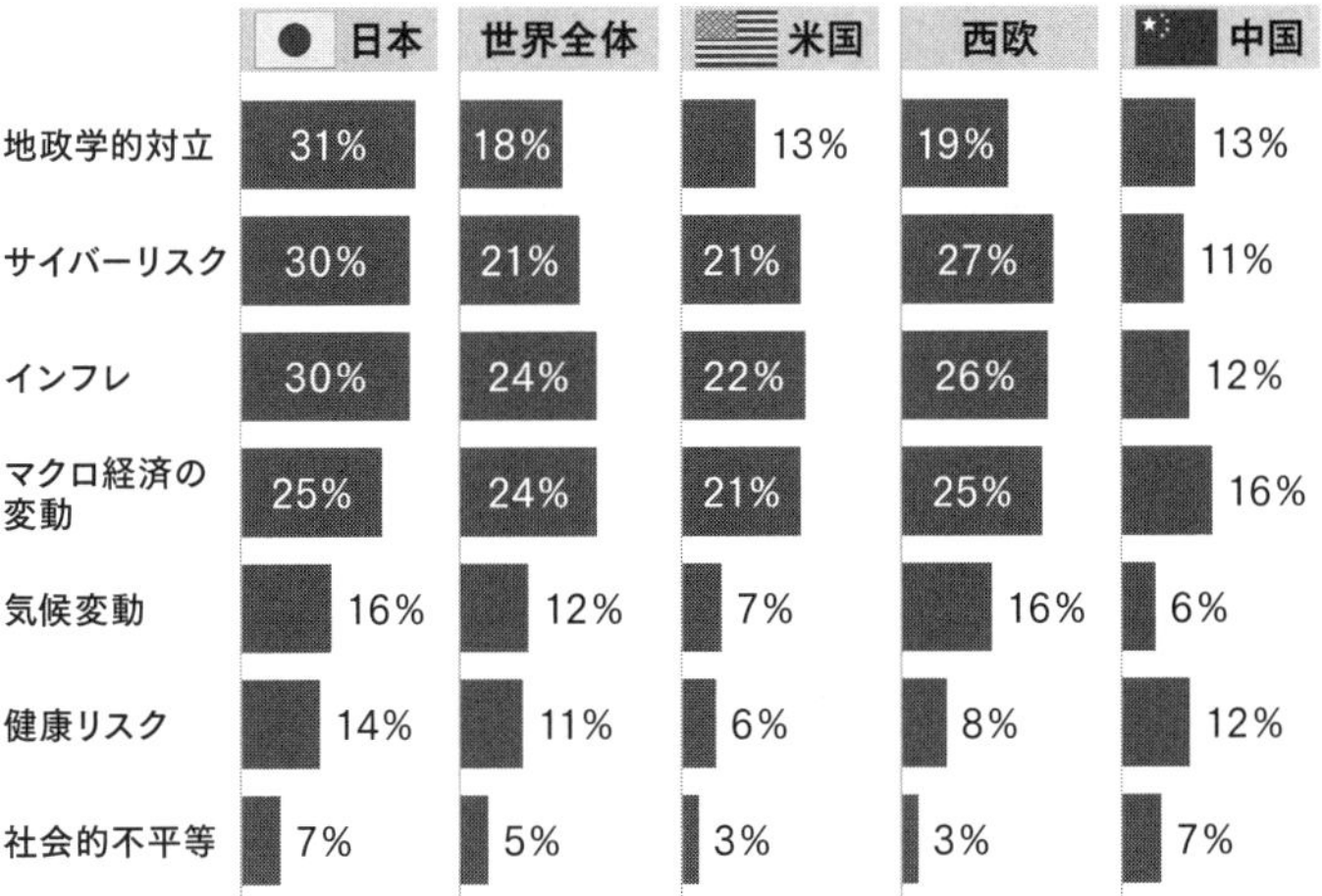

（出所）PwC「第27回CEO意識調査（日本分析版）」（https://www.pwc.com/jp/ja/knowledge/thoughtleadership/ceo-survey.html）

連携し合い、効率的かつ効果的に経営層および現場の声を組み込んだＥＲＭの仕組みをうまく回していているかのように記載しているが、実態としてその状況を実現できている企業は少ない。これは、既存事業に関連するリスクだけではなく、新たにＭ＆Ａをした会社や事業に関連するリスクに関しても同じである。

昨今では、企業価値向上のために事業ポートフォリオの入れ替えやＭ＆Ａを実行する日本企業が増えているが、その際に管理対象のリスクをどう集約するのか、海外子会社のリスクをどのように管理していくのか等、リスクをどのようにマネジメントするのが正解なのかに悩む企業は多い。そこで、ここでは日本企業が抱える代表的な悩みを簡単に紹介する。なお、以下の事例では、リスクオーナーは各重要リスクの評価、対応、モニタリングに責任を持つマネジメントレベルを想定している。

ケース４–１

リスクマネジメントや内部統制等に知見の深い第２線、第３線が現場に十分に関与できていないケース。たとえば、Ｍ＆Ａを実施したあと、ＰＭＩチームがオペレーション（実務）にフォーカスするあまり、第１線、第２線、第３線での連携ができていないことがある。このようなリスクマネジメント体制では、タイムリーにリスクを察知することができないし、PMIチームと第2線とがうまく連携できなければ、M&Aの影響を企業の重要リスクの評価に十分検討・反映できない。また、日本企業の多くがM&Aのディールに内部監査を入れていないが、M&Aのディールに内部監査が入っていなければPMIチームと第3線が円滑に連携できず、PMIの体制や進行状況に合わせたタイムリーな監査を実施することができない。3ラインの連携が取れないことで、フィードバックやアドバイスが後手に回ってしまっている。

ケース4-2

多くの日本企業が採用する重要リスクの選定プロセスである「トップダウンアプローチ」と「ボトムアップアプローチ」が偏っているケース。それぞれのアプローチにはデメリットがある。トップダウンアプローチのみでリスクを検討すると、マネジメント層からは十分に見えていない現場のリスクを拾いきれない場合がある。一方、ボトムアップアプローチのみでリスクを検討すると、各部署から報告された重要リスクが管理不能なほど大量になるなど、全社として本当に取り組むべき重要リスクが明確にならない事態に陥る場合がある。

ケース4-3

リスクマネジメント部が実施するERMの仕組みとは別に、他部署が重要リスクの検討を実施しているケース。たとえば、第3線が内部監査計画を策定するために独自でリスク評価を実施していたり、内部統制部といった別組織が内部統制自己チェックリスト（CSA）を独自で実施していることがある。全社的な観点からはリスク評価プロセスが重複しており、非効率である。また、部署によって重要リスクが異なることもあり、整合性の観点からの問題もある。

ケース4-4

リスクマネジメント部が実施するERMの仕組みが、他の部門の取り組みと完全に分離されているケース。たとえば、「経営企画部が主導する中期計画や事業計画の策定時に独自で評価した全社リスクを前提にする」「主にCSR部が主導する統合報告書開示のためのマテリアリティ検討の際にリスクマネジメント部が評価した全社的リスクが勘案されない」「有価証券報告書にて開示される〈事業等のリスク〉がリスクマネジメント部の評価結果と分離されている」などの状況が生じる。他部署との連携の観点からすると、これらはいずれも問題である。

ケース4-5

リスクオーナーが決まっていないケース。グループ全体としての重要リスクは明らかになっているものの、海外での贈収賄リスクやＡＩ暴走リスクといった、どの部署が所管するのかが微妙なリスクの場合、リスクオーナーが決まらないことがある。そうした場合、リスクマネジメント部がそれらのリスクへの取り組み（対応方針の策定、モニタリング等）を担うことになるが、対応しきれないケースが多い。また、リスクオーナーは決まっているものの、リスク管理はリスクマネジメント部が行うとの認識で、リスクオーナーのリスクへの対応に対するオーナーシップが欠如していることがある。

ケース4-6

危機管理（発生した危機への対処）とリスクマネジメント（発生しうるリスクへの予防）を同一部署が所管するケース。新型コロナウイルスや自然災害等の有事の際、危機管理とリスクマネジメントが同一の所管部署で取り扱われていることにより、当該部署が危機管理の対応に追われ、タイムリーなリスクマネジメントができなくなってしまうことがある。

ケース4-7

リスクマネジメントに対する社外取締役や監査役の関与が低いケース。社外取締役や監査役の役割は、近年、特に拡大している。重要リスクの識別における有識者として、社外取締役や監査役はリスクマネジメントにも関与すべきだが、十分に関与できているケースは少ない。

日本企業の悩みの原因

前項で紹介した悩みの多くは、第1線、第2線、第3線での連携ができていない、つまり3ラインモデルが機能不全を起こしていることが原因である。そして、第2線、第3線に脆弱性があるということは、リスクをタイムリーに察知することができない状態になっているということだ。問題なのは、日本企業の多くが開示レベルでは問題ないように見えても、実態としては機能不全に陥っていることにある。

ここで、先ほど挙げた事例をもう少し具体的に見ていきたい。たとえばケース4-1で、仮に12月末までにリスク評価が終わった企業が、3月に新たな企業を買収したとする。ＰＭＩチームとリスクマネジメント部が連携していれば、次のリスク評価までの間（3～9月）に買収した企業特有のリスクが発生したとしても、そのリスクに対処することができる。だが、もし連携できていなければ、そのリスクを放置してしまうことになる。日本企業の多くはリスク評価を年に1回実施しているが、事業ポートフォリオの入れ替えやM&Aの実行によって企業にとって重要なリスクが追加されたときには、タイムリーに全社リスクに反映しなければならない。第3線がPMIチームと連携できていないというケースも同じだ。第2線も第3線も、本来ならばそれぞれが連携しなければならないところ、連携できていないことが問題なのである。

ケース4-5は、どの部署が所管するのかが微妙なリスクの場合、リスクオーナーが決まらないという事例だ。基本的な考え方として、リスク対応はリスクオーナーが決まってから始まる。しかし、現場レベルでのリスクオーナーは決まっているが、グループ全体として執行役員レベルのリスクオーナーが決まっている企業は多くない。たとえば、財務系リスクの場合、本来ならば経理部担当の執行役員がリスクオーナーになる。このように、リスクマネジメント部はあくまで全社としてリスクマネジメントシステムが円滑で効果的に機能することにコミットし、各リスク対応はその内容に精通したリスクオーナーがコミットすることが望ましい。

これはケース4-6も同じで、各リスク対応はリスクマネジメント部以外に所管部署を設定するのが本来のリスクマネジメントのあり方である。たとえば、財務系リスクであれば、経理財務部の所管となるはずだが、リスクマネジメント部の所管とされることがある。そうなると、リスクマネジメント部が本来対応すべき業務である、ＥＲＭにおける各プロセスの整備・運用を統括的に管理することに時間を割けなくなる状況に陥ってしまう。実は、こうしたことは日本のリーディングカンパニーでも見かける。

ケース4-7で示したように、新しいリスクへの気づきという観点から見ると、社外取締役の役割も拡大している。外の視点で全社リスクを俯瞰《ふかん》して見ることは、社外取締役の新たな役割ともいうべきものであり、それに伴って、従来よりも社外取締役の結果責任が重くなってきている。たとえば、システムトラブルで全店舗の営業が停止となるような不祥事があったとして、従来ならばそのことに対して社外取締役の責任が問われることはなかった。しかし、今では問われる。社外取締役としての善管注意義務を果たすことが求められるのである。これは、企業におけるリスクマネジメントの第1線、第2線、第3線プラスアルファのかたちでリスクマネジメントが機能していることが求められるといえるかもしれない。

課題解決のためにやるべき三つの対策

前節で紹介した課題解決のために、日本企業はどうすべきだろうか。まず、戦略や外部環境の変化によって重要リスクが変わることを認識し、タイムリーに重要リスクを選定・決定することができるプロセスを確立し、3ラインモデルに沿ったリスクマネジメント体制を構築することが必要であるのは間違いない。そして、その運用においては第2線、第3線と他部署が連携できるようにすることも忘れてはならない。

また、リスクに対する個々人の意識、つまりリスクカルチャーの醸成も重要だ。組織に所属する個々人が正しいリスクカルチャーを持っていなければ、過度なリスクテイクやコンプライアンス違反を正当化し、許容してしまう。これでは不正事案が起こるのも当然だろう。この課題を解決するには、時間をかけてリスクカルチャーを醸成し、個々人の意識を変革していくしかない。

トップダウンとボトムアップの融合

リスクマネジメント部が主導となって実施するERMの仕組みのなかには、全社的に対応すべきリスクをリストアップし、重要リスクを選定するという「重要リスクの選定プロセス」がある。これには、「トップダウンアプローチ」「ボトムアップアプローチ」「ハイブリッドアプローチ」という大きく分けて三つのアプローチがある（図表4-3参照）。

トップダウンアプローチは、トップマネジメント主導で外部環境と内部環境を評価したうえで重要リスクを選定するという方法である。このアプローチには、トップマネジメントの観点から重要リスクを識別することができるというメリットがある。外部環境の変化を捉え、中長期的な視点で全社的に考えたときに何がリスクなのかという観点から重要リスクを選定するわけだ。ただし、現場レベルの重要なオペレーションリスクの識別が漏れる可能性が高くなるというデメリットがある。トップダウンアプローチが適しているのは、単一事業を行っている企業だ。事業特有のリスクが特定しやすく、トップダウンでも比較的リスクを網羅できる。

図表4-3 重要リスクの選定プロセス

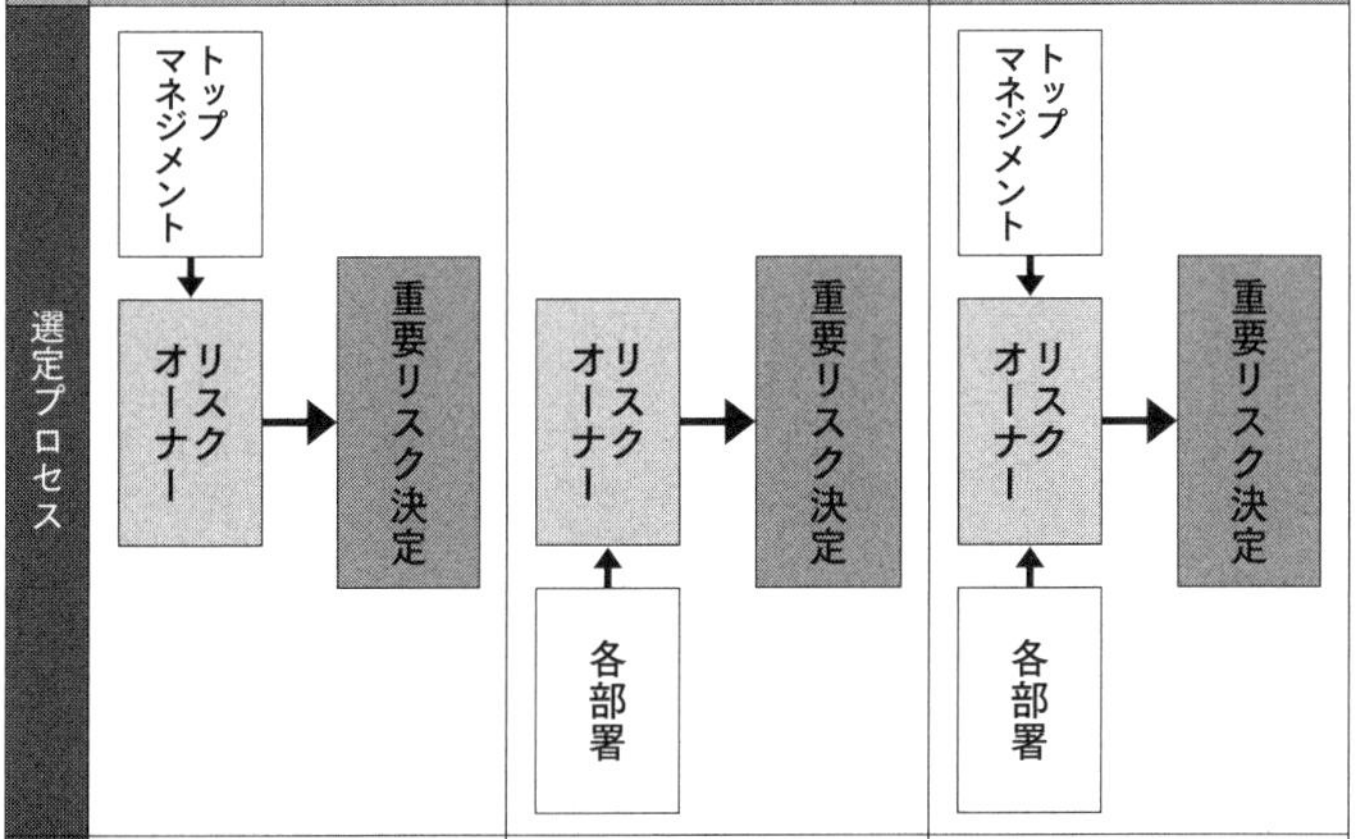

	トップダウンアプローチ	ボトムアップアプローチ	ハイブリッドアプローチ
メリット	●トップマネジメントの意思決定に資する重要リスクの識別が可能 ✓外部環境の変化 ✓中長期視点 ✓全社、事業ベース	●オペレーショナルリスクとその管理状況を踏まえ、現場目線でのリスク管理を強化することができる ●現場レベルでのリスク管理意識を醸成することができる	●左記記述のトップダウンなアプローチとボトムアップアプローチの双方のメリットを享受できる
デメリット	●現場レベルの重要なオペレーショナルリスクを十分に識別できない	●現場目線でのリスク情報となり、マネジメント目線のリスク情報になりづらい	●リスク管理活動へ過度にリソースを集中させるおそれがある
効果	●潜在的なリスクの早期発見とリスク対応 ●トップダウンの経営、リスク管理の推進 ●経営活動とリスク管理活動の連携強化	●現場目線のリスク情報の把握 ●現場目線のリスク管理の強化 ●現場目線のリスク管理意識の醸成	●左記記述のトップダウンなアプローチとボトムアップアプローチの双方の効果をバランスよく享受できる

（出所）PwC

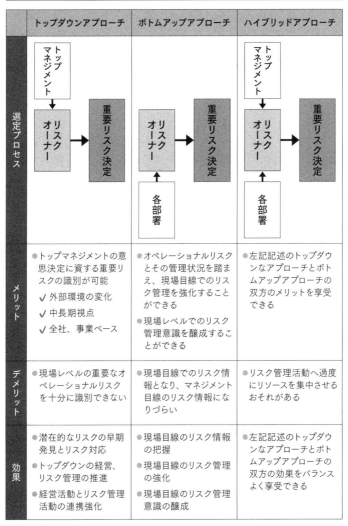

ボトムアップアプローチは、現場レベルで重要なリスクをリストアップしたうえで、企業にとって重要なリスクを選定するというアプローチである。現場レベルのオペレーショナルリスクとその管理状況を踏まえているため、現場のリスク管理を強化したり、現場のリスク管理意識を醸成できるというメリットがある。ただし、現場目線でのリスク情報となるために短期的な視点になる可能性が高く、マネジメント目線での重要リスクになりづらい。また、各部署から報告された相当数のリスクをインプットしながら検討するため、全社として本当に取り組むべき重要リスクの明確化が困難であるというデメリットもある。ボトムアップアプローチが適しているのは、事業を多角化している企業、さまざまな国・地域に進出している企業だ。国・地域に特有のリスクや事業に特有のリスクを吸い上げて、本社がしっかりと把握する形になる。

ハイブリッドアプローチは、トップダウンアプローチとボトムアップアプローチを融合させたアプローチである。トップダウンアプローチで経営層の目線を盛り込み、ボトムアップアプローチで現場レベルの重要なリスクを吸い上げることで、重要リスクの選定を行う。これにより外部環境を捉えて、中長期的かつ全社的な視点から重要リスクを選定しつつ、オペレーションリスクのなかで企業経営に重要な影響を与えるものを見落とさないようにすることが可能となる。特に、事業ポートフォリオ再編の一環としてM＆Aを実施したときは、トップマネジメントが戦略面で想定するリスクだけでなく、オペレーションにおいて看過してはならない重要リスクを拾い上げることも可能となる。唯一の懸念事項は、ボトムアップとトップダウンの両方のプロセスを行うためにリソースをかなり投入しなければならないことだ。日本企業のなかには、このハイブリッドアプローチを実践する会社も出始めている。特に日本側で一定のガバナンスを効かせたい企業は、ハイブリッドアプローチを採用すべきだろう。

こうして収集したリスク情報は一覧にして、すぐに確認できるようにしておく。一覧化することで、ビジネス戦略や外部環境に変化があったときにタイムリーにリスクを検討することができるからだ。ＰｗＣでは、どのよう

図表4-4｜リスクの優先順位を判断できるリスクレーダー（2つの業界におけるリスクの軸の例）

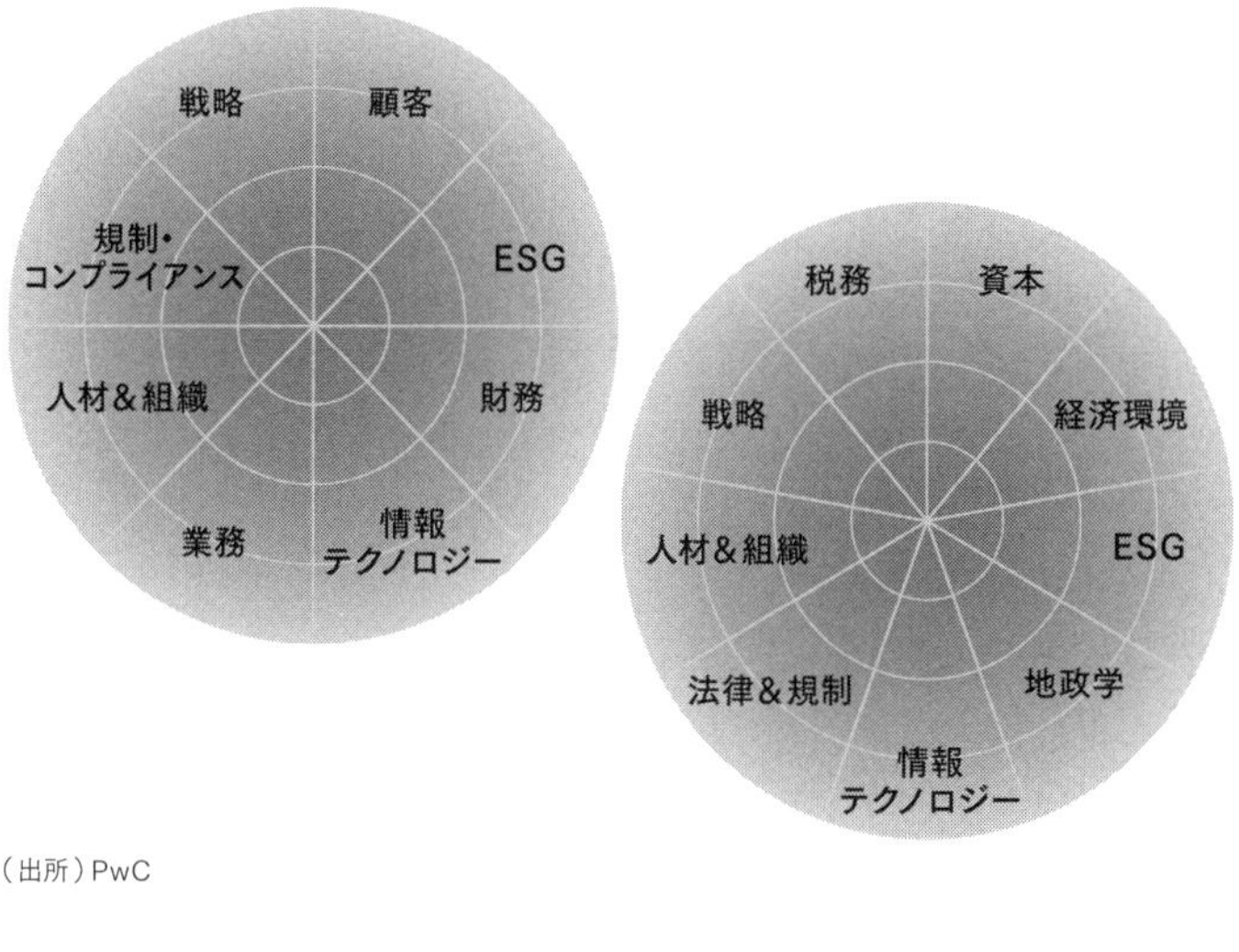

（出所）PwC

なリスクがどのカテゴリにあるのかを産業ごとに網羅したリスクレーダーという支援ツールを活用している。リスク情報を漏らさず網羅するには、こうしたツールの活用も有効になる。

第2線、第3線と他部署との連携

200ページの「ケース4-4」で紹介したように、リスクマネジメント活動ではリスクマネジメント部と他部署との連携が重要になる。なぜなら、リスクマネジメント活動は中期経営計画や有価証券報告（主に事業等のリスク）、マテリアリティに密接に関係しているからだ。具体的には、ERMで選定した重要リスクは、経営企画室が中期経営計画を策定するときや、CSR部が事業等のリスクの草案を作成するとき、マテリアリティを検討するときに有用な情報となる。こうした連携は既存の事業基盤においても重要だが、特にM&Aなどのようにインパクトが大きいトランザクションにおいては必要不可欠な取り組みである。それは、デューデリジェンス段階からリスクマネジメント部を巻き込めば、全社的に一貫して事業ポートフォリオの価値創造に寄与する体制にすることが可能になるからである。

第3線との連携は、主にリスクマネジメント活動の高度化が目的だ。ERMをその活動の体制およびプロセスの整備・運用状況について内部監査のフレームワークで評価することで、活動をさらに高度化することができる。また、内部監査における中期計画や年間計画の策定には有効だ。内部監査計画を策定する際には全社的なリスクを勘案し、リスクアプローチで監査を実施するからである。リスクマネジメント活動の結果として選定された重要リスクを監査計画策定時に活用することによって、内部監査もリスクマネジメントと同じ目線でリスクを検討し、監査を実施することが可能になる。

また、事業ポートフォリオの入れ替えやM&Aの実行によって、全社リスクが変動すれば、リスクが高くなる拠点や、逆にリスクが低くなる拠点が見つかるだろう。そうなれば、重要性の高い拠点に対しては新たに内部監査を行う必要が出てくる一方で、重要性の低い拠点は内部監査が不要になることもある。日本企業のなかには、重要性がかなり低くなった拠点に対しても、リソースを投入して3年に1回等のローテーションでの内部監査を行っている企業もあるが、これは第1線が第3線と連携できていないことも一因にある。事業ポートフォリオの再編を踏まえ、今後の全社戦略とアラインした形で重要性やリスクのある事業・拠点について重点的に監査を計画することが肝要である。

リスクカルチャーの醸成

リスクマネジメントの仕組みに実効性を持たせるには、組織に属する個々人が、組織の尊重する価値観を理解・共有し、それに基づいて適切に行動することが重要になる。しかし、事業ポートフォリオの入れ替えやM&Aの実施によって組織構造が変わり、組織文化が融合すると、リスクカルチャーも変わらざるを得ない。買収先企業のリスクカルチャーをどこまで尊重するか、買収先企業の従業員に対してリスクに関する価値観の共有・浸透をどのように図っていくか。これは、M&Aを成功させるための重要な課題だ。たとえば、欧米系のガバナンスが強固な企業をM&Aするような場合、買収先企業のほうが買収元企業よりも優れたリスクカルチャーやリスクマネジメントの仕組みを持っていることもある。その場合、日本企業の仕組みをそのまま適用させるのではなく、どのように買収先企業の優れたリスクカルチャーやリスクマネジメントの仕組みを取り入れて統合していくか、より慎重に検討しなければならない。

リスクカルチャーを醸成するために、ＰｗＣでは「経営トップの基本理念」「説明責任」「有効なコミュニケーションと異議申し立て」「報酬制度・インセンティブ」という四つの要素からなるフレームワークを提唱している（図表4－5参照）。規定等を十分に浸透させることや経営トップからの発信が重要なことはいうまでもないが、リスクカルチャーの浸透を促すには、コンプライアンス違反をした従業員に対するペナルティ（マイナスのインセンティブ）や、リスクマネジメント担当者に対する評価といった人事制度の開発も欠かせない。

しかしながら、リスクカルチャーを短期間で醸成することは難しい。中長期的な視点であるべきリスクカルチャーを定義・強化し、ＫＰＩの基準を作って反映させるというＰＤＣＡサイクルを回しながら日々進化させていくことが重要になる。そうしてはじめて、組織にリスクカルチャーを浸透させることができるのだ（図表4－6参照）。

日本企業にはリスクを極端に避ける傾向があるが、リスクを避けてばかりいてはオポチュニティもないことを改めて考えてほしい。理想は、リスクとオポチュニティのバランスを見ながら、会社全体をレベルアップしていくこと。個々人のリスクへの理解度を深め、会社全体にリスクカルチャーを浸透させ、取れるリスクと取れないリスクを見極めること。そうすれば、新しいビジネスにチャレンジする能力が高まり、会社としての競争優位につながるだろう。

図表4-5｜リスクカルチャー醸成に必要な4つの要素

リスクカルチャー醸成に必要な要素	リスクカルチャー醸成のための施策	施策の例
経営トップの基本理念	●規程類の浸透 ●経営トップからの発信	●経営層のリスク認識のすり合わせ実施とリスク管理における役割・責任を定義 ●リスクカルチャー醸成のためのアクションプラン作成ワークショップの実施
説明責任	●全社員のリスクセンスの向上 ●リスク管理の基礎的スキルの習得	●リスクセンス向上およびリスク管理スキル底上げのための研修の実施 ●リスクカルチャー促進のためのガバナンス・レポートラインの設計と第1線部署への適切な権限および責任の付与
有効なコミュニケーションと異議申し立て	●リスク・コンプライアンス部門の担当者の能力開発・実質的な地位向上	●ミドルマネジメントのリスクオーナーシップ向上によるリスク・コンプライアンスの重要性理解と異議申し立て（Speak up）風土の醸成
報酬制度・インセンティブ	●リスクカルチャーの浸透を促す人事制度設計	●リスクカルチャーに沿った人事方針・人事制度および評価指導の反映

（出所）PwC

図表4-6　リスクカルチャーを醸成するPDCAサイクル

定義	あるべきリスクカルチャー	ビジョン、価値観	● 顧客への提供価値 ● リスクアペタイト ● 長期 / 短期、組織全体 / 事業等のトレードオフ ● モニタリング / チャレンジ（Speak up）のコラボレーション ● イノベーション&変革
強化	ビジネスおよび人事上の取り組み	主要な施策およびトップからの発信	● ビジネスプラクティスの検討と整備 ● 人事プラクティスの検討と整備 ● トップマネジメントからの発信
計測の基準	評価の計測基準調査、KPIおよび成果の測定の融合	顧客の期待	● ロイヤルティに対する褒誉 ● 課題解決 ● 有能な社員による対応 ● コミュニティへの密着
		行動の観察	● 重要な顧客とのやりとり ● 重要な承認プロセスにおけるあるべき行動の考慮 ● 規制対応 ● 取締役会によるリスク管理への関与度合い
		行動に影響を与えるKPI	● 顧客の苦情 ● クライアント対応の時間 ● アウトカムへの褒誉 ● 研修履歴　● 懲罰結果 ● 退職率　● 多様性 ● エスカレーション ● モニタリング活動の結果 ● リスクアペタイト違反
反映	適切な変更への取り組み	カルチャー改善の取り組み	● リーダーシップの行動の変革 ● 実務によって裏付けられた研修の実施 ● 360度レビューの実施 ● 意思決定フレームワークのレビュー ● カルチャー醸成の内容と結果の全社員へのフィードバック ● 人事プロセスへの反映状況の確認

（出所）PwC

攻めの強化はまず守りから

リスクマネジメント活動を有効にするには、全社的に守りの体制を整備すること、つまり内部監査の高度化が重要になる。そのためには、監査人材の育成が欠かせない。それも、第1線、第2線のリスクマネジメント機能を熟知した人材だ。経営幹部候補に内部監査を数年程度経験させるのもいいだろう。すでにそうした取り組みを行う企業も増えてきている。背景には、日本企業における内部監査の位置付けが従来から激的に変化していることがある。レジリエンス時代で戦っていくには、全社的な人材育成戦略における監査部人材の重要性が高まっているのである。

ここでは、内部監査の高度化として「経営監査（リスクアプローチ監査）の導入」「内部監査の戦略的分野への関与のニーズ」「グローバル監査体制の高度化」の三つを解説する。なお、「経営監査」の定義にはいろいろとあるが、ここではリスクのある拠点およびリスクのある領域に対する監査ということで、リスクアプローチ監査を紹介する。

経営監査（リスクアプローチ監査）の導入

内部監査の活動をリスクアプローチによるマネジメントの視点から実践するには、次の三つがポイントになる。

①IIAが定義する3ラインモデルに沿ってリスクマネジメント体制を整備する

第1線は顧客に対する製品・サービスの提供と現場レベルで対峙するリスクの管理、第2線はリスクに関連する事項について専門知識を持って包括的な支援・モニタリングと異議申し立てをする役割が期待されている。第3線の内部監査は最後の砦《とりで》だ。第1線、第2線から独立した立場でアシュアランスを実施することで、組織の目標達成のために必要な事項をより客観的な立場から評価することが期待されている。

②アシュアランスマップを作成し、内部監査対象領域を明確化する

アシュアランスマップとは、各ラインの監査活動の役割と責任を明確化・可視化したうえで、それぞれの活動の関係性を整理した一覧表のことである。たとえば、品質のリスクに関しては品質保証部が、従業員の健康リスクに対しては人事部が責任を持って監査活動を行うというように、重要リスクに対してどの部署が監査活動を行っているかを可視化したうえで、漏れや重複のない形で監査を実施する。

アシュアランスマップを作成することで、経営者が俯瞰的に自社のリスクへの対応状況を把握することができ、リスク対応における次の一手を検討することができるようになる。また、組織全体の監査活動を整理できるため、全社の監査活動に死角がないか、重複がないか、必要な報告先に情報提供・情報連携ができているかを把握したうえで、第3線である内部監査がフォーカスすべき監査対象リスクを明らかにすることができる。

③リスクに対応した監査対象組織の選定や監査計画の策定を実行する

アシュアランスマップ等を通じて内部監査がフォーカスすべき監査対象リスクが明らかになったら、そのリスクに対応した監査対象組織・監査拠点を選定し、監査計画を実行する。

先に簡単に触れたが、ここで第1線、第2線、第3線それぞれの位置付けを明確にしておこう。まず第1線と第2線だが、これらは位置付けが区別しにくいかもしれない。第1線はリスクオーナーであり、リスクテイクに対する結果責任（説明責任）を負う。つまり、第1線はリスクテイク機能と表裏一体であるリスクコントロール機能も有していることになる。さらに、リスクテイク自体を目的とする組織・機能は想定しがたいことから、リスクテイクの目的である収益目標やコスト削減目標も第1線が負っている（図表4－7参照）。

一方、第2線は独立した立場でリスクに対する監視・助言を行うとともに、リスクマネジメント・フレームワークの設計とその維持・改善を実施する。第1線の機能と比較すると、第2線の主目的はあくまでリスクマネジメントを行うことであり、リスクテイク機能およびリスクテイクに対する結果責任を有するものではない。加えて、実効性の観点から、第2線が「独立した立場」にあることは重要なポイントといえる。なぜなら、「独立した立場」はレポーティングラインにより担保されるからだ。たとえば、最高リスク管理責任者やリスク委員会を主たるレポート先とすれば、リスクテイク機能・責任を負う第1線からの影響を排除することが可能になる。

第3線は、内部監査部門が担う。取締役会や監査委員会に対して、業務執行にかかる合理的保証を与える役割を有しており、第1線、第2線との区別は比較的容易である。第2線と第3線との連携（特にデータおよびITテクノロジーの活用・共有化）や役割分担のあり方については議論があるものの、両者の境界や果たすべき役割の相違が議論となることはあまりない。近年では、法令遵守や社内規則等についての準拠性の監査を第1線や第2線に移管し、第3線はより高度な観点から会社・組織全体の課題や戦略目標達成に関する重要なテーマについてフォワードルッキングな監査を志向する傾向が見られる。

図表4-7｜第1線、第2線のポイント

	第1線	第2線
機能	●リスクテイク機能とリスクコントロール機能を有する ●リスクテイクについての結果責任（説明責任）を有する	●リスクテイクは行わない ●第1線からの影響が排除されている（最終的な人事評価、任免権を含め、第1線の監督下にない）

（出所）PwC

内部監査の戦略的分野への関与のニーズ

昨今、内部監査が戦略的分野に関与することのニーズが高まっている。ＰｗＣの「２０２３年内部監査全世界調査」によると、経営幹部は内部監査がより戦略的な分野に関与することを望んでいることが明らかとなった。

全世界平均では、調査対象の経営幹部の68％が「リスクの識別と評価」の段階で内部監査が関与することを望んでおり、56％が「経営戦略とプランニング」段階で内部監査が関与することを求めている（図表４－８参照）。理由として、今日のリスクの複雑化、他の人々に安心を与える必要性、よりよいガバナンス体制構築のメリットの認識、内部監査の価値とポテンシャルに対する認識の向上が挙げられる。

前述した経営監査が可能な基盤を前提にするものの、戦略に関するリスクは必ずしも明示的ではなく、例示できる性質とも限らない。したがって、これは取締役会や経営陣との関係を構築し、対話の機会を持つことが重要だということだ。内部監査は、組織の戦略的意思決定に関してリスクの観点から見直しが必要だと判断したら、そのことを積極的に意見する必要がある。そのためにはステークホルダーエンゲージメントのあり方を変え、新たに戦略的価値を提供できる存在になることが求められている。

日本でも、図表４-８にあるように、調査対象の経営幹部の65％が「リスクの識別と評価」段階で内部監査の関与を望んでいる。これは全世界平均とほぼ同一水準だ。一方、「経営戦略とプランニング」段階で内部監査の関与を望んでいるのは38％にとどまっており、全世界平均の56％に比べてかなり低い水準となった。これは、体制の面での課題が主な要因だと考えられる。日本企業の多くに「マネジメントの視点から内部監査が経営戦略策定とその計画に寄与できるというポテンシャルを理解していない」「内部監査の高度化が進

図表4-8 | 経営幹部が考える内部監査に関与してもらいたい段階

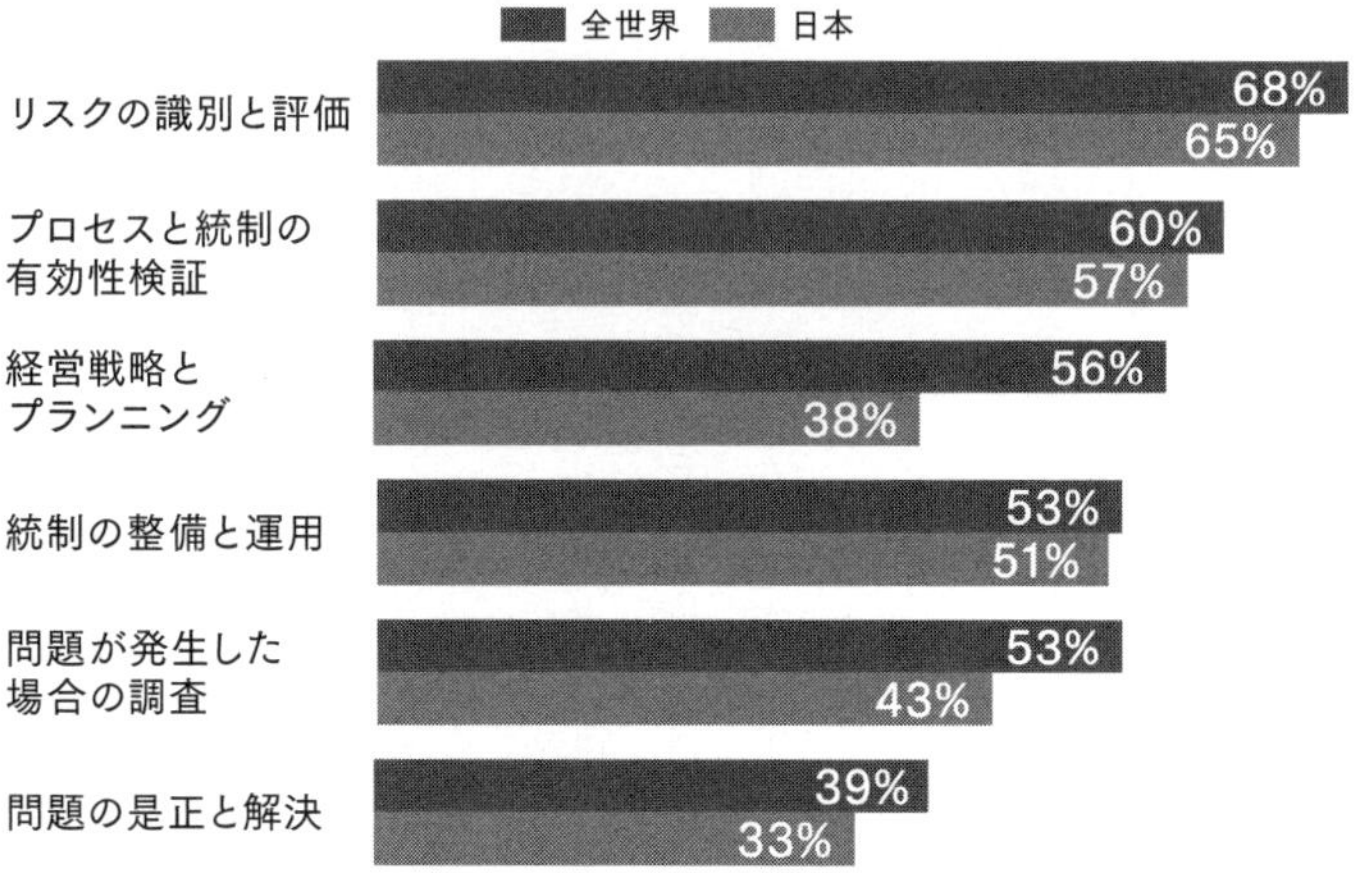

基準：「わからない」を除く全回答者、全世界4677名、日本215名
（出所）PwC「2023年内部監査全世界調査」

んでおらず戦略的分野へのニーズに応えられるだけの体制を整えられていない」「監査人材の育成・開発が進んでいない」などの背景があるだろう。日本企業が事業ポートフォリオを最適化し、グローバルマーケットで中長期的に成長するためには、世界に比べてガバナンス体制の整備に対する意識が不十分であることをいま一度認識し、内部監査の高度化を進める必要性を再確認することが大切である。

また、内部監査への戦略的ニーズに応えるべく、内部監査のアプローチも進化している。図表4－9はリスク分野とアプローチを基にしたマトリックス図だが、会社の状況に応じて、内部監査においてどの分野・手法のポー

図表4-9｜リスク分野とアプローチを基にしたマトリックス

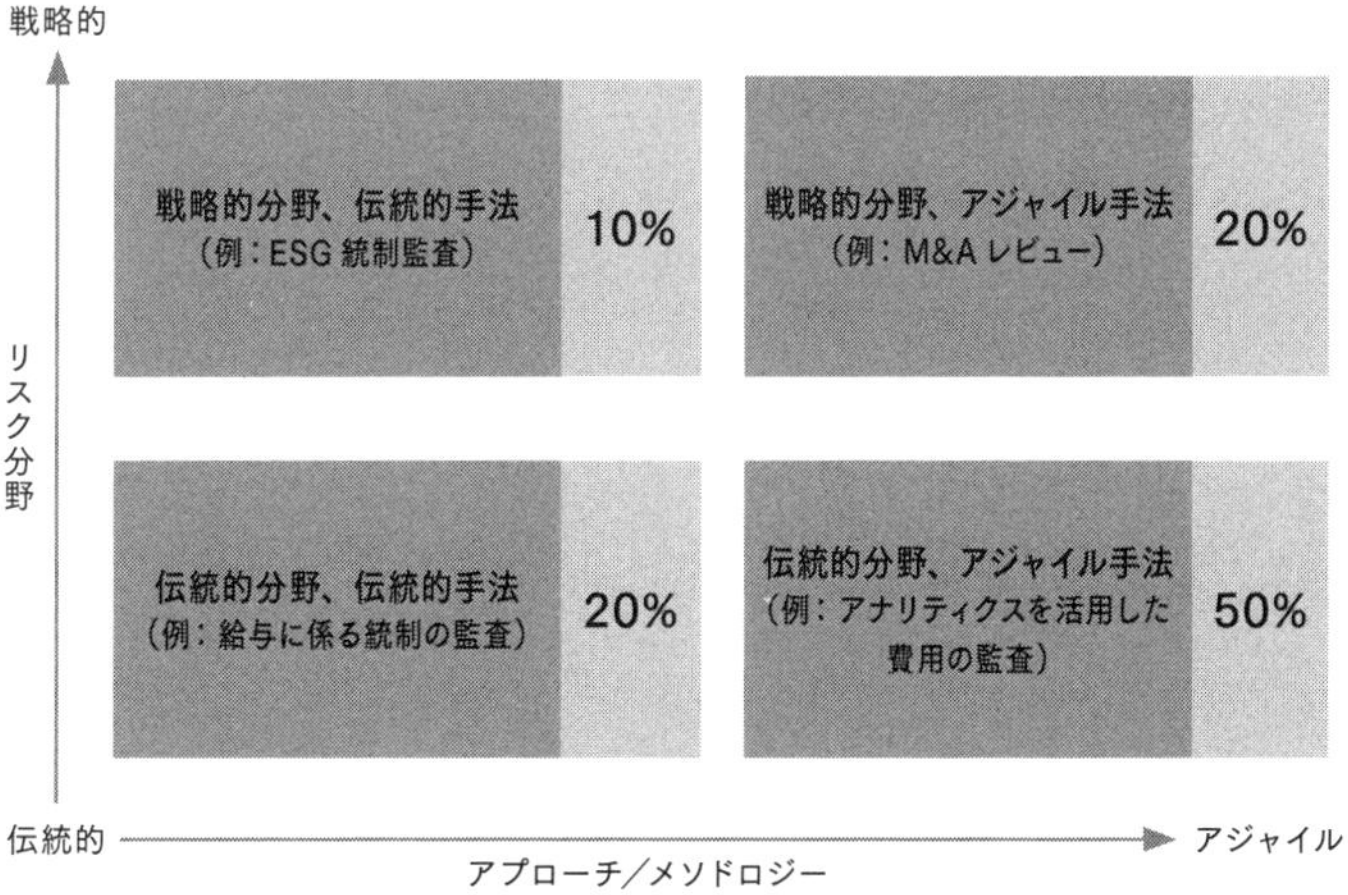

（出所）PwC Global Internal Audit Study 2023（https://www.pwc.com/gx/en/services/audit-assurance/internal-audit/global-internal-audit-study.html）

ションを増やすかを戦略的に計画することができるようになってきている。たとえば、企業が事業ポートフォリオを見直してM&Aを活発に実施するステージにいる場合ならば、内部監査は伝統的分野よりも戦略的分野にリソースを配分し、かつ、よりアジャイルな手法でアドバイザリーを目的としたアプローチをとるといったことも可能になる。

グローバル監査体制の高度化

内部監査が監査計画を策定するうえで重要なプロセスの一つに、グローバル監査体制の検討がある。組織規模が大きくグローバルに事業を展開している企業は、事業ポートフォリオの見直しで海外も視野に入れた再編を前提として考えるだろう。そして、どのような体制でグローバル監査を実施するかという悩みに直面することが多い。特に、買収した企業の内部監査のほうが成熟している場合など、重複して本社が内部監査を実施するよりも、その子会社に内部監査を任せるほうがよいこともある。

本社の内部監査機能の関与度を含めた内部監査体制は、監査対象のグループ会社の内部監査の成熟度によって、「直接監査」「共同監査」「監査対象のグループ会社の内部監査結果への依拠」

の三つに大きく分類できる。

①直接監査

本社の内部監査が監査対象のグループ会社に対して直接、すべての個別内部監査を実施する。監査対象のグループ会社に内部監査機能が存在しないか、あるいは存在しても成熟度が低い場合に取られるアプローチ。

②共同監査

本社と監査対象のグループ会社の内部監査が共同で内部監査を実施する。監査対象のグループ会社の内部監査機能が中程度に成熟している場合に有効なアプローチ。

③監査対象のグループ会社の内部監査結果への依拠

監査対象のグループ会社の内部監査機能の成熟度が高い場合に取られるアプローチ。本社の内部監査は監査を実施せず、監査対象のグループ会社が実施した監査結果を使う。たとえば、地域統括会社の内部監査室長が実施した内部監査が本社の内部監査と同等水準である場合などに用いられる。

さらに、グループ全体の第1線、第2線の成熟度によって、本社の内部監査機能の関与度を決める方法もある（図表4－10参照）。たとえば、対象のグループ会社の内部監査の成熟度が低く、第1線、第2線が十分にリスク対応できていないのであれば「直接監査」とする。第1線、第2線が十分にリスク対応をできているのであれば「直接監査＋内部監査員教育」だ。一方、対象のグループ会社の内部監査が成熟しており、リスク対応も十分になされているのであれば、「グループ会社の内部監査結果への完全依拠」も可能となる。内部監査が相応にできているけれども完全に

図表4-10｜第1線、第2線の成熟度によって本社の関与度を決める

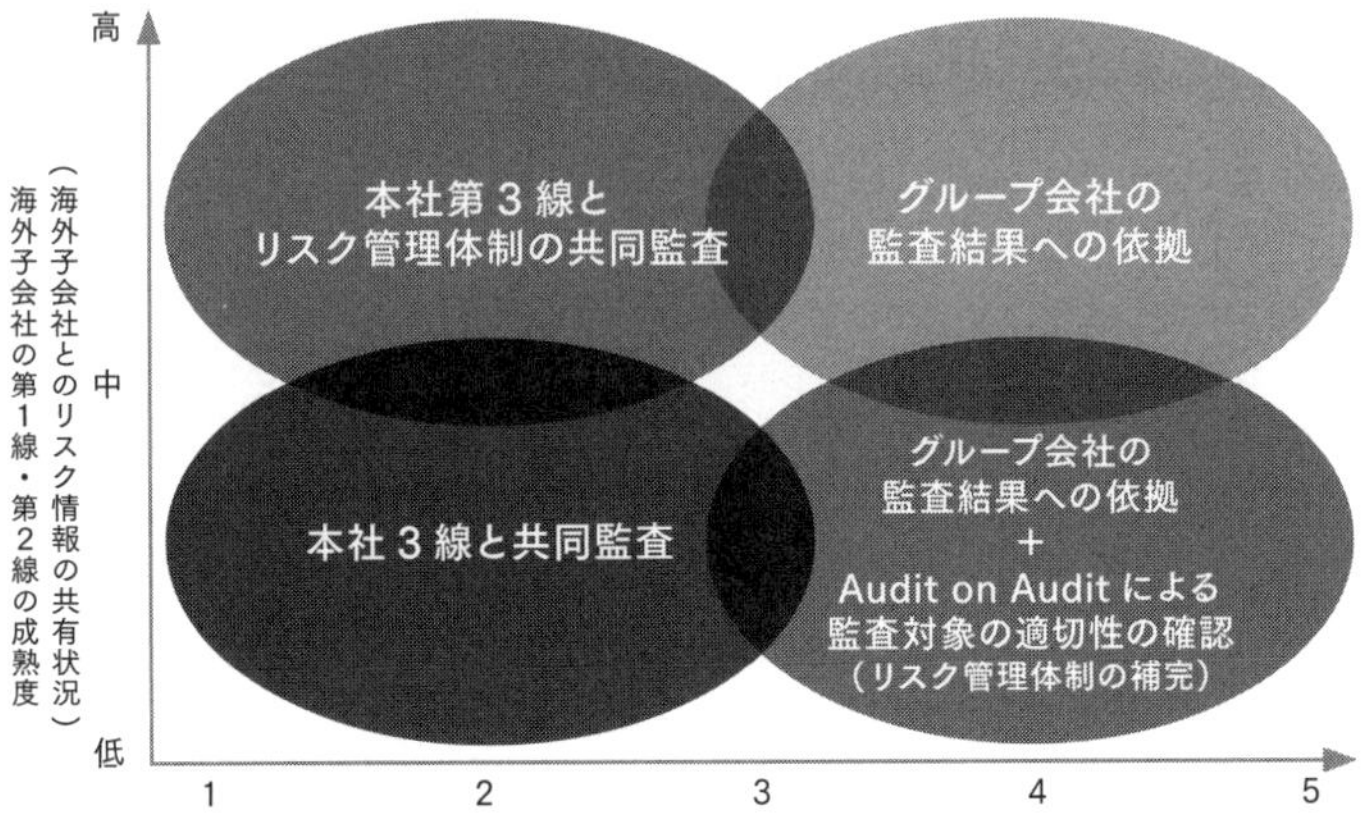

（出所）PwC Global Internal Audit Study 2023（https://www.pwc.com/gx/en/services/audit-assurance/internal-audit/global-internal-audit-study.html）

成熟していないグループ会社の場合には、グループ会社の内部監査の活動自体を本社が内部監査するアプローチを取ることもある。監査に対する監査であるこのアプローチのことを「Audit on Audit」という。

本社の内部監査機能は、基本的に「直接監査」「共同監査」「監査対象のグループ会社の内部監査結果への依拠」の順番に必要工数が少なくなる。企業は現状の組織体制によってどのアプローチを取るか、もしくは、どのアプローチを融合させるかを判断する必要がある。

「攻めのリスクマネジメント」の導入（リスクアペタイト・フレームワーク）

ここまで述べてきたように、企業の持続的成長にはリスクマネジメントを守りの側面からだけではなく、攻めの側面から考えることも必要だ。取るべきリスクに対して積極的にリスクテイクしていく「攻めのリスクマネジメント」である。リスクを自社の視点から捉えるだけでなく投資家の視点でも捉え直し、そのうえで積極的に取っていくリスクと排除すべきリスクを明確に区別することができれば、事業ポートフォリオの再編もM&Aも自信を持って実行できるようになる。

それでは、どのようにして攻めのリスクマネジメントを構築していけばいいのだろうか。ここでは、「金融業界を中心に発展してきた「リスクアペタイト」を紹介しよう。リスクアペタイトとは、リスクマネジメントにおける攻めと守りを両立させるうえでベースとなる考え方や企業の姿勢を示すもので、「組織の目的や事業計画を達成するために、進んで受け入れるリスクの種類と量を示したもの」と定義されている（図表4-11参照）。リスクに受

図表4-11｜リスクアペタイトの概念

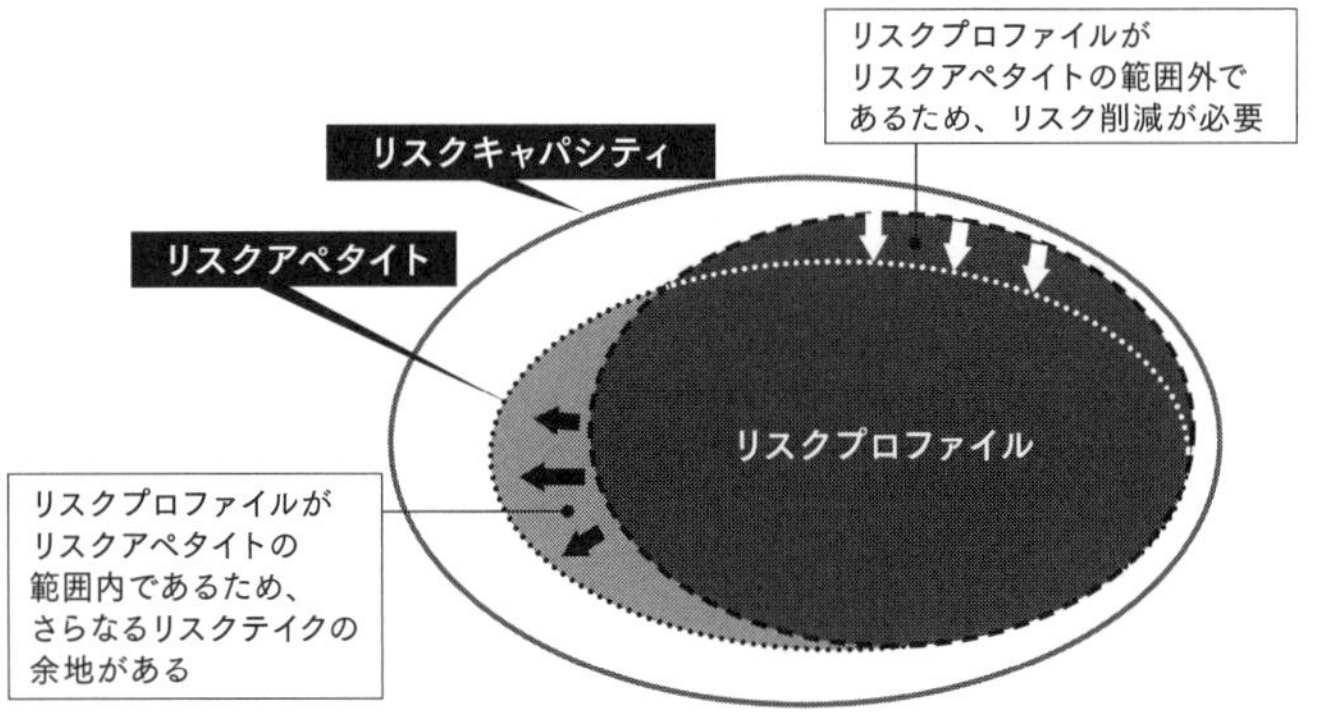

リスクキャパシティ	：組織が許容できる最大リスク量
リスクアペタイト	：組織の目的や事業計画を達成するために、進んで受け入れるリスクの種類・量
リスクプロファイル	：組織が現時点で保有しているリスクの種類・量

（出所）PwC

動的に対応するのではなく、リスクを「進んで受け入れるもの」として組織自らが能動的に定義するのである。

しかし、企業として受け入れるリスクを見定めるには、顧客や市場、株主や社会などのステークホルダーが自社にどのような期待を寄せているか、自社のステークホルダーはリスクによってどのような影響を受けるのかといった投資家の視点が欠かせない。なぜなら、自社の視点だけでリスクアペタイトを定義すると、リスクが自社にネガティブな影響を及ぼすことを回避する（自社の資本の毀損を抑える）ような行動に偏ってしまうからだ。自社の損失を回避・低減することも大切だが、リスクを積極的に取りにいくにはステークホルダーへの価値提供をいかに実現するかという、より広い観点が重要になる。

健全なリスクガバナンスを構築するための前提として、このリスクアペタイトの考え方はあらゆる産業に有効だ。企業として取るべきリスクの明確化とその共有、またリスクに関わるステークホルダーの価値観や行動への反映といった点についての課題は、業種を問わず、多くの企業において認識されているからである。

また、リスクアペタイトを基本としたリスク認識を企業全体で共有し、リスクのモニタリングと必要なアクションを実現するには、「リスクアペタイト・フレームワーク」を活用する（図表

図表4-12｜リスクアペタイト・フレームワーク

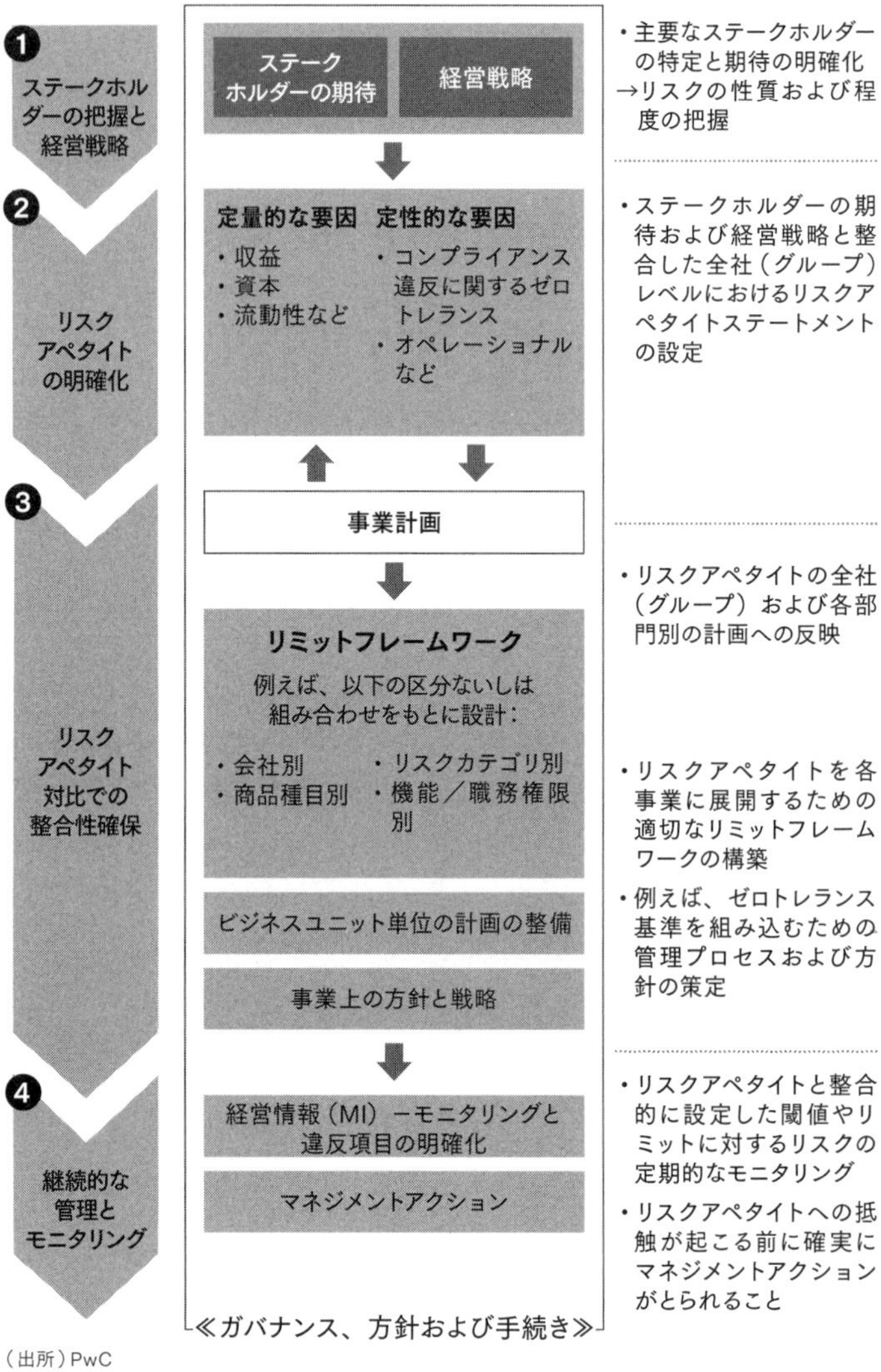

1 ステークホルダーの把握と経営戦略
ステークホルダーの期待
経営戦略
・主要なステークホルダーの特定と期待の明確化
→リスクの性質および程度の把握
2 リスクアペタイトの明確化
定量的な要因
・収益
・資本
・流動性など
定性的な要因
・コンプライアンス違反に関するゼロトレランス
・オペレーショナルなど
・ステークホルダーの期待および経営戦略と整合した全社（グループ）レベルにおけるリスクアペタイトステートメントの設定
3 リスクアペタイト対比での整合性確保
事業計画
・リスクアペタイトの全社（グループ）および各部門別の計画への反映
リミットフレームワーク
例えば、以下の区分ないしは組み合わせをもとに設計：
・会社別
・商品種目別
・リスクカテゴリ別
・機能／職務権限別
ビジネスユニット単位の計画の整備
事業上の方針と戦略
・リスクアペタイトを各事業に展開するための適切なリミットフレームワークの構築
・例えば、ゼロトレランス基準を組み込むための管理プロセスおよび方針の策定
4 継続的な管理とモニタリング
経営情報（MI）ーモニタリングと違反項目の明確化
マネジメントアクション
・リスクアペタイトと整合的に設定した閾値やリミットに対するリスクの定期的なモニタリング
・リスクアペタイトへの抵触が起こる前に確実にマネジメントアクションがとられること
≪ガバナンス、方針および手続き≫

（出所）PwC

4−12参照)。このフレームワークを経営陣の意思決定プロセスと全社的なリスクマネジメントの枠組みに組み込めば、業務執行においてリスクテイクが可能な範囲を明示的に定義することができる。

まとめ

これまでのリスクマネジメントは、基本的に守り一辺倒だった。しかし本書では、ここから一歩踏み出してリスクマネジメントを経営戦略の一部として捉え、事業ポートフォリオの入れ替えの際に検討しなければならない重要な要素と位置付けている。

リスクの変化に先手を打って、積極的に事業ポートフォリオ改革を推進していくには、グローバルガバナンスの実効性を高める必要がある。そのためには、グローバルガバナンスを形だけのものとするのではなく、カルチャーを「深化」させるようにガバナンス体制を整備していかなければならない。組織に属する個々人の意識をも改革できなければグローバルガバナンスは機能せず、攻めの経営も実現できないからだ。

ガバナンス体制の整備という意味では、第1線、第2線、第3線それぞれについてマネジメント目線での活動を可能にする体制の整備と運用が必要である。また、リスクマネジメント部はその領域を拡大し、M&A等の事業再編においても十分に関与することが期待される。第3線にあたる内部監査については、マネジメントの戦略的分野への関与ニーズが高まっていることに応えるためにも、内部監査体制の高度化が重要となる。

第5章

事業ポートフォリオ戦略にまつわるホットトピックス

サステナビリティ対応

現在、サステナビリティという比較的新しい価値基準が企業への影響を強めている。変化し続ける環境のなかで、企業は社会に求められる商品やサービスの供給を維持すること、社会から信頼され続けることが求められている。サステナビリティによって社会、そして企業が変わっていく部分と、サステナビリティ自体がさらに進化していくなかで、日本企業はそれらをどう取り入れて、事業ポートフォリオの入れ替えを果断に推進するなどの変革につなげていくか。この変革を通じて、日本企業が社会の一員としてグローバルに貢献できることは何か。本節では、真のサステナビリティ経営実現への道筋を三つのキーワード「サステナビリティガバナンス」「サーキュラーエコノミー（サーキュラリティ）」「カーボンニュートラル」で考察する。

サステナビリティによって変わる社会と事業環境

サステナビリティを推進していくドライバーは三つある。一つ目は、いわゆるサステナビリティ課題というメガトレンドだ。たとえば、気候変動が進んで農作物の収穫量が落ち、商品を調達できなくなるなど、サステナビリティ課題が企業や事業に直接的に影響を与えるというものだ。二つ目は、ステークホルダーの要請である。この場合のステークホルダーとは行政、国際機関、クライアントやユーザー、NGOなどのことで、彼らによる「気候変動が進んできたが、この企業はいまだに事業を通じて多量の二酸化炭素を排出している。減らす努力をすべきだ」といった要請を受け、企業は変革の必要性に直面している。三つ目は、グローバル企業によるサプライヤーへの要請である。二点目のステークホルダーの要請を受けたグローバル企業が、自社のサプライヤーに脱炭素化を要請するというものだ。

この三つのドライバーにより、日本企業はこの3～5年で大きく動き始めた。一方、欧州の企業は15年ほど前からこうした動きに対応しており、日本企業の出遅れ感は否めない。メガトレンドそのものに対する危機感の高まりに加え、国際機関やNGO、投資家からの要請も強く、ヨーロッパの企業ではサステナビリティを基軸とした事業再編が早い段階から進められている（第1章を参照）。

たとえば、あるグローバルメーカーでは、イノベーションとサステナビリティを企業理念と戦略の中心に据え、鉱業から化学、そしてバイオや栄養の分野へとポートフォリオを最適化してきた。また、世界的な脱炭素の潮流を受け、再生可能エネルギー企業への転換を図り、化石燃料から洋上風力発電事業に事業変革を進めた企業もある。さらに、イノベーションとサステナビリティを軸に、使い捨てによる環境負荷を減らすために売り切りモデルからサービス化へとビジネスモデルの転換を行い、ポートフォリオ変革を進めている企業もある。

グローバルでは、設備投資やM＆A等において、非財務指標に基づく将来リスク／機会を、経済指標に基づくリターン評価と並ぶ重要判断指標に置く企業も存在する。日本企業も、財務のみならず、非財務情報も含めて、自社にとって重要となる点を洗い出し、未来の成長のためにポートフォリオを見直す時期に来ていると言えるだろう。次項から、日本企業のサステナビリティ経営実現に向けた新たな動きと注目すべきテーマ、ガバナンスについて解説していく。

日本企業にとってASEANのサーキュラー化は不可欠

日本企業は、たとえばペットボトルを薄くするなど、自社でできる脱炭素化への取り組みは一生懸命に進める。だが、他社と協力してエコシステムを構築したり、消費者を巻き込んで何かの大きな運動を起こすようなことはあまり得意ではない。また、サステナビリティを軸に事業ポートフォリオを変革するという日本企業もいまだ限られる。一方で、先に述べたさまざまなサステナビリティの要請から、グローバルではさまざまな規制や自主的なルールが形成され、将来的に企業の競争力に影響を及ぼすことが懸念されている。サステナブルなビジネスを実現するには、1企業単独での対応には限りがあり、地域的な事情を考慮したうえで、さまざまな企業との連携などを模索していく必要がある。そこで紹介したいのは「エグゼクティブ・サステナビリティ・フォーラム」の取り組みである。同フォーラムは、サステナビリティ経営に積極的に取り組む企業の経営者が集まり、アジアにおける成長とサステナビリティを両立し、新しい時代の成長のあり方を検討するものとして、2022年11月に発足した。多数の日本企業がサステナビリティ実現のためのエコシステムの在り方を議論し、変えていくためだ。同フォーラムには、日本を代表するグローバル企業とPwC Japanグループが参加している。

同フォーラムは、2024年1月に「サーキュラーエコノミーおよびカーボンニュートラルに関する共同声明」をとりまとめている。[注1] 急速に経済成長するASEAN（東南アジア諸国連合）では、エネルギーも食料も商品もあらゆるモノのニーズが伸びていくが、供給には限界がある。その供給の限界には、「石油が枯渇する」「気候変動で農作物が収穫できなくなる」といったサステナビリティ的な限界と、国際紛争などのリスクの高まりによって資源の確保が困難になるという地政学的な限界の、二つの側面がある。そこで共同声明では、これまでの大量資源消費、大量廃棄の成長モデルから、今後は脱資源依存化とサーキュラー化がASEANにとって重要になるとの考えから「ASEANのサーキュラリティ」がテーマとされた。

ここでのサーキュラリティは、三つの物質に分けて整理することができる。一つ目は炭素のサーキュラリティ、つまりカーボンニュートラルである。たとえば二酸化炭素は、循環することの経済合理性は低いものの、気候変動を生じさせているとの認識から社会的要請が高い。二つ目は金属とプラスチックを含む資源を循環させる、マテリアルのサーキュラリティ。金属は残余価値が高く、循環することの経済合理性が高い。一方、プラスチックは循環することの経済合理性は低いものの、社会的要請が高い。最後は、食料やバイオといった生態系を循環させるバイオのサー

注 1：https://www.pwc.com/jp/ja/services/sustainability-coe/executive-sustainability-forum/assets/pdf/joint-statement.pdf

キュラリティだ。これは循環することの経済合理性は低いものの、人々の生存基盤になっている。消費も廃棄も急増するASEANでは、サーキュラーエコノミーを推進することで、日本企業にも大きなビジネス機会が生まれると考えられる。その際に、それぞれの物質に対する経済合理性と社会的要請などを考慮することで、比較的達成が容易な領域や課題を特定し、推進していくことが可能となる。

また、ASEANは日本の製造業のサプライチェーンにとって非常に重要な地域でもある。現在、サプライチェーンをグローバルに広げている企業でも、今後、もしASEANでの原材料調達ができなくなったとしたら、大打撃を受けるだろう。ASEANのサーキュラー化は日本の製造業にとって非常に重要な問題なのである。

日本企業は、ガバナンスの仕組み上では進化の過程にある

サステナビリティ推進を支えるガバナンスの仕組みには、四つの過程がある（図表5－1参照）。レベル1は、事業部内にCSR部を設けてサステナビリティ施策を推進する段階。レベル2は、経営直下にサステナビリティ推進組織を設け、執行側がしっかりとした取り組みを始める段階。

レベル3は、サステナビリティ推進組織が自律的に動く段階で、監督側に専門委員会を設置する場合もある。レベル4は、執行側の各事業部が腹落ちし、自分事としてサステナビリティを推進できるようになる段階だ。この段階では日常のビジネスのなかにサステナビリティの目標が当たり前のものとして組み込まれる一方、監督側のサステナビリティ諮問委員会は方針を提示するにとどまる。

現在、日本企業の多くはレベル2からレベル3の段階にある。だが、ここ数年、取締役会でサステナビリティ推進組織を牽引する企業も増えてきた。一方、早い段階から脱炭素化に動いていた欧州の一部の企業は、レベル3を通り越してレベル4に到達している企業

図表5-1｜サステナビリティ推進を支えるガバナンス類型

High ↑ ガバナンス体制の先進性 ↓ Low

	監督	執行
Lv.4 現場への浸透	サステナビリティ諮問委員会が推進状況を**ダブルチェック、先見的な方針提示**	各事業部・経営会議のサステナビリティコアメンバーが中心となり、事業部が**自分ゴトとして推進**
Lv.3 取締役会が監督・牽引	取締役会がサステナビリティ推進組織を**監督、牽引**（一部企業は、**取締役会の下部に専門会議を設置**）	経営会議の下部の**サステナビリティ推進組織が検討、推進**
Lv.2 経営直下にサス部を配置	N/A（事実上監督機能なし）	経営会議の下部の**サステナビリティ推進組織が検討、推進**
Lv.1 CSRを隅で推進	N/A（事実上監督機能なし）	事業部内にCSR部を設け、サステナビリティ施策の検討、推進

（出所）PwC作成

もある。特にオランダやデンマークなど先進的な地域の企業は、最先端のガバナンス体制といってもいいだろう。

日本企業の変革への意識の壁と経営の役割

数年前まで日本企業の多くは脱炭素化に懐疑的で、実際、カーボンニュートラルの取り組みには完全に出遅れていた。日本企業が脱炭素化に動こうとしなかった理由について、私たちは三つの問題があると考えている。一つ目は、自分たちと違う意見に対する機会が非常に低いという問題。二つ目は、自分たちと違う意見を受け入れられないというメンタリティの問題。三つ目は、違う意見を聞くだけは聞くものの、それを反映した取り組みを実行に移せない組織の問題だ。

要は、日本企業は不都合な真実に対する取り組みが、欧州の先進企業に比べて圧倒的に苦手だということだ。脱炭素化についても、入ってきた情報を自社でしっかりと検証し、自分なりの対策を取ることができた日本企業はほとんどなかった。つまり、これは企業文化の問題でもある。

この流れが変わったのは、2020年に菅義偉元首相が所信表明演説で、2050年のカーボンニュートラルを表明してからだ。ここから急速に、日本企業は脱炭素化への取り組みを推進するようになる。

一つ気がかりなのは、遅れを取り戻そうとするかのように、多くの経営者が脱炭素技術を語り出したことである。それは、本来ならば経営者の仕事ではない。経営者が行うべきことは、脱炭素化の波に乗り遅れたという経験を踏まえ、失敗を繰り返さないようにすることだ。次の世界の流れを見極め、機会を逃さないためにどう網を張るか。リスクに早めに対応するにはどうしたらいいのか。そういう議論が求められているはずである。

日本企業のサステナビリティの肝は食の安全保障

最後に、サステナビリティに関連する重要テーマの一つである食の安全保障について触れておこう。食の安全保障は、国連のSDGsの目標2「飢餓をゼロに」において「私たちが食料の生産、共有、消費の方法を考え直すときが来ています」にもあるように、人類にとっての生命線である。

その観点から、現在、最も危惧すべき問題の一つに、窒素の循環が乱れはじめていることがある。これまで、農業の生産性を上げ、農作物の収穫量を増やすために窒素が乱用されてきた。人口が増え、それに伴って食べ物を増やすために、窒素肥料をばら撒《ま》いてきたのだ。しかし、自然が受け入れられる限界点を超えた窒素を与えると、逆に生産性は落ちてしまう。今や、世界の農業は生産性の限界を迎えようとしている。

窒素は生物の体のタンパク質にも含まれる。タンパク質は、主に炭素、酸素、窒素、水素で組成されているからである。そのため窒素の循環が乱れると、タンパク質が不足し、ひいては人間の健康への影響すら生じる可能性がある。つまり、この問題は、人類と食品会社、農作物に関わる多くの企業の大きな課題なのだ。

ＰｗＣとしては、今後、企業のサステナビリティはいかにバイオ由来の調達を維持するかがポイントになると考えている。もちろん、企業も傍観しているわけではない。窒素効率を上げる技術開発や窒素肥料に頼らない農法など新しい技術も出始めている。人類がサステナブルに生きていくために、日本企業はそれらの新たな技術を活かして、自ら革新を進めなければならない。

税務リスク対応

日本の市場規模が小さくなるなかで、海外市場の重要性が相対的に高まっている。海外で生き残っていくこと。それが、日本企業がグローバルマーケットで生き抜く必要最低条件となる。その一方、海外の事業ボリュームが増えていくと、国内よりも海外への納税割合が大きくなる。国内だけでビジネスを展開するならば、日本の税務署や国税庁を相手にするだけでよかった。だが、海外でビジネスを展開するようになると、当該国・地域の法律や税務執行に対応し、日本と異なる税務当局と渡り合わなければならない。本節では、守りのガバナンスであるリスクマネジメントのホットトピックスとして、グローバルグループ納税の最適化、タックスリスクマネジメント、組織設計とトランスファープライスの整合性について説明する。

企業にとっての税とは

まず、税について振り返ってみよう。企業にとって、税には次の三つの意味がある（図表5－2参照）。

①費用・リスクとしての税
②社会的責任としての税
③政策手段としての税

●費用・リスクとしての税

これは最もわかりやすい意味といえるだろう。企業には、法令を遵守して税を納める義務がある。基本的に、企業にとって税は利益

図表5-2｜企業にとっての3つの税

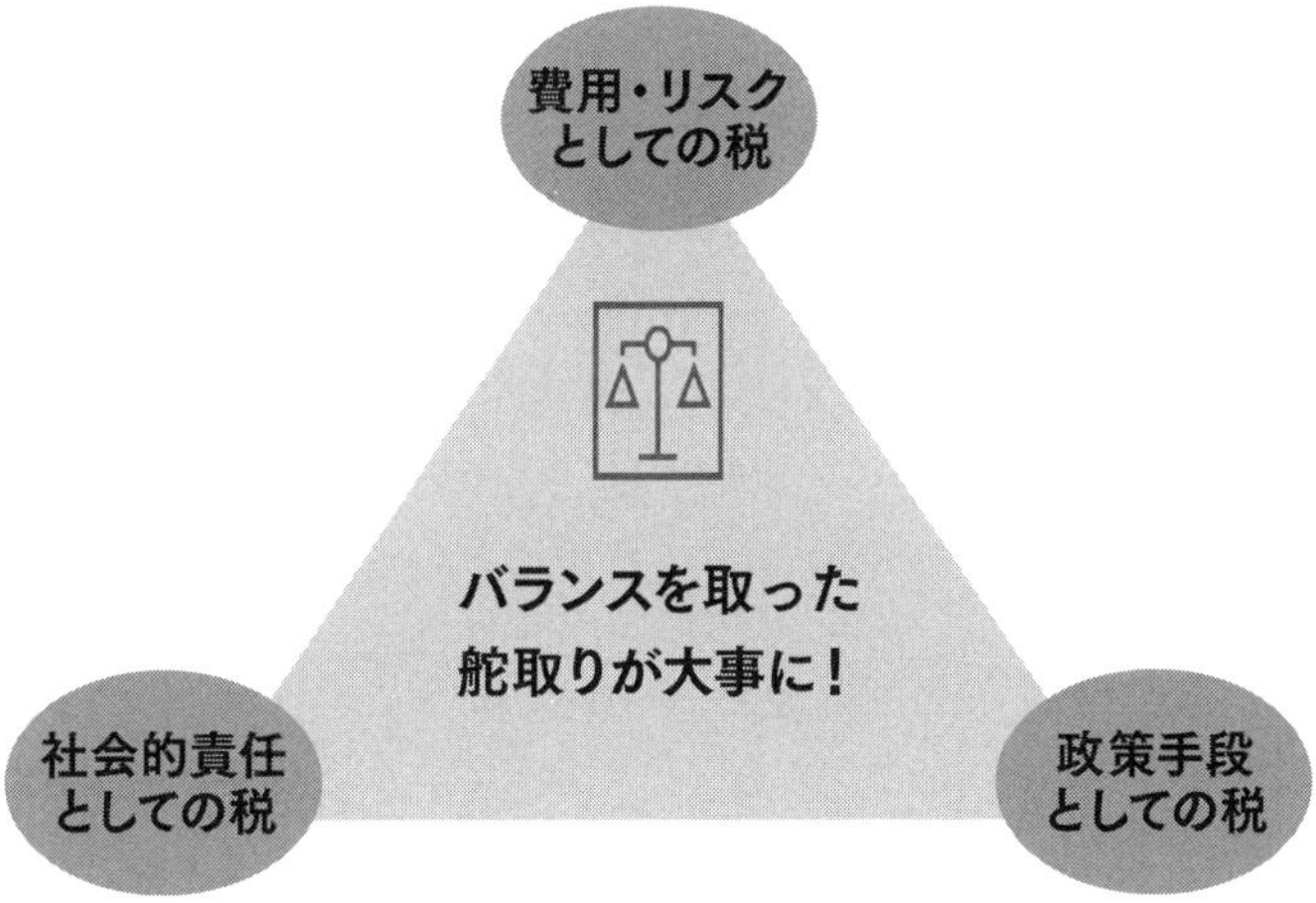

（出所）PwC作成

に対して払うものだが、過度の納税はキャッシュの流出となり、企業価値の低減につながる。そのため、できるだけ税コストを抑えたいと考えるのは、企業として当然のことだ。だが、納税漏れや租税回避などのコンプライアンス違反で追徴課税を受けたと報道されることは、レピュテーションリスクを引き起こす要因となる。つまり、適正に納税しなければ、企業価値を毀損することになるのである。もちろん、多くの日本企業はコンプライアンスを比較的重視しており、長年にわたり国内で適正な申告を行っている。

●社会的責任としての税

ある国・地域で事業活動を行う以上、社会の構成員として税を負担し、社会に貢献する義務が生じる。この「社会的責任としての税」が問われるようになったのは、グローバル企業がある国でかなりの利益を上げておきながら、その国に納税していないことに対して、NGOなどが「この企業の行動はおかしいのではないか。地域に還元せず、租税回避的なことをやっていて本当にいいのか」と、批判の声を上げるようになったからである。これは、ESGでいうところのS（社会）に相当することといえるだろう。

昨今のESGの潮流により、グローバル企業の一部で、税務情報や税に関する行動規範を定めたタックスポリシーを開示する動きが加速している。それによって、事業を展開する国・地域に適正な納税を行っていることを知らしめ、税務情報の透明化を図るというわけだ。最近では、投資家向けのサステナビリティ格付指標でも、こうした社会的な責任を考慮するようになってきている。

●政策手段としての税

国は税収を確保し、集めた税金で政策を実現したり、公共投資を行ったりする。一方で、その税を補助金などと同様に政策手段として用い、個人や企業の行動を誘導することがある。個人に対しては、たとえば住宅ローン減税を実施することによって住宅取得や住宅投資などを促す。企業に対しては、望ましい施策にかかる税制優遇策を設定することがある。たとえば、デジタルトランスフォーメーション投資促進税制でＤＸ推進を、カーボンニュートラル投資促進税制でCO_2削減を促進するといった具合だ。税を政策手段として用いることは幅広く政策を適用できるなどの利点もある。また、逆に企業や業界団体が、国に対してロビー活動を行うこともある。これは日本に限らず、諸外国でも活発に行われている。

このように、一口に税といっても、いろいろな側面がある。企業を経営するにあたって、税はPLに記載される費用である一方で、バランスの取り方しだいではリスクにもなり得る。また、適正な納税をしなければ、NGOや地域住民からの反発を生むことにもなる。ただし、これはコンプライアンスというよりも、レピュテーションの問題といえるだろう。対応を間違えれば、企業の信用が失墜するといったブランドの毀損につながる可能性があるからだ。

国・地域は税を政策手段として使っているが、企業も上手に活用すれば非常に大きなメリットを得ることができる。たとえば、政策手段として使われている優遇税制は、それを利用しても租税回避とはならない。そうした優遇税制を活用することで、より積極的な投資を実行することができるということだ。

こうした税の基本的な性質は万国共通である。企業がグローバル展開して企業グループの形が変わったり、事業ポートフォリオが足早に入れ替わったとしても、この三つのバランスを取りながら、いかに税務の問題を管理・運営していくか、いかにガバナンスを効かせていくかがポイントであることは変わらない。

GMTの導入とデータの一元化

経済がグローバル化し、いろいろな国・地域にまたがって企業活動が行われるようになると、多国籍企業はコストとしての税を少しでも下げようと、低課税国・地域に知的財産とともに利益を移転させて納税額を抑えるなど、税コストを低減させる施策を打ち出し始めた。たとえば概算として、利益が1000万円の場合、日本は実効税率（外形標準課税適用法人）がおよそ30％なので課税額は300万円になるが、こうした利益をその源泉となる知的財産とともに税率が10％の低課税国に移転すれば100万円ですむこととなる。これは、経済のグローバル化とともに知的財産が重要な意味を持つデジタル経済の浸透によって生じる副産物的な課題の一つだ。すでに企業に対する適切な課税はできなくなってきており、この課題に日本や各国・地域が独力で取り組むには限界がある。

こうした状況を打開しようと、近年では国際的な合意に基づいた法制度の施行が増えてきている。その一つに、日本では2024年4月に適用開始となった「グローバル・ミニマム課税（Global Minimum Tax：GMT）」がある。経済協力開発機構（OECD）がリードするデジタル経済課税の第二の柱で、年間7億5000万ユーロ（1200億円から1300億円程度）超の収益を稼得する多国籍企業を対象に、15%に設定されたグローバルでの最低法人税率を導入するという国際課税ルールである。国際的な租税回避によって国家間の法人税引き下げ競争が激化したことから、それを防止するために導入された。GMTの適用によって、これまで低課税国・地域に所得を移して税コストを下げるという多国籍企業が行ってきたタックスプランニングは大幅に無効化される。

2021年10月に、BEPS包摂的枠組み（税源浸食と利益移転に関する包摂的枠組み）に参加する世界136カ国・地域の間でデジタル経済課税が最終合意されたことで、多くの国・地域でGMTは適用されるわけだが、これは従来の税制の世界ではあり得ないことだった。なぜなら、税法あるいは徴税は国家主権のなかでも根幹をなす部分であるため、そのルールを一元化するという考え方そのものがなかったからだ。

GMTの適用によって、グローバル企業は各国・地域で必要なデータを集める必要が出てきた。これまでは、たとえば日本、中国、米国で益金不算入となる配当の定義がそれぞれ異なっていても、法的には問題なかった。だが、適用後は必要となる情報について、同じ定義でのデータを各国・地域で収集しなければならない。これは、連結会計と少し似ている。連結会計では親会社が子会社から必要な情報を集める。ＧＭＴも同じだ。必要な情報を効率的に収集するには、グループ全体でデータの一元化、グループ内に点在するデータを一定の精度で収集する仕組みが求められる。

グローバルタックス管理体制構築の必要性

ＧＭＴのような新たな国際課税ルールができ、それに対応して各国・地域の税制度はますます複雑化している。こうした制度対応を、子会社単体で管理・実施していくことはかなり難しい。なぜなら、国・地域ごとにデータを収集し、税の計算をする必要があるからだ。

たとえば、米国に20社の子会社があり、全部の子会社の税率をまとめて計算すると、税率が５％だったとしよう。ＧＭＴでは最低税率が15％であるため、差分の10％を日本で支払わなければならない。こうなると、本社が中央集権的にグループ全体の税を管理するグローバルタックス管理体制を構築しなければ、国際税務のルールに対応していくのは難しいだろう。

多国籍企業が所得を低税率国に配分することによって税金逃れをしないように、各国・地域の税務当局はグループ全体の税務情報を提供させるような制度を整備し、税金を適正に徴収しようとしている。この流れに合わせるためには、もはやグローバルタックス管理は必須となる。

グローバルタックス管理における三つのポイント

税金の問題は非常にローカルでありつつ、グローバルに対応しなければならない。繰り返しになるが、税は各国・地域の問題である。これは、各国・地域にそれぞれ独自のルールや徴収方法、税務調査、税務執行があり、企業に間違いがあれば、各国・地域のルールに則って正されるということだ。その一方で、移転価格税制やGMTなどのように国・地域を超えた国際課税制度もあり、グローバルベースでの対応や申告が求められている。従来はローカルの問題だった税だが、今はローカルだけれどもグローバルな対応が必要になっている。

この状況で、グローバルなグループ全体の税をどのように管理するか。ポイントは次の三つだ。

- 法令上必要な税務情報を収集し、税務上何が起きているかを理解する
- 税務リスクを含むグループの税務情報を把握して目標実効税率を設定し、乖離を分析する
- 税の方針を持ち、その方針に基づいて運営するのみならず、社会的責任として適正な納税

が行われていることについて説明責任を果たす

●法令上必要な税務情報を収集し、税務上何が起きているかを理解する

基本となる第一歩は、法令上必要な税務情報をグループ内で収集し、税務上で何が起きているかを理解することである。これは、かなり負荷の大きい作業となる。本社も子会社も国内にあれば、コミュニケーションは日本語で、根拠法も日本語であることから、本社も必要な税務情報をすぐに入手できる。だが、日本以外の国・地域ではそうはいかない。たとえば、中国に子会社があるとしよう。中国は言語も違うし、ドキュメントの根拠や法令もすべて中国のものが適用される。そのうえで、自社が中国でどういう事業活動をして、どういう税金を払ったか。そして、過去にどういう税務処理が是認され、どういう税務処理が是認されなかったか。税務に関して、どういったことが中国で起きているか。そうしたことをすべて把握していなければならない。これが第一のポイントとなる。

●税務リスクを含むグループの税務情報を把握して目標実効税率を設定し、乖離を分析する

税金の問題で難しいのがコストだ。コストだからとあまりにも削減しすぎると、租税回避とさ

れたり、社会的な責任や道義的な観点から問題視されることがあるからだ。しかし、逆に払いすぎると、外部流出しすぎだとして、株主から利益を毀損していると批判されかねない。そのため企業は、法の求めるところ、社会通念上、妥当だと思われる適正な水準に税コストを管理することが求められる。この適正な水準に税コストを管理するには、「目標実効税率」の設定が有効である。

目標実効税率を設定するには、グループ全体の税に関する情報を把握し、自社グループに適用される各国・地域の定めるさまざまな税制優遇策、さらに移転価格のストラクチャーや外国子会社合算税制（CFC税制）、GMTなどの国際課税ルールの適用を考慮する。たとえば、日本の実効税率は約30％だが、グループ全体の所得の半分が移転価格税制上、税率17％のシンガポールに帰属すれば、当然グループ全体の実効税率は低くなる。また、研究開発関連税制などの政策減税を活用すると、実効税率は30％よりも下げることができる。ポイントは「グループのバリューチェーンを前提に、各国・地域に対してどのような所得配分が適切か」「法定税率を基準に、政策減税によって実効税率がどの程度低減できるか」を把握することだ。こうした情報を把握してグループ全体で統合すれば、グループ全体の目標とすべき実効税率が見えてくる。

次に、目標実効税率と実際の税コストとの乖離を分析する。ただ、乖離があったとしても、小さい場合にはそれが適法なものであれば問題はない。問題になるのは大きい場合だ。乖離が大きい場合、その多くに税不効率が起きており、財務的な損失を被っている可能性があるからだ。税不効率を引き起こす要因には、「税務上、費用として認められないような支出になっている」「ある国では損が出て、ある国では益が出て、それがうまく相殺できていない」などいくつかあるが、適法な範囲で使える制度を活用し、適切なプランニングを実施することで解消できる可能性もある。このように、目標実効税率からの乖離の原因と、それに対する対策をある程度理解することが、税コストを管理するということである。

コストだけでなく、リスクを把握することも大事だ。どれほど税コストを適正に抑えても、非常に税務リスクが高い処理をしていると、後々、税務調査で問題になることがある。ここでいう「税務リスクが高い処理」とは、法の解釈に反している可能性が高い処理や、各国・地域の税務当局と異なる法令解釈をし、後日、納税せざるを得ないような申告ポジションをとることをいう。これは、税というのが基本的に法律に基づいて執行され、計算し、納めるものだからである。そのため、それに反する処理や行為を行えば、後日、税務調査で「この支出は費用として認められない。もっと税金を払うように」と指摘される可能性がある。

特に税務執行は、国・地域によって執行の仕方にも個性があり、その予見可能性を完全に防ぎきれるものではない。たとえば、日本では税務訴訟はまれで、納税者が勝訴するケースはまだまだ多くはないが、インドやインドネシアでは税務訴訟は一般的であり、納税者が勝訴することは普通にある。したがって、どのような税務リスクが潜んでいるのか、各国・地域の税務執行の特色を踏まえて、それを自助努力で回避できるのかを把握することは、グローバル企業にとって特に重要となる。

ところで、自助努力で回避できる典型的な税務リスクに移転価格がある。ただし、日本が想定する利益水準と相手国が考えている利益水準の相違が大きければ、どちらかの国・地域で問題となるような状況になることもあり得る。そのような状況を回避する有効な対策として、適切な利益水準を関係税務当局と事前に合意する移転価格事前確認制度（Advance Pricing Arrangement：ＡＰＡ）がある。移転価格リスクを回避するために、多くの企業がＡＰＡを利用するが、取引状況によってはＡＰＡが利用できないこともある。このように企業の事業活動や取引の状況から、税務リスクにはどうしても不可避なものもあることに注意したい。

今、自社が抱えている税務リスクは何か、コスト水準はどの程度か、目標実効税率との乖離はどの程度か、乖離は解消できるか。コスト感とリスクの感度を把握し、タックスポリシーに則ってタックスプランニングを実施して、実効税率をきちんと一定の範囲にキープすることが重要なのである。

● 税の方針を持ち、その方針に基づいて運営するのみならず、社会的責任として適正な納税が行われていることについて説明責任を果たす

ＥＳＧの潮流から、「社会的責任としての税」は近年特に重視されるようになってきた。社会的責任として、企業は税に関する方針を持ち、その方針に基づいて適切な管理がなされていること、また社会的責任として適正な納税が行われていることを説明できることが求められている。

前述したように、グローバル企業のなかにはタックスポリシーを開示する動きが加速している。ある日本企業は、買収した欧米企業からタックスポリシーの有無を聞かれたそうだ。考え方の違いもあるが、欧米企業のなかにはタックスポリシーを持って適正な納税を行い、移転価格やタックスヘイブン活用の問題に対応し、タックスプランニングが過剰にならないように一定の歯止めをかけたりする企業がある。また、税務調査などの際には、各国・地域の税務当局にタックスポリシーを使って説明することもある。

だが、タックスポリシーがあるだけでは意味がない。実際に運用するためには、ポリシーをガバナンスに落とし込んでいくような仕組みを構築する必要がある。企業には、タックスポリシー

や税に対する考え方、そして納税状況を説明するなど、税務情報の透明化が求められているのである。

現在のところ、納税情報の開示はまだ完全に必須となってはいない。だが、ＥＵでは、２０２１年12月に一定の条件を満たす多国籍企業に対して、国・地域ごとの納税額などの開示を求めるＥＵ指令が出ている。こうした動きが広がれば、ＥＵ域内のみならず、他の国・地域やグループ全体の税務情報を開示することが求められる可能性がある。

日本企業における税のガバナンスの問題

ここでは、グループガバナンスや事業ポートフォリオマネジメントに関わる事例を三つ紹介する。

●システム導入に伴うセグメント・製品別損益管理と移転価格管理（ＯＴＰ）

税は国・地域によって異なり、税務業務も属人化されていることから、これまで経理領域のなかでは一番システム化されていない領域だった。だが、税の世界にもシステム化の波がきており、グループ全体にシステムを導入する機運が高まっている。その結果、事業ポートフォリオの入れ替えがあっても、すぐに情報を取得し、適切な管理を行うことが可能になってきた。このことは、今後の税のグループガバナンスではとても重要なポイントになる。

最近では、海外企業を中心に積極的に導入されてきた製品・セグメント別損益管理等と移転価格管理を同時に行うオペレーショナルＴＰ（Operational Transfer Pricing：ＯＴＰ）が日本でも注目されている。ＥＲＰシステムの高度化によって、製品別損益管理をリアルタイムに行うことができるようになり、それが移転価格の管理にも活用できるようになったからである。裏を返せば、移転価格の管理を導入することは、製品ごとの損益管理とほぼ同じ意味合いを持つことになるわけだ。

移転価格には、たとえば日本では30％、インドで70％といったように適正な利益配分の水準があり、実際の取引でもその水準内に収める必要がある。この移転価格のオペレーションの問題をＥＲＰシステム上で管理できるのは非常に有効であり、税務リスクの管理にも役立っている。

●グローバルタックス管理を行う税務組織と税務人材の育成

グローバルタックス管理を行う税務の組織は、①司令塔としての本社機能、②オペレーションのシェアードサービスセンター（ＳＳＣ）等の効率的な業務遂行機能、③事業処分・買収時・新事業立ち上げなどのプロジェクト支援という3つの機能に分類できる。

①は司令塔としての本社機能で、頭脳にあたる組織のことだ。ＧＭＴの対応、グループ全体におけるデータ収集と一元化、実効税率の分析など、グループ全体の税コストと税務リスクを把握し、問題解決のためのプランニングを立案する。

②は、税の実際の計算や申告、各国・地域の税務当局への書面提出や情報収集など、日々のオペレーションを行う組織のことだ。今後は、こうしたオペレーショナルエクセレンスはＳＳＣで集約させ、一定のクオリティを維持しながら、テクノロジーを活用し効率化を徹底的に追求するようになると思われる。

③は、事業の処分や買収、新事業の立ち上げ、あるいは何かしら事業のリストラクチャリングを行うような場合に税金の問題をサポートする機能である。①の本社機能の考え方や方針に沿って事業部に伴走し、税に関する問題解決を手助けする役割を持つ社内のビジネスパートナーの役割である。

こうした機能を機動的に行う組織ができてくると、グローバルな税務管理は実現するだろう。一方で、税務人材の不足が多くの日本企業では問題になっている。税を担う人材育成とキャリア形成、評価基準などに苦労しているという話はよく聞く。なかでも、国際税務に対応できる税務人材が社内にほとんどいないことが喫緊の課題となっている。さらにいえば、国際税務人材を育成するプロセス、たとえば税務人材を海外の子会社に派遣するといった育成プログラムを定型化している日本企業はほとんどない。グローバル化によって海外事業の割合が大きくなると、国際税務の重要性はより増してくる。従来、日本企業の多くは税務人材を社内で育成していたが、今後は外部からの採用を含め、国際税務に対応できる税務人材の育成を真剣に検討しなければならないだろう。

税務人材の育成に連動して、税務人材のキャリアパスにも課題がある。税務部門と税務担当者に対する評価基準がなく、税務を担うポジションがキャリアパスのなかでどういう位置付けなのかが明確でないからだ。国内税務だけ取り扱っていた頃であればそれでよかったのかもしれないが、グローバルグループガバナンスの下では通用しない。

税のグローバルガバナンスを効かせるには、税務部門と税務担当者に対する評価基準の設定が欠かせない。たとえば、実効税率を適切に管理できているか、優遇税制を活用して税コストを適正な水準に抑えているかなどのＫＰＩを設定することは可能だろう。ＫＰＩを設定することで、経営陣も税務部門に対する期待が明確になるし、税務部門とのコミュニケーションも活発化していくと思われる。

●日本本社の実質的なホールディング会社化に伴う問題

海外の子会社が増えて、事業ポートフォリオの入れ替えが頻繁になると、日本の本社機能は日本市場の事業経営とグループのホールディング機能に限定されるようになる。また、将来的に日本の市場規模が縮小し、海外事業が大きくなれば、日本の本社は実質的にホールディング会社化する。そうなれば、本社のガバナンスコストやシステム導入コストが膨らんでコストセンター化し、海外の子会社がプロフィットセンター化していくという動きになっていく。その結果、海外子会社を含む各法人へのコスト請求が必要になり、課税所得や税額控除のポジション整理にも大きく影響してくる。これらを適正に処理しないと、日本で税務リスクが高まる可能性がある。また、適正に請求しないと、海外では費用として認められないこともあるので、注意が必要である。

税務人材のアウトソーシング

繰り返しになるが、税は非常にローカルな側面がありつつも、今ではグローバルな対応が必要になってきている。従来、日本企業の多くが現地子会社に海外の税に関する対応を任せていたが、税がグローバル化、複雑化していくにしたがって、グループ全体としてのグローバルタックス管理が必要となってきた。

優遇税制を活用したり、事業の入れ替え時に税金のメリットを出したりするなど、税は付加価値が期待できる領域だが、日本企業は税に十分な人的リソースを割いていない。それは、税が企業の活動のなかではコア業務にはなり得ないからである。

今後、日本企業が税務をノンコアとしてアウトソーシングの対象とする可能性は十分にある。労働者の減少が今後も続く日本において、税務人材の確保はただでさえハードルが高い。加えて、税務人材は非常に専門性が高く、自社内で税務人材を抱えることが高コストになる可能性がある。特にこの問題は海外子会社では顕著である。これまで日本企業は人材育成を内製化してきたが、その状況は変わりつつあり、短期的にはアドバイザーとコソーシングによる運営になるかもしれない。こうしたオペレーションのトランスフォーメーションも、ＡＩなどの活用と相まって重要な課題になっていくだろう。

不正・不祥事への対応（フォレンジック）

近年、保険金の不正請求、顧客情報の不正持ち出し、製造業等の認証試験不正など、企業における大規模不正の発覚が相次いでいる。発覚しているものだけでなく、問題になっていない、見逃されているものもあるだろう。企業ガバナンスを考えるうえで、不正は可能な限り防止しなければならない。もし起こってしまったとしたら、その悪影響を最小限に抑えるための対処が必要となる。不正は、個人がその不正を許容してしまうこと、また組織がその不正を黙認することで雪だるま式に大きく、深刻になっていく。ここでは、不正の傾向とその動向、不正を受けての影響や処分について解説する。

近年における不正の傾向

ＰｗＣの「グローバル・クライシス・レジリエンス・サーベイ２０２３　日本分析版[注2]」によると、グローバル企業の96％、日本企業の91％が過去2年間に混乱を経験したと回答している。本調査における「混乱」とは、オペレーション上の問題、システム上・技術上の問題、人道的な問題、財務上の問題、法務上の問題、人事上の問題、レピュテーション上の問題などに関するものである。前回調査は２０１９年で、新型コロナウイルス感染症のほか、ロシアによるウクライナ侵攻やパレスチナ紛争などの地政学リスクが現在ほど増大しておらず、過去5年間に混乱を経験した企業は69％（グローバル）だった。つまり、引き続き混乱が増加傾向にあることを示している。

また、「今後2年間で、パンデミック以外で企業が直面する可能性のある混乱は？」という問いに対して、日本企業とグローバル企業でともに「サイバー攻撃」が上位となり、近年、特に増加傾向にあるサイバー攻撃への懸念が見てとれる（図表5‐3参照）。ただし、乗り切るための会社の能力について「非常に自信がある」と回答した割合は、グローバルが33％なのに対して日本

注２：PwC では２年に一度、グローバル規模でのオンラインサーベイを実施している。「グローバル・クライシス・レジリエンス・サーベイ 2023」は、世界各国のビジネスリーダーを対象に、2022 年９月23 日から 2022 年 11 月 24 日までの２カ月間、オンラインでアンケートを実施。対象は 42 カ国 1812 人。そのうち日本の回答は 56 人。日本分析版は、2023 年 10 月に公開された。
（https://www.pwc.com/jp/ja/knowledge/thoughtleadership/global-crisis-survey2306.html）

はわずか5%だった（「非常に自信がある」または「まあまあ自信がある」と回答した割合はグローバル80%、日本65%）。同調査の結果は、日本では脅威を認識しているものの、対策が追いついていない企業が多いことを示している。

海外と日本とで大きく危機意識が違っているのは、サプライチェーンの混乱についてだ。グローバルやAPACは、サプライチェーンの混乱に対する意識が非常に高い。加えて、日本特有の問題として地震や台風などの自然災害の多さがあり、日本の経営者は自然災害に重きを置いていることがうかがえる。

同調査では、日本の経営者に次の五つの点を踏まえたレジリエンス構築を求めている。

図表5-3｜「グローバル・クライシス・レジリエンスサーベイ2023」の結果一例

	日本		グローバル		APAC	
	直面する可能性のある混乱	乗り切る自信がある	直面する可能性のある混乱	乗り切る自信がある	直面する可能性のある混乱	乗り切る自信がある
1	競争、市場の混乱	55%	サイバー攻撃	80%	競争、市場の混乱	75%
2	サイバー攻撃	65%	品質不正、製造物責任	71%	従業員の維持と費用	71%
3	従業員の維持と費用	67%	従業員の維持と費用	66%	気候変動／自然災害／環境関連	63%

（出所）「グローバル・クライシス・レジリエンス・サーベイ2023」を基にPwC作成

①レジリエンスへの取り組みにおいて、経営陣からの支援を得る
②重要な事業・サービスを特定し、マッピングする
③部署間で連携された、社内横断的なレジリエンスを構築する
④自社特有のリスクの全体像を見渡す仕組みをつくる
⑤テクノロジーの活用と定期的なテストを行い、レジリエンス戦略を強化する

この5項目のうち、グローバルと日本とで差異が大きかったのは、③「部署間で連携された、社内横断的なレジリエンスを構築する」である（グローバル21％、日本4％）。縦割り組織の多い日本企業のセクショナリズムや、人材の流動性が相対的に低いことにも関連し、社内危機発生時における社内横断的な連携があまりとれていないことを意味している。この結果は、危機時のレスポンスの速さや柔軟性が、日本は少し劣っていることの表れといえよう。

グループガバナンスの観点からいえば、子会社は親会社への忖度《そんたく》がありすぎて、親会社に報告がいかないかいきづらい状況にあり、一方、親会社は子会社に任せきりになる状況にあることが見てとれる。お互いに距離をとったままであるため、ガバナンス危機時のコントロールが甘くなっ

てしまっているのである。

日本の不正の動向

ＰｗＣでは、年度別に日本の上場企業の不適切行為に関する調査を行っている。ここ数年、発表件数は横ばいだが、10年単位で見ると、不正事案は増加傾向を示している。特に２０２３年は２０２２年の約１・５倍となった。これは、新型コロナウイルス感染症の５類移行後、新型コロナ期間中に発生した不正が表面化した可能性もある。不正の種類は、半数以上が会計不正となっている。また、昨今は品質不正やカルテル問題、ハラスメント問題が大きく報道されている。とりわけ、パ

図表5-4｜不正の発生場所：親会社または関係会社

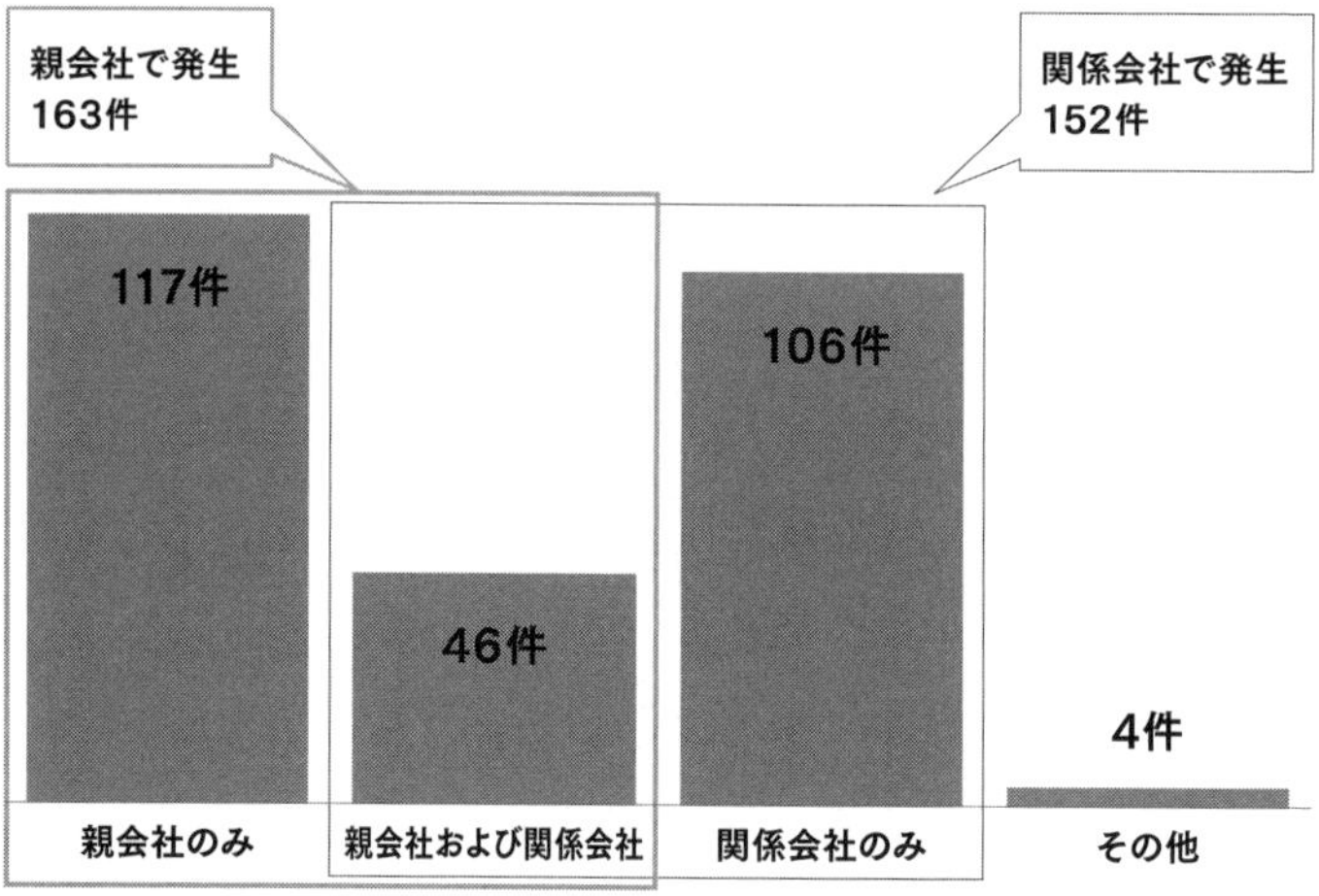

（出所）PwC作成

ワハラ事案やセクハラ事案は上場企業以外でも深刻な社会問題として大きく取り上げられた。

次に、ガバナンスの観点からグループ内での発生の関係を見ていこう。親会社のみで発生するケースは117件、親会社と関係会社で発生するケースは46件、関係会社のみで発生するケースは106件（図表5－4参照）。なお、関連会社で発生した不正事案でも、金額的影響や社会的影響が大きい不正は親会社レベルでの開示を要することになる。

不正の種類による発覚までの経緯の違い

不正の種類によって、発覚の経緯や継続年数は大きく異なる。あくまでデータ上の平均値であるが、たとえば、会計不正が発覚するまでの継続期間が約6年であることに比べ、品質不正は約24・5年だ。品質不正が長期間にわたり発覚しないのは、財務諸表監査のように外部監査の仕組みがないことに加えて、「不正が始まった時期が曖昧である」「不正の実行者が昇進して後継者に引き継がれていき、組織の外に出てこない」「不正だと思っておらず、必ずしも悪意を持っていなかった」などの理由があるためだ。

不正が発覚する端緒としては、大きく分けて外部要因と内部要因がある。外部要因による発覚のきっかけは半数以上が税務調査や外部監査、当局調査によるもので、不正の継続年数も比較的短い。これは、外部の調査が比較的短いスパンで実施されるからだろう。対照的に、内部要因での発覚は、内部監査や内部通報などによるものが多く、不正が明るみに出るまでに時間がかかる傾向がある。工場内など閉鎖的で他と隔離された空間で行われることもあり、会計数値のように外部の目が入ることが少なく、誰から見てもわかるように表面化することも少ないからだ。不正には、組織が組織を守るために不正を隠蔽している場合もあれば、世の中の進化についていけず、漫然と続けたことが不正につながった場合もある。後者の場合、協業した会社に指摘されてはじめて気づいたという話もよく聞く。

不正を防ぐには、経営者が率先してコンプライアンスを重視する旨をコミットすることで不正を許さない文化を醸成し、何か気づいたら忌憚《きたん》なくいえる環境を確保することが有効となる。全社一丸となってコンプライアンスを守る取り組みを行うことが大切である。

不正に対する処分とその後の影響

ＰｗＣでは、不正実行者が「退任等（退任・辞任）」「降格」「報酬減」のいずれかの処分を受けたのか、その割合を年度別に集計している。なお、公開情報を基にしているため、集計は基本的に役員以上が処分対象者である事案のみを対象としている。

結果からいえば、不正の実行者は退任等の処分を受けることが8割以上を占めている。不正という行為の重大性から、会社を去らざるを得ないというのは、ある意味、当然の帰結とも考えられる（図表5－5参照）。仮に報酬減となった場合でも、不正実行者に対する報酬の減額幅は大きく、減額対象期間も長期化する傾向がある。

不正実行者ではなく監督の立場にいる場合には、監督の度合いに応じて処分されることが多く、8割以上が報酬減として処分されて

図表5-5｜不正実行者の処分

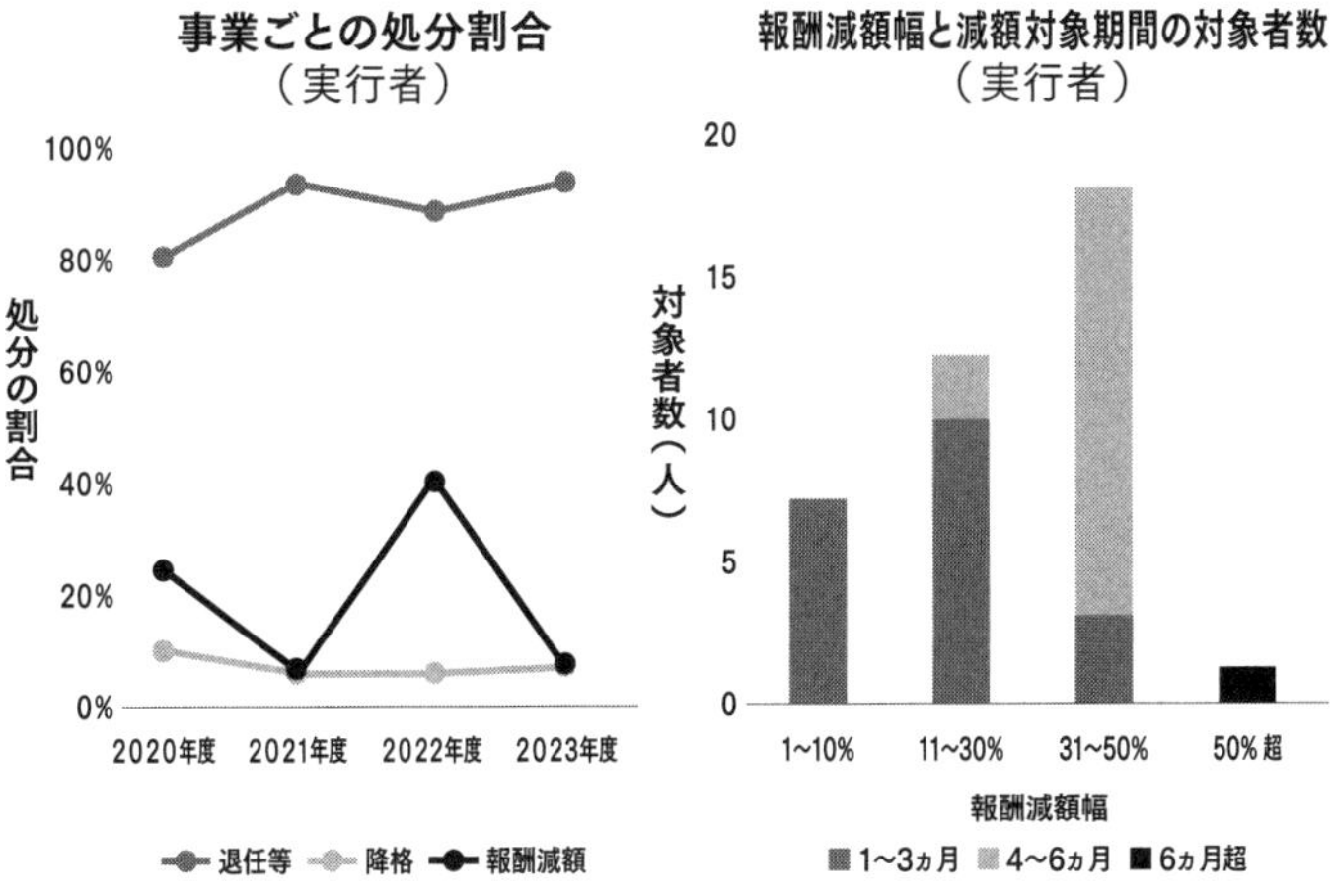

（出所）PwC作成

いる。減額幅は30％未満、減額対象期間も1～3カ月となることが多い。近年では、子会社で発生した不正に対しても、親会社によるガバナンスに問題があったとして、親会社側の経営陣が監督責任を問われるケースも増えている。

不正・不祥事の発生は、投資家にネガティブな印象を与え、株価にも影響する。ＰｗＣの調べによると、不正・不祥事発生を開示した翌日の終値は、前日の終値よりも平均で5・17％下落した。とりわけ経営層が不正に関与した場合、9・17％減と著しく下落している。また、分析対象とした上場企業２０１社のうち18社が上場廃止になっており、うち9社は不正・不祥事事案の最終報告の開示後１年以内で上場廃止となった。

グローバル化の拡大に伴い、海外の子会社に起因する不正・不祥事も増えている。不正・不祥事が発生するガバナンス上のよくある要因として、以下のようなものがある。なかでも「インシデントやネガティブ情報を親会社経営層にエスカレーションする体制の未整備」や「業務の標準化および情報システムの統合の遅れ」は不正・不祥事につながりやすいので注意が必要である。

〈不正・不祥事が発生するよくある要因〉

- 買収前に策定した事業計画のＰＤＣＡのフォローを買収後に実施しない

- M&Aありきのデューデリジェンス
- 中期経営計画の編成プロセス形骸化
- 被買収会社への過度な遠慮により、委任すべきことが放任された状態になっている
- インシデントやネガティブ情報を親会社経営層にエスカレーションする体制の未整備
- 減損発生時の責任所在が不明確
- 親会社コーポレート部門のグローバル対応の遅れ
- 業務の標準化および情報システムの統合の遅れ
- 統合後の新たな役割や責任の割り当てが不明確
- 統合後のビジネス環境の変化に応じた製品の開発や提供に関わる業務の不統一

不正・不祥事発生時の報告対応

不正・不祥事発生時の報告対応では、親会社に伝えていたにもかかわらず、適切な対応が取られないケースも見られる。その場合、組織ぐるみの隠蔽と判断され、子会社の経営陣だけでなく親会社の経営者の辞任にもつながる。

また、事業の多角化を進めていたある企業で、多角化を進めるなか、主力事業でコンプライアンス違反が発覚したケースもある。多角化しようとすると、兵站《へいたん》が伸び切ってケイパビリティが不足し、マネジメントとして目が届かなくなる部分が増えてしまうことが不正・不祥事を生む温床になっている。また、主力事業とは異なる領域に進出することによって新規事業の拡大が優先され、コンプライアンスが軽視されがちになったという面もある。むろん、経営判断として多角化を否定すべくもないが、多角化を進めるのであれば、グループガバナンスの徹底は必須となる。

一方で、不正・不祥事の通報があったら、3日以内の対応をグループ全社で徹底させている企業もある。数値目標を定めていることで実効性を高めている好事例といえるだろう。

不正リスクの管理

繰り返し述べてきたように、企業が対応すべきリスクは多様化・複雑化しており、管理対象も自社グループだけでなく、サプライチェーン全体をカバーすることが求められるようになってきた。不正・不祥事を未然に防ぐには、変化や予兆を早期に把握することが重要になる。そのためには、平時からデータやAIを活用した不正リスク管理を行うことが肝要だ。そこで、最後に変化や予兆を早期に把握するための方策として次の四つを紹介する。

①**不正兆候検知データ分析**：リスク認識状況に応じて設定したリスクシナリオに基づき、財務データなどのデータ分析を実施することで、リスク顕在化の予兆をモニタリングする

②**苦情・相談・通報受付プラットフォーム**：多様なリスクに関する専門家への相談窓口を設置し、適切に初動対応する。効果的なグローバル通報プラットフォームの設置により重大なリスク兆候を早期に検知する

③**コミュニケーションモニタリング**：ＡＩ（機械学習）を活用してメールやチャットによるコミュニケーションを継続的にモニタリングし、ハイリスクのメール、リスクの顕在化の芽を早期に検知する

④**リスクアセスメント高度化**：グループ全体で定期的なリスクアセスメントを実施することで、時間軸、会社間でリスク度合いを比較する

とりわけ③の「コミュニケーションモニタリング」が、最近では特に注目されている。従来の人の目によるモニタリングよりもスピード感を持って、広範囲に行えるだけでなく、人件費・工

数を大幅に削減することができるからだ。これまで、メールデータの収集・解析は不正調査など有事対応として行うものだったが、近年は平時からのメールモニタリングが定着し始めている。日常のガバナンス、あるいは内部監査的なモニタリングとして実施しようというわけである。

サイバーリスクへの対応

２０１０年頃までのサイバー攻撃は、主に不正アクセスや顧客情報の漏洩《ろうえい》といったバックオフィス関連の事件が多かった。それがグループ内や企業間のネットワーク化が進んだことで、今ではサイバー攻撃によって工場などの操業が停止させられたり、ランサムウェアに顧客情報や設計情報に関するデータを暗号化され、その復旧に多額の費用が発生したりするなど、フロントビジネスに直接損失を与えるような事件が目立つようになってきている。サイバー空間の脅威が日々変化するなか、自社を防御するにはサイバーインテリジェンスを活用したセキュリティ戦略の立案・実行と、それを支えるガバナンスの実現が必要となる。

激しく変化する
サイバー空間の脅威

サイバー空間では、日々数え切れないほどのサイバー攻撃やインシデント（セキュリティ事件・事故）が発生している。しかも、その手法は日々変化し、高度化している。現実社会での犯罪が、たとえば窃盗や詐欺などある程度類型が決まっているのに対し、サイバー空間では常に新たな攻撃手法が発明され、新たな攻撃者が現れる。これは、ある年の3カ月間の脅威トレンドの推移が毎月のように

図表5-6｜サイバーセキュリティの脅威のトレンド（トップ5の推移）

順位	X月	順位	Y月	順位	Z月
1位 ↗	複数の組織でDDoS攻撃被害	1位 NEW	ファイル共有サービスのゼロデイ脆弱性を悪用したデータ盗難攻撃が複数発生	1位 ↗	ランサムウェアによる被害が拡大中
2位 ↗	日本国内で不正アクセス等の被害が発生	2位 ↗	ランサムウェアによる被害が拡大中	2位 ↗	日本国内で不正アクセス等の被害が発生
3位 NEW	A社 大規模な顧客データ漏洩のおそれ	3位 NEW	生成AIサービスアカウントがダークウェブで売買される	3位 ↘	ファイル共有サービスのゼロデイ脆弱性を悪用したデータ盗難攻撃が複数発生
4位 →	ランサムウェアによる被害が拡大中	4位 ↘	日本国内で不正アクセス等の被害が発生	4位 ↗	C社製品の深刻な脆弱性対応について
5位 NEW	B社とその子会社がITツールへの不正アクセス被害を報告	5位 ↗	C社製品の深刻な脆弱性対応について	5位 NEW	D社の顧客情報流出のお知らせとお詫び

順位：日本で社会的に影響が大きかったと考えられるインシデント・脅威・脆弱性からPwCコンサルティング合同会社が選定
矢印：先月の順位との変動を示す

（出所）PwCコンサルティング合同会社　サイバーインテリジェンスチーム

入れ替わっていることからも明らかといえるだろう（図表５－６参照）。

サイバー空間の脅威が激しく変化する背景には、「新たなテクノロジーの登場・普及」「新たに施行される法令・レギュレーションの動向」「新たなビジネスモデルの登場や企業のビジネスモデルの変化」「サイバー攻撃者の意図・能力・機会の動向」などが関係している。たとえば、「OECD AI Incidents Monitor」注によると、生成ＡＩが普及した２０２３年２月頃からＡＩインシデントが急増し、それまで１カ月当たり１００に満たなかったＡＩインシデントが、11月には７００を超えたという。

また、地政学リスクもサイバー空間に大き

図表5-7｜地政学リスクに対するCEOの意識

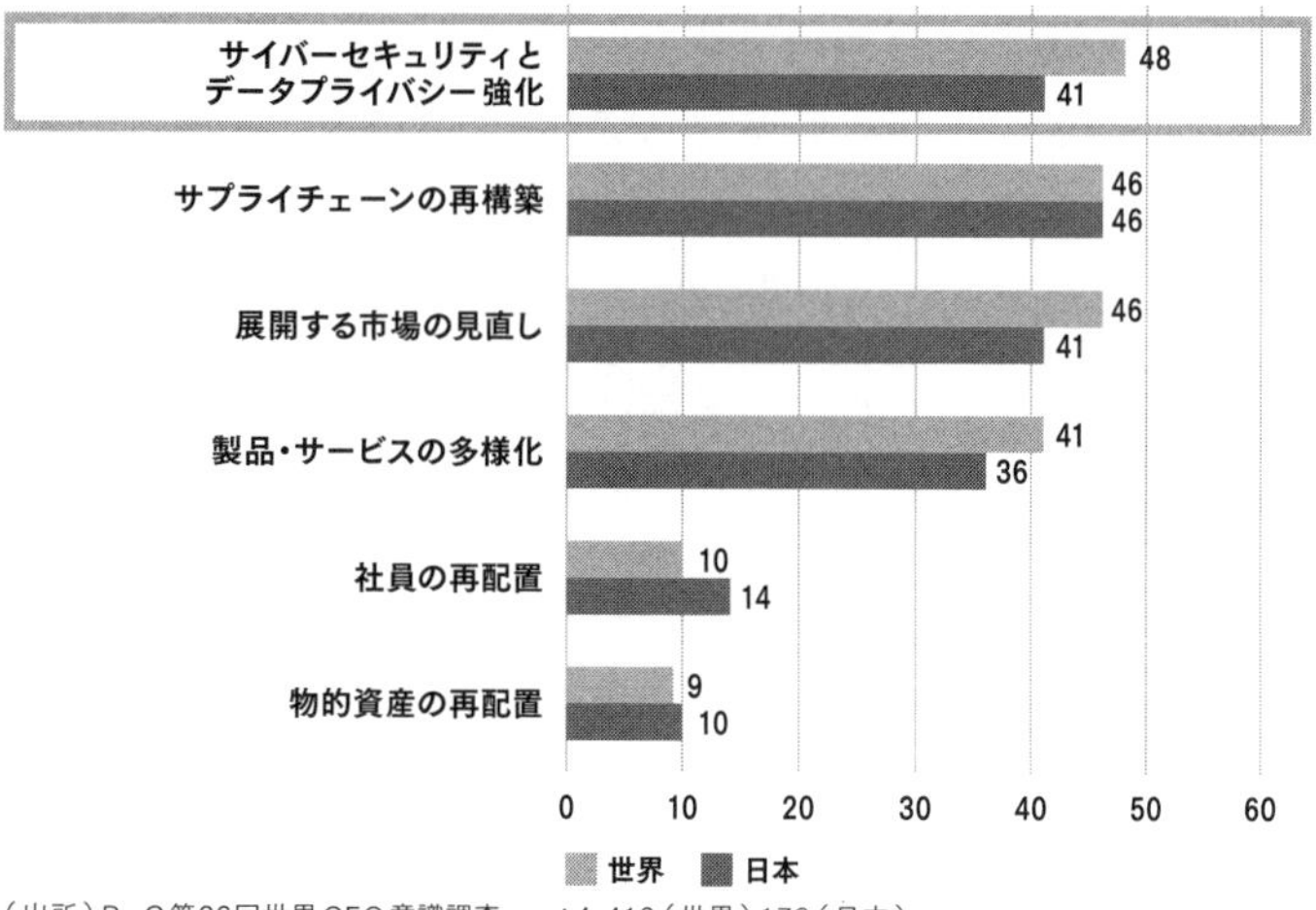

（出所）PwC第26回世界CEO意識調査　n：4,410（世界）176（日本）

注：https://oecd.ai/en/incidents-methodology

な影響を与えている。2022年3月には「国家主体による敵対的サイバー攻撃～社会インフラも標的に～」が脅威トレンドの1位になった。これは、ロシアのウクライナ侵攻に対して日本がウクライナを支援するという姿勢を打ち出したことで、ロシアのハッカー集団から攻撃されたからである。

このように、最近の国際紛争では軍事活動よりも前に認知（偽情報）戦、サイバー攻撃、インターネットの遮断が行われる。こうした変化はＰｗＣが実施した「第26回世界ＣＥＯ意識調査」の結果からも明らかだ。世界のＣＥＯは「サイバーセキュリティとデータプライバシー強化」は地政学リスクへの対応策であると考えている（図表5－7参照）。

日々変化するサイバー脅威にどう対応するか

脅威トレンドの傾向の変化は、ビジネスにも大きく影響している。通常のビジネスでは、自社が意識するのは3Ｃ分析でいう三つのＣ（カンパニー＝自社、コンペティター＝競合、カスタマー＝顧客・市場）だが、サイバーセキュリティの世界では四つ目のＣとして「クリミナル＝犯罪者」にも目を向けなければならない。クリミナルが自分たちを攻撃してくるからだ。特に近年では、企業のDX化により、バックオフィス業務だけでなくフロントオフィス業務へもIT導入が進んでいることから、サイバー攻撃は企業の間接部門だけでなく、売上を生み出す直接部門のビジネスにもインパクトを与えている。

サイバー攻撃への対策には、クリミナルの存在も考慮したサイバーセキュリティ戦略と、その取り組みに対する適切な投資が必要となる。この場合の「適切な」とは、必要以上の防御（投資）も、また侮って不十分な防御（投資）もしないということだ。何をどの程度しなければならないかを理解して対策することが求められるのである。サイバーセキュリティ投資の必要性の高まりを受けて、サイバーセキュリティに対する感度・習熟度の高い企業では年々サイバーセキュリティへの投資を増やしており、脅威に比例して費用が右肩上がりに増加する状況になっている。

こうした状況に、投資家はサイバーセキュリティ対策の開示などを求めるようになった。経済産業省や経団連、情報処理推進機構（IPA）、金融庁は、サイバーセキュリティに関する各種ガイドラインを出している。SEC（米国証券取引委員会）も、2022年に日本よりも厳しいサイバー開示の要件を出した。現在では、サイバーセキュリティへの取り組みはESG投資に関連する一要素であり、投資家目線でも企業価値を向上させるうえで軽視できないものになっている。

サイバーインテリジェンスに基づいたセキュリティ戦略

日本企業は、日々変化するサイバー脅威にどのように対応すればいいのだろうか。一般的に、セキュリティ戦略は次のようなプロセスで運用される。

①業界標準のセキュリティフレームワーク、ガイドライン等に基づいてアセスメント、ギャップ分析を行う
②洗い出された課題の優先度付けを行う
③課題への対策を検討する
④先のプロセス（①〜③）を3〜5年程度の中期計画とロードマップに落とし込む
⑤年次計画として計画・予算化し、実行・評価する

中長期のロードマップを策定して、計画的に対策を実施していくというのが一般的な流れだ。

ただし、このプロセスは画一的な業界標準であり、自社を狙うサイバー攻撃者の動向といった要

素が十分に考慮できているとはいえない。加えて、中期計画で大枠が決まっている都合上、大きな方針転換や柔軟な変更も難しい。管理はしやすいが、動的に変化するサイバー脅威に臨機応変に対応することができないのである。その結果、セキュリティ運用の現場は、変化の激しいサイバー脅威に晒《さら》されているにもかかわらず、従来の体制と仕組み・技術で対処しなければならず、疲弊してしまう。

セキュリティ戦略は、内部および外部の状況を踏まえ、取り組みの有無、時期、軽重を柔軟に調整できるようにしておくのが理想的だ。そのためには、自社の状況はもちろんのこと、さまざまなインテリジェンスを把握・分析し、自社にとってのインテリジェンス＝示唆を得ることが重要になる。そのインテリジェンスには、主に次のようなものがある。

＊サイバー攻撃者の動向（脅威アクター）

いつ、どのようなモチベーションで、なぜ攻撃を行うのか。どのようなサイバー攻撃の能力を有しており、どのような手口で攻撃してくるのか。

＊法令、規制等の動向

いつ、何が施行され、自社のビジネスにどのような影響があるか。自社はそれを受け、いつ、何をする必要があるか。

＊他社の取り組み状況

同業他社、競合、国内外の同規模の会社では、どのような取り組みをどの程度の体制、予算をかけて実施しているか。

＊自社グループの取り組み状況

本社、グループ会社、グループ全体でどのような取り組みをどの程度の体制、予算をかけて実施しているか。

こうした情報の収集・分析、それにより得られた示唆や知見のことを、ＰｗＣ Ｊａｐａｎでは「サイバーインテリジェンス」、サイバーインテリジェンスによって組織のサイバーレジリエンスを高めるための資質を「サイバーＩＱ」と呼んでいる。理想とするセキュリティ戦略を実現するには、サイバーＩＱを高めることが必要不可欠なのだ。

サイバーＩＱの高い組織では、戦略を策定する時期や期間、予算計画、人員計画が一応設けられているものの、それを柔軟に変えていく。図表5－8に示すように、従来のサイバーセキュリティ戦略と、サイバーＩＱの高い組織によるサイバーインテリジェンスに基づいた戦略とでは、策定から実行まですべてが異なっている。最も大きな違いは、従来のサイバーセキュリティ戦略が事後対応的だったのに対し、サイバーIQの高い組織では事前対応的に動くことだ。従来のサイバーセキュリティ戦略が過去の事例や他社の事例を基に策定されているのに対し、サイバーIQの高い組織では脅威インテリジェンスを基にサイバーセキュリティ戦略を策定している。なお、脅威インテリジェンスとは、さまざまなデータや広範なコンテキストを収集・解析することで、ナラティブ(物語)を見出し、どういった攻撃者がどの業界をどういうモチベーションで狙っており、どんな手口でいつ攻撃を起こすのかというサイバー攻撃者の動向を探ることである。

図表5-8｜従来のサイバーセキュリティ戦略とサイバーインテリジェンスの違い

		今までのサイバーセキュリティ戦略	サイバー IQ の高い組織
戦略策定	戦略インプット	過去事例とベンチマーク	脅威インテリジェンス
	戦略策定時期	戦略策定の前年から	常時
	戦略期間	3年	特に定めない
	予算計画	3ヵ年予算	3ヵ年予算＋変動予算
	人員計画	3ヵ年計画	3ヵ年計画＋外部活用
対策実行	対策契機	他社事例を基にした事後対応	攻撃者分析結果による事前対応
	優先度付け	戦略策定時のリスクから決定	脅威インテリジェンスベースのROIにより決定
	サイバー情報	中	多
	分析時間	中～長	短
	有効性評価	3ヵ月～1年単位	常時

(出所) PwC, 2021,「2021年 Cyber IQ調査」, 2022/6/30閲覧, https://www.pwc.com/jp/ja/knowledge/thoughtleadership/cyber-iq-survey2021.html

脅威を可視化・構造化して対応する

サイバーインテリジェンスに基づいた戦略を進めるには、まず脅威インテリジェンスの構造化から始める。脅威インテリジェンスのナラティブから必要な情報を抽出し、分類するのである。そこから最新の攻撃シナリオを分析する。次に、自社がどんなシステムを持ち、サイバー攻撃に対してどんなセキュリティ対策を打てるかというセキュリティ体制を評価する。

最新の攻撃シナリオと自社のセキュリティ体制をタイムリーに照合すれば、対策が十分な部分、脆弱性がある部分、攻撃の可能性などが対リスクＲＯＩ（リスクの大きさに対する投資対効果）の観点から導出される。その結果、優先して対応すべきポイントが明らかになり、優先順位の高い部分から手を打てる。ただし、攻撃者の動向は日々変わることを忘れてはならない。よりリアルタイムに近い形で分析を続け、優先度の高いポイントを潰し込んでいくことが肝要となる（図表５－９参照）。

サイバーインテリジェンスに基づいた戦略では、日々変化するサイバー脅威に柔軟に対応することができる。一方でガバナンスを実行する側から見ると、全体をモニタリングしづらく、また

図表5-9｜インテリジェンスの活用で費用対効果の高い対策を導出

❶ 脅威インテリジェンスの分析

脅威インテリジェンスを構造化し、攻撃シナリオを分析

背景動向
ATP-XX は、アジア諸国を対象とした…
示唆
これらの脆弱性が利用されていることから…
Medium　Important

→ 構造化

APT-XX
Mobile OS
SMS
情報窃取

背景動向
PwC は、キーロガーによって窃取された…
示唆
古い攻撃手法であるが、被害が広く確認されており…
Medium　Important

→ 構造化

Red Dev 18
Software XX
Malware
キーロガー

⋮　×　⋮

❷ 自社のセキュリティ管理体制評価

「最新の攻撃シナリオ」と「自社のセキュリティ体制」をタイムリーに照合

自社のセキュリティ体制

		事務 LAN			
		PC 端末		NW	…
		パッチ適用	多要素認証	IOC 適用	…
攻撃シナリオ	攻撃手法 A	未	N/A	済	…
	攻撃手法 B	済	N/A	一部未	…
	攻撃手法 C	済	一部未	済	…
	攻撃手法 D	済	N/A	済	…
NEW	攻撃手法 E	未	未	未	…
	⋮				

❸ 導入された対策

費用対効果の高い対策を導出

	パッチ適用	多要素認証	IOC 適用	…
効果	High	Middle	Middle	
緊急性	Urgent	Low	Middle	
リソース	中	大	小	
	↓ 即時対応	↓ 計画的に対応	↓ 即時対応	

（出所）PwC 作成

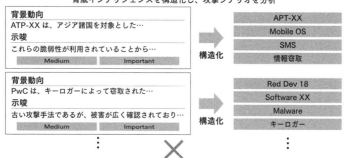

評価もしづらく、管理が非常に難しい。そこで、ＰｗＣではサイバーリスクの状況を可視化する「サイバーセキュリティメトリックス」という考え方を提唱している。最終的にガバナンスの責任を負う経営層が、現状のセキュリティ対策の効果や実行状況、実行結果を把握できるようにするためのものだ。ビジネスにおけるＫＰＩ同様、サイバーセキュリティにおけるＫＧＩやＫＰＩを設定し、それを測定することでガバナンスのモニタリングと評価、そして次のディレクションを行っていくのである。

グローバル企業のセキュリティガバナンスのあり方

ここまでは、守る対象が1社のみか、あるいは本社がコントロールする場合のサイバーセキュリティ戦略の話だった。それでは、国内外に複数の拠点を持つグローバルグループ企業にはどのようなセキュリティガバナンスが求められるのだろうか。

昨今では、事件の主体がグループ会社であっても、本社にも善管注意義務を果たすことが求められる。したがって、グループ会社にセキュリティガバナンスの一定の自治を認めながら、全社におけるセキュリティ戦略・方針と評価・モニタリングは本社機能とするのが望ましい。ただし、

第3章で説明した権限移譲（事業内容や展開する地域、事業のステージによって、本社集権的ガバナンスと分権的ガバナンスの間に位置する）のように、セキュリティガバナンスのあり方も、会社の規模や展開する地域、セキュリティ担当者の習熟度によって異なってくる。たとえば、IT担当者が100人いる会社で、セキュリティ担当者の習熟度も高いのであれば、自社で十分に対応できるだろう。しかし、IT担当者が1人でセキュリティ担当者を兼任していたり、セキュリティ担当者の習熟度が低かったりした場合、自社のみでの対応は難しい。その場合は、本社のプラットフォームを利用したり、アウトソースを活用するなどの判断が必要になる。

また、M&Aで企業を買収する場合でも、デューデリジェンスで対象会社の習熟度を確認し、それに合わせたセキュリティガバナンスを構築しなければならない。第4章で説明したグループ会社の内部監査同様、対象会社の習熟度によって本社主導でのルールに従ってもらうか、対象会社の手が回らない部分を本社が補強するかといった判断が必要ということだ。

PwCとしては、サイバーインテリジェンスの構成要素に、外部からの情報だけでなく、外部の情報を自分たちの組織に照らし合わせたとき、どうすべきかという気づきを反映できることが「サイバーIQが高い」条件だと考える。どのようなガバナンスモデルであっても、サイバーIQが高い組織を目指すべきだと考えている。

第6章

法務・内部監査部門責任者ラウンドテーブル

ＰｗＣは、事業環境の変化を受けてさまざまな改革を遂行している企業において法務・内部監査部門をリードされる4名の方々にお集まりいただき、ラウンドテーブルミーティングを実施した。ファシリテーターとして、ＰｗＣ弁護士法人パートナーで弁護士の茂木諭、ＰｗＣアドバイザリー合同会社パートナーの東輝彦、ＰｗＣ Ｊａｐａｎ有限責任監査法人パートナーの田中洋範の3氏が参加した。

法務・内部監査部門には番人としての役割もある一方で、変動の激しい社会においてチャレンジするために、マネジメントの方々の背中を押すような役目も期待されている。そこで、まずは「レジリエンス時代におけるポートフォリオ改革と法務・内監部門の関わり方」から議論をスタート。次に「国内外のグループ会社のガバナンス体制と留意点」、その後「ポートフォリオ戦略におけるガバナンスの『連動』と『緩急』」についてディスカッションを展開し、最後に「レジリエンス時代のリスクマネジメントと法務・内監関連部門に期待される役割とは」とのテーマで締めくくった。

参加者は登場順に、M氏（大手飲料メーカー）、S氏（大手精密機器メーカー）、O氏（大手小売・流通グループ）、I氏（大手建材・設備機器メーカー）の4名である。

各社の事業と法務部門の関わり

東：今までにない新たなリスクが次々に発生する状況において、従来通りのガバナンス、従来通りのリスクマネジメントが通用しなくなりつつあります。そこで、本章では法務という立ち位置から、皆さんの企業がどのようなグループガバナンスやリスクマネジメントを運用されているのか、忌憚のない意見をお伺いしたいと思います。

茂木：本日参加されている4社はそれぞれガバナンス体制が異なりますが、その違いが、たとえばポートフォリオの管理にどのような影響を与えるのかについてお伺いします。

まず、ポートフォリオの管理体制についてです。ポートフォリオの管理体制は、大きく二つに分けられます。親会社や関係会社部門が統一的・集中的に管理をする場合と、各事業部門が分散的に管理をする場合です。事業の関わり合い方、国内外の子会社の位置付けによって変わるかと思いますが、Mさんの会社はいかがでしょうか？

M：弊社グループは、主力事業の食領域、医領域、ヘルスサイエンス領域の三つの領域に大きく分かれています。食領域では、事業会社の独立色が非常に強くなっています。医領域も上場会社ということで、監査部門とリスクマネジメントはそれぞれ独立しています。ヘルスサイエンス事業には数社の事業会社がありますが、いずれもホールディングスの事業本部傘下という位置付けになっており、ホールディングスが細かく管理しています。

また、海外の子会社もあります。海外の子会社では中央集権化と分権化を繰り返してきましたが、最近は中央集権に近いスタンスに変わりつつあります。

茂木：海外の子会社を中央集権化してきているというのは、どのようなお考えからですか？

M：マーケットからもシナジーを発揮するようにプレッシャーを受けていますが、分権ではシナジーを創出するような施策を打つのが難しいためです。ある程度はホールディングスが関与して、どういうシナジーを生み出せるかを探っていかなければなりません。たとえば、子会社の一つに当該地域で業界トップ3に入る酒類メーカーがあります。その会社は長く独立独歩でした。しかし最近、その会社が現地で弊社ブランドの飲料を生産、販売することになり、現地では好評を博しています。

茂木：そのように中央集権に近づくなか、その子会社の専従者はいるのでしょうか？

M：ホールディングスの経営企画部に、それぞれの事業会社の担当者がいます。ですから、経営企画部がポートフォリオ管理をしているようなイメージですね。

茂木：そうした状況で、法務部や内部監査はどういう関係にあるのでしょうか？

M：基本的にはホールディングスにすべての法務機能を集約し、1線機能と2線機能の両方の役割を果たしています。たとえば、不祥事が発生した場合には、経営企画部の担当者と法務が連携して一緒に対応します。法務部は事業ごとにチームが分かれており、各事業会社の担当者から直接届くいろいろな法務相談や契約レビューの相談に対応しています。

S：法務機能を本社に集約させているのは少し意外でした。各国・地域で法規則は違いますが、海外の法令も本社がカバーされているのでしょうか。

M：海外の事業会社はそれほど多いわけではありませんが、基本的には任せています。たとえば、先ほどお話しした海外子会社の酒類メーカーや、近年買収した海外の健康食品会社には現地の法務部があります。ただ、小さな事業会社では、ホールディングスのほうで現地の弁護士を起用しながら対応しており、リスクもホールディングスの法務がある程度把握できる体制になっています。

茂木：Oさんの会社はいかがでしょうか？

O：弊社では今、組織とともに会社のあり方自体が変わりつつあります。弊社はこれまで経営者の強いリーダーシップによって経営されてきた時期が長かったのですが、今では外国籍を含む社外取締役が過半を占めるなど、体制が大きく変わりました。

ポートフォリオの管理も、実質的に決めているのは取締役会です。財務部と経営企画部が中心となって各事業について利益率・成長性と現時点での企業価値を試算して取締役会に提示し、取締役会の議論によって最終的に決定されるようになりました。直近の中期経営計画では、成長性と利益から何に集中すべきかを検討した結果、大型の事業子会社の売却につながりました。今は海外の成長に注力しているところです。

法務部門がこうした意思決定に深く関与しているとまでは言えませんが、実際の交渉ごとではリスク管理を含めて細かい点にも関わっていますし、取締役会にはリスクを必ず提示するよう求められていますので、法務の関与は深まっていると言えます。

茂木：既存のポートフォリオのリスク管理については、リスク管理の観点から法務部のほうに上がってくるという形なのでしょうか？

O：基本的にはそういう構造にしようと思っています。ここ数年で大きな変革が動き出した感じです。

茂木：では、各子会社にそれぞれ法務機能や総務機能があり、そのなかでリスク評価をしながら進めているのでしょうか？

O：リスク評価は事業会社の関連各部門が行っていますが、法務機能はまだ強化が必要な状況です。今は個別のディールでは専門家にお願いして、実質的なリスクを確認しています。

茂木：Iさんの会社はいかがでしょうか？

I：弊社は指名委員会等設置会社です。3委員会すべてが社外取締役のみで構成されているのですが、ここに至るまではけっこうな苦労がありました。グローバル成長戦略でかつては積極的に海外の同業他社をM&Aしましたが、海外子会社による不正会計事件で巨額の損失を出したこともあります。この事件をきっかけに、社内では海外子会社をどうコントロールし、シナジーを出していくか、海外子会社のガバナンスの重要性が認識されるようになりました。

体制は、第3ラインの内部監査部門が欧州、米州、APAC（アジア太平洋）、中国、日本の5極体制、グローバル全体で従業員数の約0・01％という構成です。大半のリージョンのリーダーはハイヤリングマネジャーで、彼らを私がコントロールしています。つまり、リージョンとヘッドクオーターの二つのレイヤー（層）で回しているということです。たとえば、弊社がM&Aした欧州企業がアジア地域にも展開していたら、買収後はリージョンを担うアジアのリーダーに任せつつ、ヘッドクオーターは必ず最終報告書を発行する前までに2次レビューを行って品質を均一化するとともに、時には別部隊とのジョイント監査なども企画・判断したり、ヘッドクオーター自身も一緒に監査に入ったりします。

一方、執行部門は取り扱う商品によって大きく三つに分かれおり、二つは日本がメイン、残る一つは海外がメインです。この機能には監査やコーポレート機能がなく、その代わりにヘッドクオーター側が組織全体を見ていくようになっています。

茂木：今のお話ですと、管理部門はヘッドクオーターで一元化されているということでしょうか？　そうすると、各子会社のリスク管理も基本的にはヘッドクオーターですべて管理することになりますから、ヘッドクオーターの管理部門や内部監査部門の負担が大きそうです。

I：おっしゃる通りです。地域ルール、たとえばインドの税法などはすごく難しいので、そこはインド税法の専門家とAPACのリージョンの人が一緒に対応します。また、弊社の監査委員会は「われわれは監査役ではないので、組織的監査を実現していくためにも内部監査部門を積極的に活用し委ねていき、基本的に現地往査はしません」と言って、現地往査をしません。内部監査に任せるということで、少しプレッシャーがかかる面があります。

もう一つ、内部監査部門責任者の選解任と人事評価、活動予算は監査委員会の同意を得ることにしています。まだここまでしている会社は少ないだろうと思いながら、緊張感を出して実施しています。

茂木：大変興味深いですね。内監部門の独立性を重視して、グループ全体のリスクをつないでいるという感覚でしょうか？　すべてについて網を張っているという意味では、基本的には皆さんが専任という感じなんですね。

I：そうですね。グローバルのプロジェクトやシステムのなかには地域では分けられないものがあり、どうジョイントするかはけっこう難しいです。そのなかで、監査委員からは「内部監査のさらなる高度化のためにはどうしていったらいいのか」というようなことを常に言われて、だいたい2カ月に一度は監査委員会で状況説明をしなければならず、けっこうタフな状況です。

茂木：それでは最後にSさん、お願いします。

S：弊社は完全なB to Bの会社で、国内で製造した製品を主に海外のメーカーに売るという、非常にシンプルなビジネスモデルです。

日本に本社と工場があり、そこで製造した製品を販売するのですが、売って終わりではありません。弊社が取り扱っている製品は立ち上げやメンテナンスが常に必要ですので、お客様の工場のある場所にサービスオフィスのような形で現地法人を設置しています。

ガバナンス体制としては、数年前に取締役会をスモールサイズにするという大改革を行いました。監査役会設置会社でありつつも、取締役会は極力その範囲で執行側に権限を委譲し、モニタリング型に近い形にする。執行側で決められることは可能な範囲で決めていくことにしています。

この大改革の背景の一つには、極めて変化が激しい経営環境では、執行側がなるべくアジャイルに動けるようにしたほうがいいという発想があります。

以前は、法務部門の主な業務は契約審査でした。それでは視野が広がらないということになり、株主総会や取締役会を業務とする部門を法務部に移し、法務部門が拡大されました。私が入社したときはすでに現在の法務部の体制で、法務部長である私も取締役会や経営会議の事務局として、常に陪席しています。経営陣の議論を直接聞けますし、経営陣からも「法務的にどうだ」とけっこう意見を求められたりします。非常に経営に近いところにいて面白いですし、やりがいも感じています。

事業ポートフォリオに関しては、弊社は上記の事業の単一セグメントです。過去には多角化を検討したこともありましたが、今は事業の大きな入れ替えを想定していません。一方、ポートフォリオカンパニーとしては、基本は日本のセールス担当部署が商談を行い、売上も日本本社で計上されますが、その後のスタートアップ、メンテナンス、部品の補充などは海外法人が担っています。

法務や第2線の機能については、基本は各現地法人に法務、コンプライアンス、経理、財務的な機能が一通り揃っており、比較的独立しています。それに対して内部監査は、特定の海外拠点以外は本社がすべて見ています。ただ、担当者が十数人しかいないため、リソース的には厳しそうだと思っています。

2線、3線の役割分担

茂木：今の話の延長線上になりますが、2線としての法務部あるいはコーポレート部門、3線としての内部監査部門は、ポートフォリオの管理という観点から見た場合、どのような役割分担になっていらっしゃるでしょうか？

S：弊社では現地法人の管理となっています。法務部門で言えば、主な海外現地法人にはそれぞれ現地の資格を持ったロイヤーがおりますので、彼らが現地の契約審査やコンプライアンス的なことなどを担っています。

ただ、本社からのグリップをどう効かせるかは課題です。一般的に、グローバル企業では本社、その下にリージョナル、その下に各国・地域のチームというように、ラインが完結していることが多いようです。

一方、弊社では現地の法務部門やコンプライアンス部門は現地の社長にレポートしています。それはそれでいいのですが、たとえば、ある国の現地法人の社長が何かしたときに当該国の現地法人のコンプライアンス・ヘッドが止められるかどうか、やや不安なところもあります。今は海外法務部門との定例ミーティングを設定したり、定期的な報告を受けたりと連携を増やしていますが、やはり法務なりコンプライアンスなりの縦のラインをもっと強化しないといけないと感じています。

茂木：そこで、法務部と内部監査が違う役割を果たすということはあるのでしょうか？

S：果たそうとしているとは思います。ただ、先ほども言ったように、監査チームのリソースは不足していますから、第3線が頑張っているから大丈夫ですと言えるほどではありません。非常に頑張ってはいるものの、社内規定違反や稟議《りんぎ》プロセス違反のチェックなど形式的なところにとどまっているように見受けられ、実質に踏み込んだ監査が十分にできているとは言いがたい部分もあります。

茂木：Mさんの会社ではいかがでしょうか？

M：わが社に限らず1線、2線、3線の議論が、社内ではお互いに仕事を押し付ける理由になっているような印象があり、個人的にはこの2線、3線の議論はあまり好きではありません。組織的にも人間を集中させていることもあり、基本的には法務部門は1線でやっていきたいと思っています。他のコーポレート部門で「1線に任せています」と言う人もいますが、部下には「とにかく自分が1線だと思ってやれ」と言っています。部下から不満の声もありますが、そこは部内と社内でどう折り合いをつけていくかですね。1線、2線、3線の議論は、お互いの本分は何かという議論で使うならいいのですが、そうではない点にすごく不満があります。

S：非常に共感できます。社内では、法務だコンプライアンスだといっても、その違いを明確に認識しているケースは多くないと思います。それにもかかわらず、「これは法務」「いや、これはコンプライアンス」だと、押し付け合っても何の意味もないわけです。私は誰でもいいから、「領空侵犯」してでもやるべきことはやればいいと思うのですけども、やはり各部門はそれぞれ忙しいですから、そこはいろいろと抵抗があります。

茂木：2線、3線という議論が果たして妥当なのかという議論もありましたが、Oさんの会社では、役割分担で何か特徴的なことはありますか？

O：弊社の内部監査は、ここ数年で機能として整いつつあるという状態です。前の内部監査部門長のリーダーシップの下、専門性を持っている人を増やしたのですが、まだ20人くらいしかいません（その後増員されました）。スリーラインモデルでやりましょうという話は理想的にはあるのですが、実態としてはまだ途上というのが私の理解です。

3線としての内部監査機能から社長に対しての報告は効果的に実施されていると思いますが、2線の機能はグループ全体でもまだ整っていません。先ほどMさんから、法務は1線であるべきだというお話がありましたが、私は1線であり、かつ2線であるべきだと思っています。また、部下にもそういうふうな意識で仕事をするようにと話しています。

法務の人間が整っているのは、グループのなかでは日本の会社の一部とアメリカくらいです。アメリカには30~40人ほどいます。米国子会社は上場企業並みのガバナンス体制を構築・維持しており、日本からのコントロールも最低限にして自律的な経営を尊重してきたという経緯があります。そうしたなか、中長期的にはグローバルで事業を成長させていきましょうという流れもあるのですが、アメリカの子会社から見れば、自分たちは機能をきちんと持っており、ガバナンスも利いているので、これ以上の管理は必要ないのではないかという意見もあるようです。そのため、日本から何かガバナンスを利かせるということについては、グローバルなガバナンスのポリシーやルールを作っても、導入するのは容易ではありません。

S：それはアメリカの抵抗が強いからですか？

O：そうですね。抵抗というよりは、これまでコミュニケーションが十分ではなかったからではないかと思います。まさにこれから、コミュニケーションを活性化させなければならないと思っています。

東：そういう状況ですと、本社の取締役の方々が心配ですよね。何か起きたときに、自分たちは何も知らなかったでは済まされないですから。

O：まさにそうだと思います。取締役会から求められていることに答えるためには、よりいっそうの情報連携とコミュニケーションが必要だと思います。今のアメリカ法人のトップは本社の取締役にもなっていますから、本社の取締役や社長との間にはレポートラインがありますが、実務レベルでのコミュニケーションがまだ薄いと思います。ですから、グローバルでこれからもっと情報の共有をしていき、ガバナンスを強化していきましょう、そういう組織を作っていきましょうという議論を始めるためにも、その前にもう少しコミュニケーションできるような形にならないといけないというのが今の段階だと思っています。

法務には英語ができる人間が何人かいるので、そういう意味では、今までよりも率直な情報が入ってくるようにはなってきているとは思います。前職ではそういうコミュニケーションが当たり前のようにできていましたから、最初の頃は、全然情報が入ってこないことが大きなフラストレーションでした。この状況を打破するためには、まずコミュニケーションをどれだけ深いところでやっていけるか。そこから始めないといけないと感じたのがここ3～4年で、最近やっとそれが形になってきたというような感じです。

コミュニケーションのラインにどこまで入っているか

M：レポートラインの話が出たところで、皆さんにぜひお伺いしたいことがあります。皆さんの会社でも海外子会社に駐在員を出していると思いますが、その駐在員の方々はラインに入っていますか？

以前在籍していた会社では、事業会社ではCFOや営業のトップがラインを押さえて、情報を取ってくるというのが基本でした。ところが、今の会社はラインに入っていない事業会社がけっこうあります。そうなると、コミュニケーションの上手な駐在員がいるときはラインの情報が入ってくるけれども、駐在員が変わると入ってこなくなるというように、情報の濃度が変化していく歴史を繰り返しているようなのです。そこで最近では、新たに買収した企業はラインに入れるようにしています。皆さんの会社では、特に海外子会社の駐在員の方々はラインに入っているのでしょうか？

S：海外子会社によりますね。まず前提として駐在にはコストがかかる。リージョンによって違いますが、たとえば進出してから比較的歴史が浅い国では、社長も管理部門長みたいな役職も日本から送っています。一方、進出してから時間がたっている国では、基本的に現地採用者がコントロールしていますし、国によっては必ずしも日本からのガバナンスが十分に及んでいないかもしれません。

役員に関しては、営業部門の責任者が海外子会社の非常勤の取締役などになっていることが多いのですが、実はそこまで機能しているとは言いがたい状況です。なぜなら、最近まで現地法人の取締役会は基本的に書面決議のみだったからです。2年くらい前から実開催するようにした結果、報告が上がってくるようになりました。

このように、これからやっていかないといけないという感じですから、駐在員を通じた情報収集はあまり考えていませんし、それで駐在員を増やそうとは今のところ考えていません。

I：弊社の内部監査部門には昔は海外駐在員がけっこういましたが、新型コロナウイルス感染症の世界的流行を受けて全員と業務関係を解消し、今は1人もいません。その代わりに、欧州、米州、アジア、中国にそれぞれ居住している方々がリードする体制を確立しています。所属こそ各現地法人ですが、各リージョンリーダーのレポートラインも評価もヘッドクオーターが関与します。アジアや中国は費用面でもヘッドクオーターへチャージバックする方式にしています。

一方、欧米は仕事の縦割り的な部分もあり、部門間の情報がなかなか入ってこないことなどがないように、ヘッドクオーターによる関与は少し穏やかにしています。所属は現地側にしておいて、現地リージョンレベルでガバナンス委員会や監査委員会を行い、現地監査委員会とヘッドクオーターの両側で評価をしています。これで、バランスが取れるかなと思っています。

M：監査部門以外の方は、海外に駐在されるのでしょうか？

I：監査部門以外で駐在員はいますが、昔に比べて減っています。ただ、駐在される方もそこまで機密ミッションなどを持っているわけではないと感じます。弊社グループは買収した会社が多いので、そこまで日本人が入り込めていないからです。監査部門の例に戻りますと、海外の子会社の内部監査には、会計の知識、外国語力、ＩＴの知識の三つが必要になるので、日本人がぐいぐい行くのはなかなか難しいものがあります。

かつてトップがいらしたばかりの頃は「そういうのが得意な欧米主導で任せていけばいい」と言われたこともあり、過去にはいろいろと海外主導体制などを実践してみました。その後、紆余《うよ》曲折があって、やはりグローバル全体を可視化して状況把握するためにはリージョン最大の規模を誇る日本のヘッドクオーターがきちんと見るべきだと変わりました。

茂木：海外のリスクをどうやって把握していくかというテーマにもつながるのではないかと思って伺っていました。人に頼ると、情報の伝達も承継もされません。さらに言えば、ネットワークの承継もされない。では、どうやってシステマチックに海外のポートフォリオやリスク情報を上げるか。評価する前段階としての情報収集になってしまうという難しさがあるような気がします。

Ｓ：そういう意味では、先ほど説明した海外現地法人の取締役会やリスクマネジメント委員会に主要なリスク情報が集まるようになっています。海外現地法人の取締役会はわれわれが事務局のサポートをやっています。このように事務局として参加することで情報を取りにいくという感じにしなければ、うまくいかないと思います。

東：数年前、日本のある製造業企業2社間の資本業務提携があった際、出資側企業がガバナンス整備・強化のために最初に行ったのは執行役員の給与体系の変更と、コミットメントターゲットの達成度に応じたインセンティブの導入でした。次に権限規定を整備しました。そして、インセンティブや規定を整備しルールを整えたうえで本社経営メンバーは日本人でなければいけないという非日本人社員にとってのグラスシーリングをなくし、現地社員でも優秀なら本社の社員・役員にしました。海外の子会社経営は、社長も、CFOも、どんどん現地社員に任せていきました。ただし、ガバナンスポストは本社から送りました。経営は現地にやらせるけれども、情報が取れるガバナンスポストには、社長やCFOにレポートするような人を本社から1~2人置くということを意識してやっていました。結果として従前よりもガバナンスが強化され、優秀な日本人不足による海外子会社の経営・ガバナンス不全という課題からも解放されました。

O：私が前にその会社に在籍していた頃はよく、現地でのレポートラインとグループ機能間での横のレポートラインを両方持つマトリックス組織を目指そうと言っていました。現状のわれわれの組織ではとてもそんな状況ではありません。人ベースになりますけれども、まずはコミュニケーションを増やしていく必要があります。実際にはやはり人事制度を合わせないと、なかなか難しいですよね。

グループ運営の体制

茂木：グループ運営のルールを作る、本社からグループ会社を管理する人材を派遣する、法令遵守に関する教育を行う、親会社への報告体制や報酬制度を整えるなど、親会社が国内外のグループ会社を管理する運営ルールやモニタリングの体制は、企業によって異なるかと思います。国内外のポートフォリオ会社のモニタリングという観点からどういう制度を作るか、運営していくにあたっての課題は何かなどをお話しいただければと思います。Mさんからお願いします。

M：最近、経営企画部が機能軸で事業会社をモニタリングする「機能別リスクモニタリング」制度を提唱しています。たとえば、コーポレート部門でも人事なら人事の面で各事業会社に対してアクセスし、法務は法務でアクセスするというように、機能軸で各事業会社のリスクを分析して対応するという制度です。しかしこれが、事業会社側で対応しきれない状況になっています。たとえば、法務部から「あの話について聞きたい」という連絡が来たと思ったら、翌日に人事部から似たような話も来るというように、各機能が個別に事業会社に連絡してしまうので、事業会社の担当者がパンクしてしまうようなのです。

S：そういうことはありますね。

茂木：事業会社の人員構成はホールディングス側とは違いますし、事業会社の担当者は兼任であることが多いですからね。

M：そうですね。実質1人です。

茂木：うまくいけばいいんでしょうが、リソースの問題もあってなかなかワークしません。Iさんの会社ではいかがでしょうか？

Ｉ：弊社ではキーパーソンを決めてアジャイルに対応していますが、アジャイルではうまくいかないことも多いです。たとえば、私のダイレクトレポート先はもともと社長でした。それが今は、リスクマネジメント部門、コンプライアンス部門、リーガル部門、内部監査部門を束ねる管掌役員に変わりました。こうなると、より実務に近い話ができる部分はありながらも、注意していく部分はあります。われわれがリーガル部門やコンプライアンス部門に監査に入ることもあるからです。ですから、忖度《そんたく》のないように独立的・客観的に評価していくためにも、レポートラインは監査委員会と役割分担しています。

整理という話では、何かあればヘッドクオーターが統一感を持って各リージョンリーダーに重要なことなどをタイムリーに必ず知らせるということで、彼らにリージョン内での交通整理をしてもらっています。そうしないと、言っている内容がばらばらになったり、個人の意見が部門の意見のようになってしまう可能性があるからです。そこは避けたいですからね。司法のルールなどもありますから、リージョンのことは基本的に任せていますが、何か問題が起きたら、ヘッドクオーターで即時に吸い上げるようになっています。

茂木：本社側からのモニタリングという観点で考えた場合、本社サイドには管掌役員がいて、その方が国内外の子会社をモニターするということになるかと思います。それはどういう形なのでしょうか？

I：われわれのような第3ラインの内部監査（独立的評価）を実施する前に、内部統制の構築・推進側にモニタリングという言葉を使うことが多いです。たとえば、この第2ラインであるブランドの部隊、品質の部隊がまず国内外の子会社モニターに動きます。第3ラインのわれわれは、第2ラインのモニターがきちんと運用されて機能されているか、単にポリシーなどを作っているだけではないのかなどを確認するという役割で分けています。

茂木：本社第2ラインも各子会社を回っているのでしょうか？

I：今は組織をスリム化する方針になってきているので、一部は外部アウトソーシングのファイナンスサービスセンターに移して、本社第2線が回る必要性は薄まってきているという建付けですが、要となる重要な機能に対しても一部回り切れていないのが現状です。ニッチなもの、組織にまたがるもの、システムにまたがる等、一番重要なところが落ちている場合がある。そういった三遊間をすくえる人たちが少ないのが、われわれの悩みです。

茂木：難しいですね。なかなかうまく整理できないところがありますから。

I：監査委員会からは「J－SOX監査で慣れてきているプロセス評価の度合いは少し小さくしてもいいけれども、本当に危ないところの領域の業務監査にはリソースを割いてください」と言われています。今、弊社には法人が約200社あるのですが、これらの法人の1年間の業務監査の指摘件数は大中小も合わせると約1000件レベルと、かなりの数があります。

茂木：Oさんの会社ではどうでしょうか。

O：弊社のガバナンスはまだまだですが、グループのガバナンス関連規定を改めて整備しました。大まかに言うと、「一定金額以上のものは必ず本社の決裁を取ってくださいね」という規定なんですが、これが非常に細かい内容になっています。ここまで細かくしたのは、事業会社側が何を報告すればいいのかよくわからないから細かく決めてほしいと要請されたからです。事業会社側にとってみれば、自社の裁量の範囲が明確になったというわけです。そして、国内の子会社は、これを順守してくれている。でも、アメリカでは細かすぎるという意見が出ており、今後どうするかが直近の課題になっています。

東：少し補足すると、Oさんの会社ではマイクロマネジメントでコントロールしようとはまったく思っていなくて、透明性を担保してほしいと言っているだけなのです。ですが、そこがなかなか。

O：もともとの発想は、「われわれはモニターをしますから、アカウンタビリティーとオーナーシップを持ってきちんと報告してください」だったんです。オープンな情報を届けてくださいねということで、極めてわかりやすいようになりました。

茂木：場所によっても違いはありますけど、浸透に時間がかかるところもあれば、すっと浸透するところもある。

東：カルチャーや歴史も違うし、日本のマネジメントと現地のマネジメントの力関係もあります。だから、時間はかかります。

重要な情報の共有とレポーティングライン

茂木：モニタリングの延長線上で、現地で起きている問題点をどうやって吸い上げるかは課題の一つだと思います。Sさんの会社ではどういう制度がありますか？

S：まさにそこが悩みです。一応、グローバルの統一の決裁基準や稟議規定はあります。ただ、駐在員にも「細かすぎる」と怒られたりします。「何億円以上の投資には本社の承認が必要」ということで、それは機能しています。

問題は、茂木さんがおっしゃったように、何かあったときの報告ラインがきちんと整備されていないことです。弊社はメーカーですから、たとえば事故があった、セーフティーの問題があった、コンプライアンスイシューがあったなど、有事にはしかるべき人がしかるべきルートで直接社長や担当役員に報告します。しかし、報告がないときもあって、報告の仕方がばらばらなんです。現地法人にはそれぞれに取締役会があり、本社から派遣している取締役もいるわけですから、本来的にはまずその現地法人の取締役に報告すべきなのですが、彼らにはそういう発想があまりないようです。報告がないよりはまだいいのですが。そこはきちんとルールなり、ルートなりを整理しないといけないと思っているものの、まだ手をつけはじめたばかりです。

また、子会社によっては報告に時間がかかることも問題です。先日あったのは、問題が発生してから本社に報告が上がってくるのに数カ月かかったというケースです。これではアジャイルとは言えません。われわれはまさに変化の激しい業界にいるので、そのあたりのスピード感をどう上げていくのかというのは悩みです。ですから、何か参考になる事例やアドバイスがあれば、ぜひお聞かせいただきたいと思います。

東：Oさん、ガバナンスを少し横に置くと、発生事実と決定事実の報告メカニズムはすごいですよね。

O：一応そういうルールは作ってあります。

東：その報告メカニズムは海外子会社でもしっかり意識されていて、通常のグループガバナンスのメカニズムをよく補強しているように思います。

O：アメリカのリスクに日本が不必要に関与しないほうがいいというケースもあり得ます。そこで、重要事実報告のレポートラインとは別に、アメリカのゼネラルカウンセルには、リーガルリスクだけは別ルートで、かつコンフィデンシャルベースでやらせてほしいと言っています。今ではコミュニケーションがある程度深まり、リーガルリスクに関する情報がだんだん入ってくるようになりました。

レポートラインは、アメリカ人にとってものすごく重要です。報告と評価がつながっていなければ、報告は来ません。これを実現するには、グローバルに統一された人事制度をベースにしていく必要があります。前の会社の経験から、そういうところが作れていない限り、本当の情報というのはなかなか出てこないと思います。

S：とてもよくわかります。先ほど話したように、機能軸でのレポーティングラインがあまり整理されていないから、地域ごとのレポーティングラインになってしまう。もちろん現地法人の社長は本社の社長にレポートするので、そこはきちんとしているのですが、現地法人の幹部やリーガルからは報告が来ない。これは、われわれが多少のコメントはしても、評価とつながっていないからです。

ところで、アメリカのゼネラルカウンセルは誰にレポートするのでしょうか。

O：アメリカのCEOです。

S：そこは法務同士ということで、話はするのでしょうか？

O：私が法務同士でコミュニケーションしたいと言っている部分はあるのですけれども、先ほど言いましたように、取締役会の権限がかなり強くなってきましたし、今のアメリカのCEOは本社の取締役会のメンバーでもあるので、結局、取締役会にレポートすることになっています。また、取締役会でこういう話があったという話をわれわれから現地のリーガルに話をすることで、彼らにもこういう情報を入れないといけないということが伝わります。

S：それはいいことですね。

O：取締役会の権限が、今は利いているようには思います。

茂木：情報の流れと責任関係がつながっているということですね。その一方で、先ほどおっしゃっていた機能別の情報共有で、現地の問題を見つけられる体制を整えているということでしょうか？

O：そうですね。そういう意味で法務のネットワークを構築しようとしています。ただ、情報が誇張されたり矮小化《わいしょうか》されたりする場合もあります。「この話がなぜこれほど大きな問題になるのかがよくわからない」というケースもあったりします。そうした情報の整理を含めてネットワーク構築が重要と考えています。

茂木：今、レポーティングラインや重要な情報の迅速な共有は人事制度や評価制度、インセンティブに関わるのではないかという話になりました。Mさんの会社では、子会社のポートフォリオカンパニーの役職員や特定のラインの担当者の人事評価の指標に、これらは入っているのでしょうか？

M：わかりません。法務は評価に関与していませんが、もしかしたら人事では評価対象としているかもしれません。あまりそういったことをやっているイメージはないです。コンプライアンスという大きなくくりでは評価対象になっていると思いますが、個別に何か指標があって評価しているわけではないと思います。

茂木：項目の一つには入っているのでしょうか？

M：1項目にはなっていると思います。

茂木：それらをどう定量的に判断されているかはわかりませんが、難しそうですね。

M：難しいですね。

S：それを定量化し、評価することは、たぶんほとんどできてないと思います。評価項目のなかで「法令遵守ができていますか」というのがありますが、自己申告なので誰もが「できています」にチェックします。あまり意味がないですよね。

茂木：結局は、親会社側が制度として導入して運用していくしかないのかもしれません。東さん、レポーティングラインや重要な情報の迅速な共有に対する評価はどのように制度に導入するのが望ましいのでしょうか？

東：二つの方法が考えられます。一つは、縦軸に現地法人としての取締役会などヒエラルキーのなかでの評価を、横軸に機能としての評価を置いて、その両方でバランスをとること。もう一つはインセンティブ設計です。ボーナスを上げる条件に、報告の質を上げるとか、正確性を高めるとか、頻度を上げるといった項目も設定するのです。「給料が上がるならやろう」と思わせるわけです。

茂木：とはいえ、よりたくさん報告したから評価されるというのも違うと思うんです。報告事項はないほうが望ましいこともあります。

東：ある会社でリーマンショック直後に買収した会社の一つで不正が見つかり、減損処理したことがありました。そのときはCEOやCFOなどの経営陣を入れ替え、1年かけて一番厳しい内部統制を導入しました。さらに「すべての内部統制をしっかりやったら、ボーナスをこれだけ払う」と約束しました。そうしたら、彼らは本気でやってくれて、非常にきれいになりました。そのときの経験から、やはりインセンティブ設計は重要だと実感しています。

茂木：そうですね。そこは、全社的に取り組んでいくしかないという感じがします。

M：日本人はインセンティブ設計が苦手ですよね。これは自己反省も含めてですが。

東：そうですね。給与テーブルに縛られてしまうので、なかなか難しいです。

M：規定を厳格にしすぎて、逆にモチベーションを下げることのほうが多い気がします。そこをもう少し柔軟に対応すれば、みんながやる気になると思うのですが。

茂木：本当の評価になっていないということですね。

M：そうですね。また、評価の作り込みも甘い感じがします。

茂木：現在の評価方法の多くが、最終的には人が決めることになっています。これでは、透明性が担保されません。

M：目標が不明確だったり、抽象的だったりもしています。本来ならば、もっと大きな目標を達成しないといけないのに、わかりやすい小さな目標にすり替えてしまうこともあります。たとえば、数十億円の売上目標に対して、本当に欲しいのはボトムラインであるにもかかわらず、トップラインにしてしまうなどです。評価制度の設計がうまくいっていないと感じるときはありますね。

O：おっしゃるとおりです。

東：特に海外と日本の関係では、海外の人に交渉負けして、インセンティブ設計が海外の人に都合のいいようになったりします。

ポートフォリオ戦略におけるガバナンスの「連動」と「緩急」

茂木：次のテーマである「ポートフォリオ戦略におけるガバナンスの『連動』と『緩急』」は皆さんの実務と少し離れるかもしれませんが、グループとしての企業価値向上を望むためには、ガバナンス体制の見直しもされたと思います。どのようなきっかけがあり、どのようにガバナンス体制を変化させたのか、コメントをお願いします。

I：弊社のトップはどちらかというと「人を信じて任せる」というタイプなので、たとえば権限委譲の一つとして、稟議が必要な購入額を20万円から100万円に引き上げ、「悪い人はいないだろう」と始めたことでしたが、実際に運用していくうちに不正が目につくようになりました。

そのときにトップが言ったのは「間違いがあったときにはそれをよしとせずに、やはり軌道修正すべきだ」です。そこで見直すことになりました。今では、業績が悪いときも、その原因をルート構造で探るのが重要だと、ネガティブなことでも言ってくれる人こそ重要だとトップも言っています。

茂木：見直しに躊躇《ちゅうちょ》しない姿勢をとっているということですね。運用中の制度を見直すのはなかなか難しいものですが、それに加えて一つのインシデントに基づいて実行するというのは決断が必要だと思います。Sさんの会社ではどうでしょうか？

S：いろいろありますけれども、弊社は政府と比較的距離を置いてきました。ただ昨今、地政学の問題が重要になってきていますから、政府と連携する必要性が高くなってきました。そこで社外役員の方の助言に基づき、渉外部門を設置したり、米国にオフィスを作ったりしていますが、彼らの助言は正しいと私は思っています。社外役員の助言や顧客からの要望というのは、ある種の外圧でもあります。こういう外圧をうまく利用してガバナンスやビジネスを変えている部分もあります。

ガバナンス体制について、役員の問題意識としては、今まで十分にできていなかったガバナンスを何とかしなければいけないというのがあります。特に、海外子会社は現地法人の個別最適の積み重ねでずっときていましたが、今後拠点が増えていくなかで、このままではさすがにまずいだろうと考えています。会社として今後ガバナンスを強化していくという意思が、経営陣にはあるということです。

東：不正は、どんな会社でも絶対にゼロにはなりません。それをいち早く把握できるようなメカニズムがあるということでしょうか？

S：そうです。ただ、報告ラインやルートはまだ整理できていないところもありますし、報告に時間がかかっているケースもあります。そのあたりから手をつけていくことになりそうです。

茂木：どのような形で自分の責任を全うしていく仕組みを入れていくのか。グループガバナンスという観点から、どうお考えでしょうか？

S：弊社の海外グループ会社は、お客様のところにサービスセンターを作る、現地を束ねる法人を作るといったように、状況に応じて拡大してきました。それでビジネスが拡大してきたので、それはそれでいいのですが、これからどうしていくのかという明確なグループ会社戦略があるかというと、そこまで明確でもないのが現状です。

これまで、あるべき姿が明確に考えられてこなかったので、私の最初のミッションはあるべき姿を考えることだと思っています。

東：まず大事なのは、お金の流れと購買の癒着、この二つです。あとは、各社のビジネスモデルのなかでリスクが高そうな典型的なパターンを押さえておけば、大きな事故は防げると思います。

S：そうですね。幸いにも創立以来、大きな事故もありませんでした。

東：購買とかお金の流れ、たとえばペティキャッシュ（小口現金）の管理などは、海外のリスクの高い地域では事件が起きやすいですね。

S：おっしゃるとおりです。今後、インドやフィリピンなどのハイリスクな法域の拠点を機能強化していくこともあり得るでしょうから、そうしたコンプライアンス的なことは大事ですよね。

グループガバナンスを左右する「人」

茂木：ハイリスクハイリターンな感じもしますが、仮にSさんのようなポジションがあった場合、どういう仕組みがあれば、グループガバナンスのマネジャーとしての職務を全うできると思いますか？

M：弊社グループはそれぞれの事業会社の歴史が違いますし、主力の祖業事業は過去に上場していたということもあり、独立性が非常に強い。事業会社ごとにまったくカラーが違うので、個別に制度設計をする必要があります。

ともすると、統一的にきれいに作りたくなるんだと思うのです。もし、私が担当だとしたら、そういう統一の基準でやりたくなりますが、やはりそこは個社の歴史や規模、あるいは所在地域などを踏まえて制度設計しないと、結果的にうまく回らないような気がします。

茂木：確かに、ポートフォリオの性質によって制度を変えていくという難しさもありますけれども、あえてそうしていく勇気を持って適用すれば、うまく回るだろうという意味でしょうか。

M：そうですね。先ほどおっしゃっていた「変えるきっかけ」というのがなかなか難しくて。結局、とんでもない不祥事が起こるか、業績が悪化するか、おそらくそのくらいしかステップインできるタイミングはないような気がします。

茂木：制度自体は前から存在するものですので、それを引き継いでいる関係上、なかなか変えづらいということですよね？

M：はい。事業会社側の抵抗感も強いですし、機能子会社であればともかく、買収した会社ですと、やはりプロパーの皆さんがいらっしゃるので、制度設計をしたときにその人たちがどう感じるかも考えたうえでやらないと、それこそモチベーションダウンにつながってしまいます。こちらとしてはよかれと思ってやった制度改革がうまく回らないということにもなりかねないので、そこは難しいですね。

I：弊社も、国内の子会社はけっこう大変です。手掛けている事業がまったく違うにもかかわらず、マネジメント層からは標準化と効率化の追求を求められる。でも、標準化と効率化を進めると、いざ当てはめたときに適合しないところがあるんですよね。各社に合った形と標準化は相容《あいい》れないものがあるので、うまくバランスを取らないといけなくて、そこは苦労しています。

M：力の強い子会社の人間が別の子会社に行って、元の子会社の理論で仕組みを変えようとすることもありました。同じ酒類でも焼酎、ビール、ワインでは売り方がまったく違うのに、同じ形でマネジメントしようとしたのです。

O：弊社のグループも、主力事業が強く、社長もそこの出身ですから、大きな成功体験を持っています。そうすると、「そこではこういうふうにやってうまくいった」という議論になりやすいと思います。実は、事業子会社の売却の際には、従業員や労働組合からの抵抗が大きな課題になりました。これは、経営陣にとって大きな教訓になりました。ポートフォリオの入れ替えというのは、結局、人であり、財務じゃない。そこには人がいるんだということを改めて強く認識した出来事だったと思います。

私は前職で同じようなことを何回も経験しました。ポートフォリオの入れ替えを成功させるには、売られる側が、自分たちの事業を成長させるためには外に出ていって、自分たちでこの事業を成長させるんだと強くコミットする必要があると思います。実際、自分が納得して、自分でリーダーシップを持ち、オーナーシップを持って出ていくという体制を作ったビジネスは、その後すごく成長しています。

今、人的資本経営が注目されていますが、経営者は「組織というのはやはり人なんだ」ということを考えることが重要だと思います。

茂木：ポートフォリオ改革では、買うだけではなくて、切り離すという判断をすることもあります。ただし、そのときには切り離した後もワークする形で切り離さなければ、適切なイグジットになりません。それは常日頃やっている対策にも関係しますし、切り離しの段階でどうやってうまく話を進めていくかにも関わってくることですから、難しいですね。

「法務として」果たすべき役割、期待される役割

茂木：ポートフォリオ改革ではさまざまな判断を下す必要がありますが、そういう大きな流れのなかで、法務部門あるいは管理部門としてどういう役割を果たすべきだと思いますか？

O：私は法務ですけれども、法務の立場からだけではなく、経営会議の場で分離される人たちのモチベーションを考えているかどうかを問いかけることがすごく重要だと思います。

茂木：人には職業選択の自由がありますので、辞めてしまう可能性だってあります。リテンションの観点からも、その点は確かに重要だと思います。

M：私は、もういかに法務から離れるかという感じですね。もちろん、法務のバックグラウンドがあっての発言だということはマネジメントの方もご理解いただけていますが、いかに法務的ではないことを法務の観点で話せるかということになるので、あまり法務部っぽいことを言わない

ようにしています。

O：すごく重要だと思います。

M：なかなか難しいですけれども、本当にそうだと思います。

茂木：まさに今、その点をお伺いしたいと思っていました。法務の専門用語ではないけれども、法務の観点、リスクの観点からいかにアドバイスするかという難しさがあるなか、そういうことが実は法務部に期待されているのでしょう。会社によって違うと思いますが、どのようなイメージなのでしょうか？

M：大きな投資案件について、特にマネジメントの皆さんは心配なのだと思います。そこで、その心配なところをすくってあげるようなコメントとか、アドバイスができるかどうか。たとえば「独禁法がどうとかはやっておいてくれ」となるけれど、そうではない部分の心配をどう「大丈夫だよ」と言ってあげられるかだと思うんです。

O：おっしゃるとおりだと思います。「大丈夫だよ」と言ってあげると同時に、「これは法務的にはセーフかもしれないけれども、やっては駄目ですよ」と言えるかどうか。

茂木：それは法務の側面を超えて、ということですね。

O：そうです。人間として正しいか正しくないかを言えるかどうかはすごく大事だと思っています。

茂木：適法だけど不適切なのか、違法に近いけれどもいけるのか。その二つの視点ということですよね。前者の場合、非常に難しさが伴うと思いますが、ただ、少なくとも適法だからOKだろうと言っているマネジメントをストップさせるには、そういうコメントが必要になってくるということですね。

「攻め」と「守り」のリスクマネジメント

茂木：守りのリスクマネジメントは比較的わかりやすいと思いますが、攻めのリスクマネジメントをどうイメージされているのか、お伺いしたいと思います。

S：われわれは社長がどういう経営判断をするのかについて関与できませんが、経営判断するのに十分な情報提供をすることはできます。そういう正しい方法で経営判断してもらえるような前さばきというのは、非常に重要だと思っています。しかし、他の法務部員を見ていると、経営判断とか意思決定は自分たちの雲の上の人がやることだと感じているようで、「状況はこうです。論点はこうです。リスクはこうです。メリットはこうです。あとはお決めください」といった感じで上げてくる。ですが、それではいけません。そんなことを言われても、マネジメントは困ってしまいます。全部が通るかどうかは別として、法務部門には社長が正しい判断をするようなお膳立てが求められているのですから。

少し脱線しますが、今すごく難しいと思っているのはサイバーリスクです。他の会社でサイバーアタックを受けて億単位の身代金を支払ったにもかかわらず情報が戻らず、追加の身代金を要求された事件がありました。たとえば、もし顧客のキー情報が弊社でハッキングされ、身代金を支払えと言われたら、どうするか。私自身まったく結論が出ていませんが、そういう事件はいつ起こってもおかしくありません。そういう問題に対して、法務としての見解を持っていないといけないと思っています。

茂木：「法務ではこういうリコメンデーションです」という提案型になるべきということでしょうか？　当然、その前提として、「真っ白ではないかもしれないけれど」というところをしっかり説明したうえで経営判断に出していく。そんなイメージですかね。

S：そうですね。そこは提案するならば、ということになるわけですが、なるべくソリューションオリエンテッドでいければいいと思っています。

茂木：私は法務部に在籍したことがないのでわからないのですが、そういう提案をする機会というのは、ある程度フラットにあるのでしょうか？

S：人によりますが、一般の法務部員にはそれほど多くありません。一般の法務部員は大量の契約書の審査に追われていることが多く、買収などの大きな案件やインシデントがなければ、経営陣に直接説明する機会はあまりないでしょう。役員への説明となると、彼らはどうしても「あとのご判断はお願いします」みたいな感じになりがちです。そのため、「それではダメだ」と言うのが、私の役目になっています。

茂木：法務と内部監査は違うと思いますが、経営陣にレポートしていくという観点では、近いところにあるような気がします。Ｉさんはいかがでしょうか？

Ｉ：たまに、トップからメールが来るんです。「攻めと守りのバランスは自分もすごく重視している。重要な決定は私がするけれども、決定した内容が本当にうまくいっているかどうかは誰も言わず、ポジティブなことしか言わない。ネガティブなことを含めて、Ｉさんはどう考えているのかを聞きたい」といった内容です。いいも悪いも、トップは私のことを信じていると言ってもらえるのは嬉しいですね。

S：それはいいですね。

I：そういうときには、「攻めるのなら、このあたりにリスクがあります」と、明確で緻密な裏付けがないこともあるため、個人の意見・所感と断ったうえで述べるようにしています。実態を把握しないと本当のリスクは炙《あぶ》り出せないので、私はできる限り現地を回って、いろいろな方たちから直接ヒアリングしています。工場でも工場長だけでなく、現場にいる人たちにも耳を傾けます。そうすると、トップダウンで言っている内容と、実際の現地で思っていることはやはり全然違っていてギャップが生じることは多いのです。そのことを伝えて、それでもやるのならば、その最終ジャッジは基本的にトップマネジメントの役割だと考えています。

攻めのときに、何かしら判断すべきロジカルな情報を与えることはすごく重要だということです。客観的、独立的なものとして、私がフィルタリングするわけではなく、フランクに伝えられることが今は重要だと思っています。

茂木：それは、内部監査の立場に期待されているのか、それともトップとの個人的な関係なのか、どちらに近いでしょうか？

I：内部監査に期待されていると言えるでしょう。昔、海外子会社で不正が起きたとき、トップから「今は重要な時期だから必要だが、3年後には内部監査はいらない」と言われましたが、その後、トップは内部監査は付加価値を与えてくれる部署だと理解し、心境が変わってきたようです。

個人的には、私がネガティブなことを伝えることもあるでしょう。これは私だからではありません。トップが言うことには間違いはないとやみくもに信じるのではなく、ネガティブなものを堂々と言える人たちが求められている時代だからだと感じるのです。

茂木：マネジメントが経営判断をするときに、情報を欲しているということですね。その入手ルートが法務なのか、内部監査なのかというのは、その会社によって、また人的関係によっても違いますが、Iさんのお立場は、期待されている役割を果たされているような感じを受けます。

グローバルな内部監査という観点で、田中さんはどうお考えでしょうか。

田中：Iさんの率いている内部監査が成果を出し続けてきたからこそ、そのような期待が生まれているのだと考えます。日本企業では、そこまでの信頼関係を築けていないケースも散見されます。また、日本企業の多くでは、御社のようなリージョンもしくは子会社の内部監査組織とヘッドクオーターの内部監査トップのダイレクトレポートラインを敷いておらず、どうしても現地子会社の社長にレポートしてしまっています。そのようなダイレクトレポートラインが整備されていることも、トップが内部監査に期待していることの一因となっていると思います。

その前段の議論とはなりますが、グローバルの内部監査体制という意味では、リージョンもしくは子会社に内部監査体制を整備するのか、整備するのであれば本社の内部監査組織との連携・すみ分けをどのようにするのかの検討が必要です。その際には、現地側の第1線、第2線がどの程度成熟しているかも踏まえて検討します。

リスクを取れる人材を育てる

茂木：情報の流れをうまい方向に持っていくというのは大事だと思います。リスクマネジメントという観点から、Oさんはどうお考えになりますか？

O：うちの部員たちには、「会社にとって法務の機能とは何だ」とよく言っています。法務の機能には、最後の砦《とりで》である「守りのマネジメント」と「経営のパートナー」という面があります。法的なリスクを一定程度テイクしながらでも、その選択が会社にとってメリットが大きいと言える状態にするというのが攻めと守りのリスクマネジメントです。これを本当に実践しようとすると、実は人をどうやって育てるかに帰着します。ですから、最近の私のテーマはそういう人たちをどういうふうに育てていくかなんです。

私が今いる立場は、経営会議のメンバーであり、取締役会にもオブザーバーで呼ばれて、何かあると意見を求められるというものです。その立場になった人たちは、求められる意見が言えますが、それを若い人たちにいきなりやれと言うのは無理な話です。

S：本当にそうなんですよ。視座が違いますからね。

O：全然違うんですよね。違うんだけど、そういう視点を持ちながら法務をやるというと、やはり法律の勉強をしていただけではできません。税務も財務も勉強し、どうやって人とコミュニケーションをするべきか、いろいろな失敗をしながら育っていく。こうしたことが、それぞれのレイヤーで必要になってくると思うんです。言うのは簡単ですけれども、めちゃくちゃ難しいです。

S：難しいですよね。実は、私もまったく同じ悩みを抱えています。本当に視座が違いすぎるのです。常に経営会議の場面にいるわれわれと、そういうことを聞いたこともない一般部員とでは、会社に対する思いとか現状認識がまったく違います。せめて、株主総会での社長のプレゼンやアナリストとの質疑応答を見たり、四半期決算報告に目を通したりしてほしいと思っていますが……。

O：そうですね。そういうステップもあると思います。そこで、ある程度スキルを身につけることが必要なときもありますからね。そういう意味では、エンゲージメントが会社の一つの重要なテーマになりつつあると思っています。

茂木：「攻め」と「守り」のリスクマネジメントについてのテーマが、若い人たちをどうやって育てていくのかに帰着しました。Mさんはどうでしょうか？

M：若い人には「自信がないとやはり保守的になる。そうすると踏み込んだ判断ができなくなるので、常に勉強だ。法務としてリスクを取るんだ。そうしないと信用してもらえないよ」と言っています。これは、自分自身への戒めでもあります。

日本の法務部門がいまひとつ出世できない原因の一つは、先ほどSさんもおっしゃられたように、「こういうことがあります。あとはご判断ください」みたいなスタンスを取りがちだからです。マネジメントにすれば、「彼は本当に俺と同じ船に乗っているのか？」と思うでしょう。ですから、そこは法務部門としてリスクを取る必要があるのだと思います。「やってください。何か起きたら、法務が引き受けます」と言わないと、判断できないときがありますからね。それを言えるか言えないか。おそらく、自己保身に走れば言えないと思うのです。

O：そう。「このリーガルリスクを取っていただければ、何かあればこっちで頑張ります」と言えるかどうかですよね。

茂木：そうですよね。その難しさはありますね。法務としてリスクを取るというのはもちろんありますけれど、そこまでの域に達するのに、先ほどの人材の育成という意味でも相当時間がかかると思います。こうしたことを会社として何とか制度化していくのは難しいのでしょうか？

S：制度というよりも、マインドセットの問題ですね。もう草の根活動みたいな感じになってしまいます。

M：取締役会や経営会議はすべて自分で速記を取って、リーダー以上にはそれを開示して、毎週見せて、説明しています。ただ、リーダー以下に見せると差し障りがあることがありますから、リーダーには部下へかみ砕いて説明するようにしてもらっています。

茂木：東さん、最後の攻めのリスクマネジメントのテーマについて、制度設計という観点からは非常に難しさがあるように思いました。アドバイザーとしての意見はいかがでしょうか？

東：制度設計については、いったん置いてお答えします。今お伺いしていて「そうだな」と思ったんですけど、リスクとオポチュニティは裏表の関係にあるので、オポチュニティがあるのに取らないこともリスクだということですよね。それは、まさにMさんがおっしゃったように、「ここはリーガルリスクがないとは言わないけれども、経営判断としてはリスクを取るべきところだから、あとは任せてください」と言えるかどうか。それが、まさに法務のリスクマネジメントだと思います。

法務としては、たとえば技術的にリスクを取れるなら「やってください」と、背中を押してあげる。それぞれの専門家が自分の会社のケイパビリティを考えて、ここはマネジメントできる、できないというものをしっかり把握し、それを経営陣としっかり握るということが会社のメカニズムとしてできると、いろいろなリスクが取れるようになり、オポチュニティの幅が出てくる。これは会社の強みというか、成長の一つのドライバーになるのではないかと、お話をお伺いしていてすごく思いました。

茂木：私がもやもやしていたところを整理していただいて、ありがとうございます。確かに、今の考え方が会社の一部としてワークしてくると、会社のなかの意思決定プロセスも変わり、新しいサイクルに入ってくる形やアイデアで意思決定することに対して躊躇がなくなってくる。そういうことですよね？

東：そうですね。

茂木：そういう意味では、やはり会社のマネジメントの意思決定に、皆さん、法務部の方や内部監査の方々の役割というのは非常に大きいということを改めてお話を聞いていて思いました。法務や内部監査という役割は、どうしてもストップをかけがちになります。しかし、Sさんがおっしゃったように、リスクだけを並べるのは簡単ですが、それだけでは経営陣はなかなか意思決定できない。情報の粒度をリスク評価にまで上げることで、法務部門や内監監査部門の役割をレベルアップすることが求められている。それが現実ということなのですね。

S：そうです。ついでに言えば、外部弁護士もそうであるべきなんですよ。

茂木：おっしゃるとおりです。

S：これはもうあくまでリスクジャッジです。ビジネスチャンスだとわかったうえでの話なので、そこで一緒に考えてほしいんですよね。

M：弊社の社外監査役の弁護士の先生のご助言はリーガルに根差しているけれども、リーガルを超えて経営に刺さるので、毎回勉強になっています。ただ、うちのマネジメントは少し厳しいと思って聞いているかもしれませんね。

S：でも、厳しい発言をできるのは大事ですよね。耳の痛いことを言えるというのは。

M：そうですよね。まさに社外役員の方だからこそできることだと思います。

知見や外国語力のある人を循環させ、組織力を高める

S：地政学リスクや経済安全保障など、今すごく難しい状況にあって、そういうなかで社外役員も大変だと思うんです。弊社の取り扱っている製品は専門性が高いですし、地政学リスクはより高まっており、前例も何もない。ただ、弊社の製品と地政学、その両方の専門性のある人はまずいないんですよね。

M：そういう意味では、取締役会で弊社の社外役員の皆さんはかなり厳しい意見を述べられています。身内びいきではないですが、一言一言なるほどと勉強になることばかりで、社外という意味では人選も含めて機能しています。

S：弊社ももちろん機能していますが、最近は難しい論点が多すぎるということです。

M：専門性という意味では、弊社の祖業のビジネスは非常にわかりやすいですし、ヘルスサイエンスもかなり頑張れば何とかなる。一番難しいのが医領域です。医領域の案件は専門用語が飛び交うので、議論のレベルが変わってくるように感じます。

茂木：そのあたりは、ある意味、法務部としてのリスクマネジメントですよね。医領域はどのようにされているのでしょうか？

M：個社独自の法務部があり、そこにホールディングスの法務部員を出向させています。そのうちの1人は法務部長です。部員を入れ替えることで、勉強して帰ってくるというような形で、何とか組織としての専門性をキープしようというわけです。

茂木：今の管理部門のポートフォリオ内での人材の入れ替えは、これまでも頻繁に行われていたのでしょうか？

M：人材の入れ替えではなく一方通行です。ホールディングスが一方的に出して、戻すという状況です。

茂木：ホールディングスになるべく知見のある人材を寄せているということでしょうか？　そういうことは、これまでもなさっていたのですか？

M：はい。やっていました。もともとホールディングスの子会社と別の会社の医薬部門を一緒にして作った会社ですので。

茂木：法務部門の人材交流や入れ替えについて、Oさんの会社ではどうでしょうか？

O：実はそれが今、テーマの一つになっています。現在、弊社グループは事業会社の中で法務の人材が育っていないという現実があります。一方、主力の事業会社は日本法人もアメリカ法人も独自の法務組織を持っています。そういう状況から、今後グローバルなガバナンス体制を構築していくためには、おそらく人材の交流がどうしても必要になってくるだろうと思っています。

私は今、各事業会社に対して「人材を育てるのであれば、事業会社から本社の法務に人を派遣してください。何年かたったら戻します」と言っています。同時に、本社からの人材を事業会社に出向させることもやろうとしている途中です。この人材のローテーションが回れば、本社のなかに事業会社出身の人が一定程度集まることになり、そうすれば、たとえば「この会社にはこういう価値観がある」「この会社にはこういうバリューを持っている」「こういうところのリスクが、その会社にとっての最大のリスクになり得る」といったコミュニケーションが法務のなかでできる体制を作れるのではないかと思っています。

茂木：先ほど、プリビレッジで情報交換という話がありましたけれども、もう一歩進めて、今取り組まれているように人材の交流自体を進めていけば、よりいっそう情報の共有という観点でもリスク感覚の平準化が進んでいきそうですね。

O：そのとおりです。たとえば、アメリカ人が日本に来て、日本のビジネスを理解すると、レスポンスはまったく違ってくるはずなんです。逆に、日本人がアメリカに行って、彼らが本当のリスクだと思っているのはこういうところだというそのバリューや価値観を知れば、われわれのコミュニケーションの仕方も変わってくるはずです。それを若い人たちに経験してもらうことによって、強固な法務組織、法務のネットワークができるのではないかと思い、まさに今、構築しようとしているところです。

S：先ほどお話ししたように、弊社の海外現地法人にも弁護士が何人もいるくらい大きい法務組織もあり、日本から法務部員を3～4年ほど送り込むことをやっています。でも、逆のパターンはほとんど前例がありません。というのも、ほぼ外国人が在籍せず、会議も日本語という本社に、海外の弁護士がやって来て何をするのかという点で引っ掛かり、双方向の交流にまで発展していないからです。この問題は、御社ではどうされていますか。

O：今、われわれがやろうとしているのは、数週間から数カ月間の研修プログラムの開発です。

これは「自分がアメリカに行って研修するとしたら、こんなことをやってもらいたい」というのを日本に置き換えたものです。まずはそこから始めて、将来的には英語を公用語にしようと思っています。2年くらいかかると思いますが、コミュニケーションががらりと変わるでしょう。前職で経験したのですが、1人でも外国人が入ると日本語を使っては駄目というルールにしてしまうと、もうまったく変わってしまいます。

S：弊社は海外売上の割合が多いと言いながらも、本社の英語人材はかなり少ないんです。私は多少英語ができるのですが、私が全部をやるわけにはいきません。ですから、若手を駐在などで海外に行かせようと思っています。

O：それでしたら、役員に英語しか話せない外国人を入れてはどうでしょう。変わると思います。

M：そういう意味では、医薬系の子会社は進んでいます。会議の資料も全部英語というように、日常的に英語でやっています。医薬品業界は本当に進んでいます。そこは、やはり見習わないといけません。

O：英語の公用語化は本当に大変です。なんせ仕事の量が倍ではすまない。5倍くらいになります。普通の日本人は日本語の資料を作ってから英語にしますが、英語を公用語にすると、まず英語の資料を作るところから始まります。ですので、最初は日本語の資料を作って、それを英語にして、英語が通じるかどうかをやっていくと、5倍かかるんです。英語の資料を先に作るところまでいくのに2年くらいかかると思います。

茂木：グローバルな監査という観点で言えば、もはや言語の壁はあってはならない感じですね。

I：そうですね。最初に内部監査は5極体制となっており、APACと中国が分かれているという話をしましたが、その理由は現地でディスカッションするときに、中国語でばりばり話されていは、中国語がネイティブレベルでないと対応できずに困るからです。私もイタリアに駐在していたときに現地子会社をぐるぐる回りましたが、現地のスタッフは本当に重要なことはフランス語とかドイツ語といった自国語でぼそぼそと話すんです。それをキャッチしたいと思っても、そんなマルチリンガルの人などいません。しかも、日本人は英語が苦手な人が多いので、それで海外駐在員がつらくて辞めたという人もいます。

O：そういう人材を育てないと駄目だと思います。

I：そうなんです。一方、人材の育成と現地での採用の両輪で回すことが重要だと考え、現在は現地採用を強化しています。日本語を知らなくてもいいけれども、いろいろな国のカルチャーを知っている人を採用するようにしています。

茂木：言葉の問題は大きいですね。日本企業のウイークポイントだと思います。

M：そこが解決したら、だいぶいろいろな問題が解決すると思います。ランゲージバリアーがネックとなって物事が滞るというのは、本当に多いですね。

茂木：そうですね。そこは徐々にしか変わらないところだと思います。本日はお忙しいなか、多岐にわたり、さまざまな視点でお話をいただきましてありがとうございました。

田中：いろいろとお話しいただけて、大変有意義なラウンドテーブルとなりました。会社のバックグラウンド等の違いもあり、それぞれでお持ちの悩みも違いますが、「組織は人である」「リスクを取れる人材をいかにして育てるか」「リーガルに根差しながら、リーガル的ではないようなコメントが経営層にとっては貴重である」など、日系企業のリーディングカンパニーとして、すべての日系企業に通じるコメントをいただいたように思います。この座談会でのお話をベストプラクティスとして、日系企業の皆さまに広められたらと思っています。本日はどうもありがとうございました。

[執筆者一覧]

第 1 章　東 輝彦（PwCアドバイザリー合同会社）

第 2 章　中尾 宏規（PwCアドバイザリー合同会社）

第 3 章　竹内 信太郎（PwCアドバイザリー合同会社）

第 4 章　田中 洋範（PwC Japan有限責任監査法人）

第 5 章　中島 崇文（PwCサステナビリティ合同会社）

白土 晴久（PwC税理士法人）

那須 美帆子（PwCリスクアドバイザリー合同会社）

村上 純一（PwCコンサルティング合同会社）

第 6 章　茂木 諭（PwC弁護士法人）

[執筆協力]

新田 克巳（PwCアドバイザリー合同会社）

牧 洋子（PwCアドバイザリー合同会社）

亀尾 将之（PwCアドバイザリー合同会社）

森 惠嗣（PwCアドバイザリー合同会社）

大石 良輝（PwCアドバイザリー合同会社）

神吉 省吾（PwCアドバイザリー合同会社）

（※所属は 2024 年 11 月現在の情報です）

［著者］
PwC Japanグループ

PwC Japanグループは、日本におけるPwCグローバルネットワークのメンバーファームおよびそれらの関連会社の総称。各法人は独立した別法人として事業を行っている。 複雑化・ 多様化する企業の経営課題に対し、PwC Japanグループでは、監査およびブローダーアシュアランスサービス、コンサルティング、ディールアドバイザリー、税務、そして法務における卓越した専門性を結集し、それらを有機的に協働させる体制を整えている。また、公認会計士、税理士、弁護士、その他専門スタッフ約12,700人を擁するプロフェッショナル・サービス・ネットワークとして、クライアントニーズにより的確に対応したサービスの提供に努めている。

レジリエンス時代の最適ポートフォリオ戦略
―― 価値創造を実現する事業変革とガバナンスメカニズム

2024年12月10日 第1刷発行

著　者｜PwC Japanグループ
発行所｜ダイヤモンド社
〒150-8409 東京都渋谷区神宮前6-12-17
https://www.diamond.co.jp/
電話：03-5778-7235（編集）03-5778-7240（販売）

企画・編集協力｜上坂伸一／中島万寿代
装丁・DTP｜能勢剛秀
制作進行｜ダイヤモンド・グラフィック社
印刷｜堀内印刷所（本文）・新藤慶昌堂（カバー）
製本｜加藤製本
編集担当｜田口昌輝

ISBN 978-4-478-11955-6